POR TUS HIJOS TE CONOCERÁN

POR TUS HIJOS TE CONOCERÁN

Raquel Guerrero Rodríguez

PAX

EL LIBRO MUERE CUANDO LO FOTOCOPIAN

Amigo lector:

La obra que tiene en sus manos es muy valiosa. Su autor vertió en ella conocimientos, experiencia y años de trabajo. El editor ha procurado una presentación digna de su contenido y pone su empeño y recursos para difundirla ampliamente, por medio de su red de comercialización.

Cuando usted fotocopia este libro o adquiere una copia "pirata" o fotocopia ilegal del mismo, el autor y editor no perciben lo que les permite recuperar la inversión que han realizado.

La reproducción no autorizada de obras protegidas por el derecho de autor desalienta la creatividad y limita la difusión de la cultura, además de ser un delito.

Si usted necesita un ejemplar del libro y no le es posible conseguirlo, escríbanos o llámenos. Lo atenderemos con gusto.

EDITORIAL PAX MÉXICO

Título de la obra: *Por tus hijos te conocerán*

COORDINACIÓN EDITORIAL: Gilda Moreno Manzur
DISEÑO EDITORIAL: Abigail Velasco
PORTADA: Víctor Gally

Av. Cuauhtémoc 1430
Col. Santa Cruz Atoyac
México DF 03310
Tel. 5605 7677
Fax 5605 7600
www.editorialpax.com

Primera edición
ISBN 978-607-9472-00-9

Impreso en México / *Printed in Mexico*

Alberto, Cynthia y Jorge Ernesto,
amadísimos hijos míos.
Ustedes me han hecho:
despertar para vivir,
crecer para volar,
amar para encontrarme a mí misma.
Gracias,
porque al darlos a luz, abrí los ojos.

Mamá

ÍNDICE

CÓMO LEER ESTE LIBRO

1. Este es un libro hecho con amor para ayudar a los padres a ser felices mientras educan a sus hijos. Aquí encontrarás muchas ideas y sugerencias que te servirán de apoyo. Sin embargo, toma este libro solo como una guía de autoayuda y crecimiento personal. De ningún modo sustituye la consulta a un profesional. Si consideras que tu hijo presenta algún tipo de trastorno, le es difícil aprender o desarrollarse a la par de otros niños, por favor acude al especialista.
2. Todos los casos son reales. Sin embargo, para proteger la privacidad de las personas, he cambiado los nombres de los involucrados.
3. En nuestro idioma español no existe una palabra que designe a padres y madres, al igual que niños y niñas. Por ello uso el término "padres" para hablar de forma general tanto de los padres como de las madres de familia. Asimismo, cuando digo "hijos" o "niños", me refiero tanto a hijos e hijas como niñas y niños. Para abreviar estos términos los utilizo dirigiendo mi mensaje a ambos géneros.
4. Utilizo la palabra *Meditaciones* continuamente a lo largo de estas páginas. Su propósito es que reflexiones un poco más en cada tema que en ellas se plantea. Puedes detener la lectura y mirar tu vida, analizarte, pero nunca juzgarte; mira tu ser con amor. Sé bueno contigo para que puedas llegar a un estado abierto, de aprendizaje. Quédate solo con lo que necesites, lo que resultará en beneficio tuyo y de tus hijos. Lo demás, déjalo fluir.

PRÓLOGO

Acepto complacido la realización del prólogo de este libro escrito por Raquel Guerrero Rodríguez, quien tiene una intensa y larga experiencia profesional en el ámbito del diagnóstico y el tratamiento de problemas de aprendizaje, lenguaje y conducta infantiles. Aborda un tema siempre candente y universal, como es el de la educación de los hijos. En todas las épocas y civilizaciones el objetivo y el sentido último de la familia ha sido educar a los hijos –siempre un reto difícil– porque la paternidad no viene acompañada de un diploma que capacite automáticamente para educar con éxito al recién nacido.

Esta es una obra importante que sin duda ocupará un espacio relevante en el apartado de los manuales de psicología infantil, no solo por la universalidad del tema que trata, sino también por el modo en que la autora lo aborda. Es un libro útil y ameno, donde se explica de forma concisa, fluida y fácilmente inteligible, cómo abordar los distintos problemas que se afrontan a la hora de educar a los hijos. La selección de los temas es amplia y muy didáctica, abordando distintas problemáticas que habitualmente se presentan en el día a día de esta tarea. La inclusión de numerosos encartes con citas famosas y casos clínicos a lo largo del texto, facilita la mejor comprensión del contenido.

Sin embargo, lejos de resultar un libro frío y dogmático, que únicamente ofrece recetas y soluciones educativas, es una obra escrita con el corazón, reflejando en todo momento la propia personalidad de la autora, con muchos matices que convierten a la obra en un texto profundo. El presente es un libro para la reflexión, que obliga en todo momento al lector a posicionarse acerca de sus propias actuaciones como educador. Sin pretenderlo, puede convertirse en un libro de autoayuda, que obligará a reflexionar a muchos lectores, padres y madres, acerca del modo en que se relacionan con sus hijos, contribuyendo así a mejorar el bienestar de estos y la salud mental del núcleo familiar.

Raquel Guerrero Rodríguez no ha escrito un libro más sobre el arte y la ciencia de la educación de los hijos. Desde su triple perspectiva de mujer, madre y excelente profesional de la comunicación y la salud mental, nos ofrece una obra útil, con un mensaje directo, que sin duda ayudará a muchos lectores a mejorar la comunicación dentro de la familia. En el libro se habla de cómo mejorar la educación de los hijos con un lenguaje adaptado a la realidad ecológica de su país, México. No obstante, los contenidos, el modo de abordar los temas y el lenguaje utilizado, le convierten en una obra de interés general, que puede ser muy útil en otros contextos y en otros países.

Ninguno de los temas abordados por la autora es baladí, por lo que el lector que inicie la lectura se sentirá muy motivado para llegar al final. Este libro no es para leer una sola vez, sino que –a mi modo de ver– se convierte en un manual de ayuda psicológica, una especie de vademécum que puede ser consultado periódicamente, en función de los problemas y vicisitudes que cada padre y cada madre tengan con sus hijos.

Vivimos un tiempo de grandes transformaciones, que afectan intensamente las estructuras sociales tradicionales, ya que el advenimiento de Internet está modificando como nunca la forma en que nos comunicamos. El paso de una sociedad analógica a una sociedad digital, como consecuencia de las modernas tecnologías, es un ejemplo de la necesidad de tener pautas de actuación educativa claras y eficaces con los hijos, asumiendo los nuevos retos tecnológicos y adaptando el guión a los nuevos tiempos.

No querer a los hijos es, indudablemente, el mayor delito que puede cometer un padre o una madre. Los niños que no reciben afecto, sufren heridas emocionales tan profundas, que muchas veces no se curan en toda la vida. La huella del desamor no solo se traduce en sentimientos de frustración y tristeza en el niño, sino que el propio cerebro ve alterada su estructura, con modificaciones que afectan su normal funcionamiento. En su libro *El primer año de vida del niño,* René Spitz nos habla de la necesidad de que el niño tenga buenas relaciones objetales con sus padres, porque las carencias derivadas de la privación de afecto se traducen en trastornos tan severos como la depresión anaclítica o el marasmo, provocando en el lactante un grave retroceso en el desarrollo corporal y cerebral. El cerebro exige el amor de los padres para funcionar adecuadamente y por eso –cuando el recién nacido no recibe afecto– deja de construir circuitos imprescindibles para el desarrollo de la inteligencia y de las emociones. Una forma extrema y más frecuente de lo que se pueda pensar, de no querer a los hijos, es el maltrato infantil, auténtica epidemia silenciosa. Millones de niños y niñas de todo el mundo sufren cada año alguna forma de maltrato físico, sexual, emocional o por negligencia. Ninguna cultura, clase social o país se libra del estigma del maltrato infantil. Se trata de una estadística invisible, ya que en la mayoría de los casos pasa inadvertido desde el exterior. Sin embargo, los niños y niñas que han sufrido maltrato, presentarán un estigma que les acompañará de por vida, con el agravante de que en la mayoría de las ocasiones los perpetradores son los propios padres.

Pero si la falta de afecto a los hijos es un claro hándicap para el desarrollo armónico del niño, hay un delito casi de la misma magnitud, que es el hecho de quererle demasiado. Vivimos en un mundo en cambio, donde los roles tradicionales del padre y de la madre están transformándose a pasos agigantados. En la mayoría de los países, la mujer se ha incorporado al mundo de trabajo fuera del hogar y cada vez es menos frecuente el modelo de madre a tiempo completo, dedicada a la educación de los hijos. Muchas veces, para compensar la falta de tiempo, se tiende a sobreproteger a los hijos colmándolos de objetos y satisfaciendo sus caprichos. En otras ocasiones se les sobreprotege, no se ponen límites y –de manera indirecta– se fomenta su tiranía frente a los padres. La psicología ha acuñado la denominación de *Síndrome del Emperador* para referirse a aquellos casos, cada vez más frecuentes, en los que los hijos emplean violencia física o moral contra sus progenitores. Estos muchas veces ocultan el problema por vergüenza, aunque el número de denuncias interpuestas por los propios padres ante los jueces de menores va en aumento. El *Síndrome del Emperador* muchas veces es consecuencia de una excesiva permisividad en el entorno familiar. Como afirma la autora, los niños retadores son el resultado de una educación muy permisiva, aunque lo que les ha faltado es "tiempo de calidad"; son simplemente niños caprichosos, malcriados, a quienes nunca se les ha negado nada.

La propia etimología del término educar significa en latín "extraer", es decir, transmitir costumbres, principios, conocimientos y formas de actuar. La esencia de la educación es el modelamiento de la personalidad, siendo necesario poner límites, ya que sin ellos se maleduca al niño. A veces nos sorprende escuchar la expresión: "mi hijo es mi mejor amigo", que refleja una actitud claramente inmadura en los padres. Porque la educación de los hijos ni puede ni debe ser una relación simétrica ni igualitaria entre padres e hijos. Estos necesitan primero ser educados desde el contexto familiar, para poder llegar a educarse ellos mismos de manera eficaz en el futuro.

Por la importancia de los temas tratados, la claridad de exposición y la experiencia de la autora, esta obra resulta absolutamente recomendable. Pero hay que añadir a los valores del libro, la profunda humanidad con que Raquel Guerrero se expresa: su libro llega al cerebro, pero –sobre todo– llega al corazón. Educar bien a los hijos es el mayor de los retos, y conseguirlo es un modo de contribuir a mejorar la calidad de vida. Y la autora se ha esmerado en transmitir la importancia de los afectos a la hora de educar bien a los hijos.

Como nos dice Raquel Guerrero, los hijos no son cheques en blanco, hay que escribir en ellos los dígitos adecuados, fluctuando siempre entre dos extremos: la sobreprotección y la carencia afectiva. En esa difícil ecuación que busca el equilibrio, queremos recordar, por último, las palabras del gran poeta libanés Kahlil Gibran hablando de los hijos:

Tus hijos no son tus hijos,
son hijos e hijas de la vida
deseosa de sí misma.
No vienen de ti, sino a través de ti
y aunque estén contigo
no te pertenecen…

José Antonio Portellano Pérez
Doctor en Psicología
Psicólogo Clínico
Profesor Titular de la Universidad Complutense de Madrid

INTRODUCCIÓN

Hoy tú y yo empezamos una nueva experiencia juntos. A través de estas páginas te abro mi corazón, mi amor por mis hijos y mi deseo ferviente de que disfrutes con amor la etapa más maravillosa de la vida, ser padre o ser madre.

Aquí no vas a encontrar trucos para lograr hijos inteligentes, obedientes y exitosos. Este libro es para ti, para que te conozcas y te ames con todas tus virtudes y a pesar de los errores y defectos que creas tener como madre o padre.

Muchas veces a lo largo de mi vida he escuchado que tenemos tanto por qué estar agradecidos pero no nos percatamos de ello. Creo que es verdad. La vida es el regalo más grande y maravilloso que se nos ha dado. Para cada quien es única, plena de retos y también de milagros, aunque seamos incapaces de verlos. Vivir es maravilloso. Cada uno de nosotros tenemos unos cuantos días de regalo. No todos seremos tan dichosos de saber aprovecharlos.

Hay distintas maneras de ver la vida. Una es quejándonos de ella y de cuanto nos sucede, con temor de no alcanzar las metas que nos hicimos y por ello, avanzando de forma ficticia o efímera. Miles de personas se levantan a enfrentar el día tratando de que sea menos malo que el de ayer. Parejas que viven presas del resentimiento, se atacan uno al otro, y se culpan mutuamente de su infelicidad. Con ellos, sus hijos aprenden a no amar y valorar. Pero hay una forma distinta de ver la vida, aquella que brinda el amor y la seguridad de que cuanto hagamos por nuestros hijos tiene bases firmes, cimentadas en la alegría por vivir y el amor por nosotros mismos.

Cuanto hagamos será herencia para nuestros hijos. Si no sabemos amar, ellos tampoco podrán hacerlo. Si no disfrutamos la vida, ellos desperdiciarán inútilmente sus días, buscándoles un sentido que tal vez nunca podrán encontrar. No se trata de vivir por inercia, siguiendo las reglas que impusieron los demás, sino de encontrar la dicha de disfrutarnos, así, tal y como somos. Pero no lo hacemos; de hecho, dejamos muchas cosas sin hacer, siguiendo las órdenes que otros han impuesto. Si tan solo nos amáramos tanto como para seguir nuestras propias reglas. Si tan solo quisiéramos que nuestro hijo se amara tanto a sí mismo, como para salir y defender la felicidad de cada minuto de su vida. Sin embargo, no sabemos educarlo para ello. Solo le hacemos compañía y le corregimos cuando algo no nos parece, pero no basándonos en el amor, sino en lo que nos cause menos conflicto.

Por esto, nuestros hijos no están aprendiendo a amar ni a valorar su vida. Dondequiera encontramos niños y adolescentes que han perdido el rumbo y tienen deseos de vivir lo más rápido posible, sentirse adultos. Hay jóvenes que beben y fuman desde pequeños y durante una parte de su adolescencia consumen drogas. Poca sorpresa causa la menor de quince años que va a convertirse en madre, tampoco el chiquillo que provoca un accidente automovilístico, a veces con consecuencias fatales. Nos hemos acostumbrado a situaciones graves que cobran índices de normalidad. Sería bueno preguntar: si este es el futuro que les espera ¿lo vamos a esperar resignados?

Nada es igual a hace años, mucho menos los niños, que son más inteligentes cada día. Sin embargo, algo no ha cambiado, ellos aprenden observándonos. Somos su primera fuente de información, su referencia y esto es el cimiento de su vida futura. Ellos cada día nos observan y repiten lo que hacemos. Los padres necesitamos regular nuestros pasos, afianzarnos de nuestros principios y comprometernos a educar con amor, no dejándolo para mañana, porque por eso, nuestros hijos se están perdiendo. Hoy más que nunca, los hijos requieren padres comprometidos, amorosos y responsables, pero, al no ser conscientes de ello, caemos en la negligencia y el descuido. Los errores se acumulan, aumenta nuestra inseguridad y la gravedad de las consecuencias.

Hace falta tener congruencia para educar seres humanos con amor. Cuanto vemos ahora que reproducen niños y jóvenes no es más que la prueba de la falta de compromiso con que están creciendo. Nos asusta el camino que se presenta tentador ante ellos y les exigimos no marchar por ahí, pero, ¿qué hacemos para evitarlo?

Es lógico que cada padre deba mirarse a sí mismo.

Por lo anterior, la pregunta que hoy necesitas hacerte es: ¿Cómo estoy haciendo mi papel de padre?

Parte 1.

IDENTIFICÁNDONOS

CAPÍTULO 1. EL COMPROMISO DE SER PADRE

¿Cómo te imaginas como madre o padre?

Es probable que en algún momento de tu vida alguien te haya preguntado ¿cómo te imaginas como madre o padre? Al intentar responder, por primera vez analizaste la posibilidad real de tener un hijo. De pronto, tus cualidades y defectos se perfilaron en tu mente, con la posibilidad de ser heredados a aquellos que ni siquiera habías concebido. Quizás aseguraste que no repetirías los errores que se cometieron contigo e intentarías ser el mejor padre posible. Lo que nunca estuvo en tus planes es que sería difícil.

Todos pasamos por lo mismo; al observar al niño berrinchudo de otra persona era fácil pensar "¡si fuera mi hijo!" Imaginamos mil técnicas distintas para corregirlo o educarlo. Creímos que seríamos justos y firmes. No se nos ocurrió pensar que ser padres es mucho más que corregir a un niño con pataletas o tener autoridad para que al primer aviso, recoja los juguetes tirados. Es frustrante reconocer que esas ideas de ser padres perfectos se nos van de las manos.

❖ Padre perfecto

¿Cómo es el padre perfecto? Es un hombre íntegro, trabajador y honesto, que siempre hace lo mejor para su familia, a la que cuida y defiende cada día. Exitoso en su trabajo, se levanta temprano por la mañana y coopera para que todos convivan felices desde las primeras horas. Despierta a sus hijos con amor y les ayuda a prepararse para la escuela. Equilibra su familia y su trabajo, dedicando tiempo para convivir con ellos, consciente de ser ejemplo a seguir. Es cariñoso con su esposa y sus hijos. Jamás levanta la voz ni hace comentarios despectivos, escucha con atención. Se mantiene firme en sus principios, está por encima de actitudes machistas, para él lo importante es el amor y la tranquilidad de su familia. Su esposa y sus hijos lo aman, se sienten seguros ante su responsabilidad y compromiso. ¿Existe ese hombre? La realidad es que los padres tienen cada vez más clara la importancia de su papel en la vida de sus hijos. Sin embargo, pocos se adaptan alegremente a este compromiso. La mayoría trabaja gran parte del día y cuando vuelven a casa desean descansar. Consideran que los hijos requieren ser atendidos por la madre, así que se despreocupan. Solo hasta que la esposa menciona que sus hijos necesitan su compañía, empiezan a involucrarse, pero no pueden evitar sentir que esto es una actividad nueva y desconocida para la cual nunca estarán suficientemente preparados.

❖ Madre perfecta

¿Cuáles son las cualidades de una madre perfecta? Moderna, bondadosa y muy trabajadora, desde temprano levanta a sus hijos amorosamente y, mientras ellos se visten, prepara un rico desayuno que luego todos tomarán felices antes de partir a sus deberes. Su esposo la admira muchísimo por su capacidad de organización, pues deja la casa en perfectas condiciones, antes de llevar a los niños a la escuela y salir a trabajar. Una casa impecable, niños obedientes y felices, marido rendido a sus pies y un trabajo bien remunerado, que cada día le brinda más satisfacciones. Una vida de éxito rodea a esta mujer eficiente y organizada a quien todo le sale casi perfecto. ¿Será cierta tanta belleza? La realidad es que las madres mexicanas nos cansamos igual que todas las madres del mundo. Los niños se niegan a despertarse temprano y se enfadan si les damos para desayunar algo más que un licuado. Se quejan alegando no tener hambre y sí tener sueño. Lo de la casa impecable suena glorioso, pero si contamos el tiempo que requerimos para guisar un par de huevos con jamón, aunado al quehacer adicional, veríamos que es necesario levantarse al menos dos horas antes que los demás, para que la casa deslumbre. También se requiere ser la última en dormir, cuando los niños han cenado y alistado sus útiles escolares y uniformes para el día siguiente. Ocho largas horas de trabajo fuera de casa son suficientes para agotar a cualquiera, excepto a una madre que pretenda mantener un hogar de ensueño. La madre perfecta está lejos de la realidad. Pero las mujeres nos sentimos ineficientes y *malas* si no somos así. ¿Por qué censurarnos tanto? Acabamos por enojarnos con nosotras mismas, nos sentimos inútiles y desorganizadas.

No hay padres perfectos. Es fundamental reconocer que somos seres humanos, que comen, respiran, trabajan y necesitan descansar. Nos exigimos como si pudiéramos hacerlo todo. No nos comprendemos, ni somos buenos con nosotros. Queremos hacer todo perfecto, por los altos estándares de eficiencia que nos fijamos y que la sociedad nos exige, mismos que pretendemos heredar a nuestros hijos. Necesitamos algo que nos ayude a ser mejores padres para ofrecer a nuestros hijos una calidad de vida superior pero ¿qué?

❖ ¿Qué esperas de ti como padre?

Responder qué esperas de ti como padre, no suele ser fácil y quizá se aleje a la forma como educas a tus hijos. Es momento de repasar los propósitos que te hiciste cuando supiste que serías madre o padre. Pregúntate dónde quedaron aquellas ideas de ser amoroso, comprensivo y atento a las necesidades de tus hijos. Este mundo vertiginoso nos arrastra hacia el camino superficial, haciendo de lado lo considerado como fortaleza y sostén del ser humano, el amor de familia. Este no puede generarse en ningún lugar mejor que en los cariñosos brazos de papá y mamá. El rostro de felicidad de los niños que son queridos no tiene comparación con otra imagen. ¿Recuerdas sus ojos hablando de amor, sus bracitos rodeando tu cuello y el beso que con fuerza dan a tus mejillas?, esos son premios de la vida.

Sin embargo, sembramos dolor cuando ignoramos sus necesidades y ponemos por encima las nuestras. Necesidades contaminadas por la vanidad, el deseo de competir y el despilfarro que se respiran en estos días. No hay tiempo para sentarse con los hijos a participar en un juego de mesa. No conversamos con ellos, no hay palabras; hay regaños. Dejamos los incidentes de la vida sin explicación. Con ello herimos sus frágiles corazones, perjudicando la sencillez de su alma. Deja de desperdiciar tiempo y esfuerzo y reflexiona:

- ¿Qué es lo que esperas de ti como padre?
- ¿Qué recuerdo deseas sembrar en tus hijos?

- ¿Estás conforme con lo que has hecho hasta hoy?
- ¿Eres de los que se excusan diciendo que nadie te enseñó a ser padre?
- Con franqueza, ¿cuántas veces te has quejado porque tuviste hijos antes de lo que pensabas y ellos "te obligaron" a cambiar tus planes en la vida?
- ¿Cuántas veces les has atribuido tu infelicidad e incapacidad de concretar tus metas?
- ¿Has sentido que por su causa el dinero no rinde y los problemas con tu cónyuge se han acentuado?
- ¿Eres de aquellos que se resisten a encargarte del cuidado y la educación de tus hijos?
- ¿Has evitado tu responsabilidad y la has dejado en manos de alguien más, incluso tu cónyuge?

Posiblemente no les brindes los principios e ideales que habrías esperado de ti como padre. Quizá pretendas que mejoren los tiempos y seas una persona más capaz. Deja de esperar y actúa, porque cuando menos lo pienses, tus hijos habrán crecido y no creerán en ti. ¿Cómo pueden ser causantes de nuestros errores? Si vinieron al mundo, es porque uno así lo decidió. Para tener un hijo se requiere la intervención de ambas partes y cada quien cooperó con la suya. Ahora ellos están aquí y es esencial conocer lo mejor de nosotros y proporcionárselos. No se requiere ser un superpadre, solo aprender a amarlos.

MEDITACIÓN

En un momento de tranquilidad y tomando tiempo para respirar profundamente, practica la siguiente meditación:

El amor es el camino más corto y natural para ser buen padre. No hace falta prepararse para el amor, está dentro de nosotros, es nuestra esencia. El problema es que no lo dejamos expresarse y fluir.

Cuando hablamos de la educación de nuestros hijos decimos: "quiero que estudie en escuelas privadas, que aprenda a tocar un instrumento, que destaque en deportes…" Pocos dicen "yo solo quiero darle amor y enseñarlo a amar". Pareciera que al decirlo descuidamos

áreas más importantes, cuando ser un padre decidido a dar amor debería ser la guía de nuestras acciones.

Saca tus conclusiones al respecto y haz lo mismo con las demás meditaciones presentadas a lo largo del libro.

Ser padre no es tarea sencilla, tenemos aciertos y cometemos errores con nuestros hijos, aunque deseamos que sean felices. Anhelamos que vivan mejor que nosotros, cualesquiera que hayan sido nuestras circunstancias. No obstante, creemos que somos más respetables si demostramos ser poderosos y sabios. Este engaño defrauda a los hijos, quienes al crecer resentirán la imagen falsa que sus padres quisieron darle.

De forma continua en el libro, presento acciones de amor sugeridas en esta gran labor de educar a nuestros hijos, como la siguiente.

✓ Acciones de amor

- Seamos valientes para enfrentar nuestros errores, evitemos vover a caer en ellos. No temamos conocernos, saber por qué reaccionamos molestos o enojados a circunstancias tal vez insignificantes.

> Hay dos formas de ver la vida: una es creer que no existen milagros, la otra es creer que todo es un milagro.
>
> Albert Einstein

❖ Fracasar como padres

Es normal sentir temor a fracasar como padres, a perjudicar la vida o los sentimientos de nuestros hijos. Las dudas martirizan incluso al más seguro. Pocos son los que confían en sí mismos al cien por ciento, la mayoría dudamos y nos desmoralizamos cuando creemos que pudimos haber actuado de otra manera.

Nos preguntamos si por nuestras equivocaciones no podemos hacernos amar, tememos su rechazo. Cuando nos gritan "no te quiero" debido a algún regaño que consideran injusto, nos asustamos ante sus palabras: "¿y si es verdad? Qué terrible sería que mi hijo me odiara por no haber sabido educarlo, lo peor es que es tan pequeño y ya se queja de mí".

Contesta con honestidad esta pregunta: ¿Qué *no* te gustaría que tu hijo llegara a pensar de ti? Las respuestas que he escuchado suelen ser semejantes a estas:

- Que soy mal padre o mala madre.
- Que no lo entiendo.
- Que no lo quiero o no lo amo.
- Que soy injusto.
- Que lo obligo a hacer lo que no quiere.
- O también: que reproduzca las cosas malas de mí.

Cuando hago esta pregunta los padres dan muchísimas respuestas. Mientras hablan, escucho cómo intentan contestar con seriedad e inteligencia, buscando dar con las palabras precisas. Pero esta pregunta es capciosa porque cualquier respuesta que den, en realidad demuestra nuestros puntos débiles. Si educamos queriendo dar gusto a nuestros hijos, es posible que seamos manipulados por nuestros sentimientos e inseguridades.

A continuación, presento el primero de los casos que incluiré en este libro.

Si deseas que tu hijo piense que no eres malo, bastará esta conversación:

—Papá, ¿me compras un juego nuevo, una computadora, un automóvil...?

Si dices no, te contestará:

—¡Eres malo! No me quieres.

Al escucharlo saldrás a comprar lo que el niño exige con tal de cambiar su mentalidad y convencerlo de que eres el hombre, o la mujer, más bondadoso(a) del mundo. Manipulación y chantaje de la mano, que tú mismo enseñas y permites. Cuanto más necesites que tu hijo crea en ti, más te hará víctima de tus temores y aumentará la facilidad con que serás manipulado por él. Además, te sentirás culpable y débil. En un caso extremo, el resultado de tu falta de firmeza y tu necesidad de que tu hijo piense bien de ti puede ser cubierto por una sábana una noche en que tu hijo haya conseguido el auto en el que se estrelló y acabó muerto, junto con dos amigos.

> Un niño es una persona que continuará lo que tú empezaste. El destino de la humanidad está en sus manos.
>
> Abraham Lincoln

❖ Para tus hijos eres lo máximo

Para cada niño su padre es su héroe y su madre, la mujer más bonita que existe. Nuestros hijos son tan nobles que no nos encuentran defectos, a sus ojos somos los mejores. Cuántas veces hemos escuchado que el amor más grande es el de una madre hacia sus hijos, pero también el amor de los hijos hacia sus padres es extraordinario. Los niños justifican, perdonan y olvidan nuestros errores creyendo siempre en nosotros. Prometen portarse mejor ("para que papito no le pegue a mamá"), subir sus calificaciones, mejorar su conducta, trabajar más en casa y hacer lo imposible, "para que mamá no llore, para que papito no se enoje". Muchos de los niños que trabajan en las calles lo hacen para llevar un pan a su hogar, creen que es su obligación evitar hambre y tristeza a su *madrecita santa*. Nuestros hijos no se cansan de nuestra compañía, creen en nosotros, confían en que sabremos guiarlos y protegerlos. Se acercan esperando amor y principios, pero nosotros, quizá por nuestras inseguridades, aunadas al exceso de trabajo y falta de conocimiento y compromiso, en vez de mostrarles la alegría de la vida, posponemos nuestras enseñanzas. Los seres más nobles son nuestros niños y es muy fácil dañarlos ignorando sus necesidades y sentimientos.

MEDITACIÓN

Tu hijo es tu maravilloso compañero de vida, te ama tal y como eres. Cree que eres un excelente padre, confía en ti.

❖ Siente el orgullo de ser ejemplo para tus hijos

¿Alguna vez cuando eras pequeño peleaste con tus amiguitos defendiendo a tu papá? Quizá cuando niña te sentías orgullosa por lo bonita que era tu mamá y cuando jugabas con tus amigas solías hablar de ella. Pero tus amiguitas también creían que su mamá era la más bonita y su papá el más guapo e inteligente, ¿lo recuerdas? Con nuestros hijos ocurre lo mismo, se sienten orgullosos de nosotros y con la nobleza de la niñez, nos defenderían de quien dijera que somos feos o tontos. ¿Has visto la expresión de orgullo de tus hijos? ¿Alguna vez has escuchado cómo discuten y defienden a sus padres ante los comentarios de sus amiguitos? Para nuestros hijos, mientras son pequeños, somos lo máximo. Dicen "mamá es la mujer más hermosa del mundo y papá es el hombre más fuerte e inteligente".

Pero los padres los decepcionamos y cuando los hijos crecen, dejan de defendernos; peor aún, se convierten en crueles jueces que critican nuestras actitudes. Los buenos padres saben de la necesidad de educar y al mismo tiempo, dar amor y respeto a sus hijos.

> La realidad es aquello que, cuando uno deja de creer en ello, no desaparece.
>
> Philip Dick

❖ ¿Decepcionas a tus hijos?

¿Es posible que un padre decepcione a sus hijos? Por supuesto, aunque sea difícil admitirlo. Por lo mismo, recapacita en tus actitudes pues tu hijo espera lo mejor de ti. Cuando era chiquito lo cuidaste y alimentaste y aprendió a confiar en ti; le ayudabas, corrías al médico cuando algo le dolía; le entendías sin necesidad de palabras.

Pero si un día mientras iba creciendo, dejaste de ponerle atención y, por el contrario, le pedías que entendiera que tu activo tren de vida era tu interés principal, entonces tal vez lograste que tu hijo se sintiera decepcionado de ti.

> Juan siente flojera, es descuidado, le gana el cansancio y deja para después el convivir con sus hijos o darles algunas palabras de aprobación o amor. Eso los decepciona. Es de enorme importancia que con sus actos demuestre el interés y cariño que siente por ellos, pero siempre hay algo más importante. Los hiere con su indiferencia, desamor y falta de voluntad.

Un niño no sabe expresar decepción, pero su actitud ante las circunstancias de la vida la manifiesta. Además, vive esperando que recapacitemos y mostremos amor. Se frustra cuando se convence de lo poco que nos interesa su vida. Brotan sus resentimientos, supone que sus padres deben amarlo y demostrarlo con frecuencia. Le es difícil entender que tengamos otras prioridades. Lo mismo sucede cuando es el último en enterarse de que tenemos algún problema relacionado de alguna forma con él. No involucrarlo en lo que ocurre dentro de la familia lo hace sentir como si no fuera parte de nuestra vida. Con esto no me refiero a que le enteres de cualquier problema que se presente, sino que analices bien lo que vas a ocultarle, a veces para impedir que sufra, pues a la larga puedes ocasionar un trauma mayor. No temas a la vida, tampoco a que tu hijo aprenda a conocerla, mejor esfuérzate en mostrarle que es maravillosa a pesar de sus altibajos. Un padre que no se esfuerza vulnera a su hijo. El niño cree que sus padres son lo mejor del mundo, decepcionarse lo hará sufrir.

> Silvia y Pablo no han considerado que no solo ellos tienen expectativas para con sus hijos, también sus hijos tienen expectativas de sus padres. Sin embargo, para calmar su conciencia, justifican su falta de compromiso proveyendo bienes materiales. Creen que sus hijos deberían valorar el esfuerzo que hacen para que "nada" les falte. Pero sus hijos interpretan que sus padres tratan de comprarlos dándoles objetos, ya que no saben, o no desean, darles amor.

Los hijos resienten la poca dedicación de sus padres; por eso es primordial reconocer cómo evades algún problema o responsabilidad y cómo manifiestas las actitudes que te impiden sentirte un padre feliz. Nadie quiere causar problemas en sus hijos y, aunque nos sentimos culpables por cómo hacemos las cosas, es difícil reconocerlo. Podemos incluso evitar llamarles la atención porque, al sabernos descuidados, las palabras se vuelven contra nosotros, como dedo que acusa por nuestra falta de compromiso y al reclamarles, exhibiríamos nuestra ineficiencia. Por eso, cambiamos de parecer y actuamos sin congruencia entre lo que hacemos y decimos. ¿Cuántas veces has regañado a tu hijo y cinco minutos después te sientes culpable de haberlo hecho? Tal vez actuaste con precipitación, quizá no escuchaste lo que te decía, solo actuaste sin pensar y ahora te sientes mal contigo mismo.

Te sientes mal padre o madre. Al advertirlo queremos sentirnos mejor pidiendo a nuestros hijos su aprobación. No con palabras, sino con nuestra actitud: intentamos que se sientan mejor siendo lambiscones, actuamos por conveniencia. Desesperados, buscamos su condescendencia, fingimos que está todo bajo control, los persuadimos e incluso, los distraemos con otra cosa para que no se sientan heridos. Queremos convencernos y convencerlos de que "no pasa nada".

> Cuando lo visité en su hogar del basurero municipal, Brian me dijo frases llenas de ternura:
>
> –¡Mi papá es el mejor del mundo! Mi papá siempre encuentra las cosas más increíbles entre la basura. Cuando crezca, yo quiero ser como él.

Estas indecisiones y el temor a equivocarnos son advertidos por nuestros hijos. Notan cómo cambiamos de idea, sin sostener lo que pensamos, sin defender nuestros principios. Con tales indecisiones les transmitimos que ignoramos a dónde los llevamos y cómo queremos formarlos.

Cuando perciben ese desamor, inseguridad y falta de congruencia, caemos ante sus ojos, perdemos su confianza y respeto. Y mientras nos neguemos a aceptar la realidad, los decepcionamos.

✓ Acciones de amor

- Un padre decepciona a sus hijos cuando sus objetivos lo alejan de su familia. Ningún ser humano estará completo o será feliz si descuida su responsabilidad al tener un hijo: estar atento a él, dándole amor, educación y cuidados. No decepciones a tus hijos, tampoco a ti.

- Pon atención a lo que haces y cómo reaccionas. El día a día es lo que cuenta. Con el paso del tiempo un padre comprometido y devoto habrá formado seres humanos dignos y felices, que harán del mundo un lugar mejor.

❖ No avergüences a tus hijos

Los niños se avergüenzan de sus padres cuando, pretendiendo pasarse de listos, cometen diversos delitos y se ufanan de ello. ¿Recuerdas los comerciales donde los hijos señalaban la piratería de sus padres? Ten cuidado con esas acciones en apariencia inofensivas, que vas pregonando, como saquear artículos de oficina, o no devolver dinero que te dieron de más.

Nuestros hijos nos ven quedarnos con objetos que no nos pertenecen, o entregar dinero al policía para evitar una multa. Al observar nuestra conducta, comprenden que no somos honestos, ante ellos destrozamos nuestra dignidad siendo corruptos o indecentes.

Perciben nuestra incongruencia, al justificar nuestra falta de compromiso e irresponsabilidad. ¿Cómo podremos reprenderlos si hacen lo mismo que les hemos enseñado? Ellos aprenderán a justificarse, a contar mentiras y a tomar del trabajo objetos que no les pertenecen. No seamos tan ilusos para creer que nuestros hijos no comprenden, pues lo hacen y nos imitarán, ya que así es como aprenden los niños.

❖ Sé auténtico

Seamos auténticos con nuestros hijos, ellos no son tontos y reconocen cuándo somos incongruentes, queremos engañarlos o confundirlos. Si algo genera respeto en una criatura es ver a sus padres como personas reales, con principios y dignidad, aunque se equivoquen.

Cuando cometemos un error, ellos nos comprenden. Pero los adultos somos severos, nos duele reconocer que erramos, ¡como si fuéramos las únicas personas incapaces de cometer alguna tontería! Por resistirnos a decir "lo siento, me equivoqué", herimos a nuestros hijos. Por pretender que nunca nos equivocamos, la humillación que sentimos nos corroe.

No nos engañemos. Una cosa es aparentar que no cometemos errores, y otra, que nuestros hijos se traguen semejante cuento. Madura.

MEDITACIÓN

Un ser auténtico no carece de dignidad, es veraz y confiable. Una persona soberbia causa distanciamiento. Colocarse en el papel de padres semidioses no educa a hijos sanos emocionalmente; por el contrario, provoca desdén ante la falta de congruencia. El hijo buscará emanciparse de esa dictadura.

Qué triste es cuando los hijos cobran con su ausencia los errores cometidos.

✓ Acciones de amor

- Ahórrate los deseos de mostrar superioridad; por el contrario, enséñales a ser humildes, a rectificar cuando cometen un error y a aceptarlo pronto, con honradez y deseos de enmendarse y ser mejores.
- Enséñales que aferrarse a los defectos no nos ayuda a superarnos.
- Asegúrate de que cuando tu hijo diga "lo siento mucho, me equivoqué", encuentre en ti a un ser amable, generoso y comprensivo que le conteste "no te preocupes, hijo mío, solo analiza esta experiencia para no caer en el mismo error dos veces. Te quiero mucho, eres joven y estás aprendiendo".

Nada aleja más a un padre de ganarse el amor y el respeto de sus hijos que la falta de sinceridad en sus actos, pretender ser quien no se es. Mostrarse como un sabelotodo prepotente a la larga resulta inútil y se vuelve en contra nuestra. Aquel padre que actúa como si nunca se equivocara, tendrá tras de sí a un hijo atento a sus errores.

El padre irrazonable, con quien no se puede dialogar, tendrá un hijo que no querrá escuchar sus consejos, aunque estos sean buenos, y tomará decisiones precipitadas que pueden atentar contra su propia vida.

Meditación

Dejemos que nuestros hijos realmente nos conozcan, que vean que somos tan humanos como ellos, con errores, pero dispuestos a mejorar. Cuando un hijo ve a su padre como a un ser humano, se muestra más comprensivo, no está deseoso de encontrar errores ni contradicciones, se comporta de forma más justa y sensata.

Con frecuencia escuchamos que los hijos no deben juzgar a los padres; sin embargo, los enseñamos a hacerlo al aparentar perfección. Queremos engañarlos y salimos engañados, porque nos ven de forma poco indulgente. Reconozcamos nuestros errores y cómo nos afectan, esto aumentará su confianza. Cuando mostramos comprensión aprenden que los errores no los detendrán, podrán seguir adelante y confiar en sí mismos. Todos vamos andando, no hay súper padres o dioses para adorar, solo seres humanos que se aman y se dan la mano.

✓ Acciones de amor

- Si cometes un error, reconócelo sin justificarte. Eso enseñará a tus hijos a hacer lo mismo, con esto se da el primer paso en el crecimiento de todo ser humano.
- No mimes tus puntos débiles. Aprende a reconocer y vencer las actitudes que lastiman a tu familia.
- Es doloroso comprender que por negligencia a veces no controlamos nuestros defectos, aunque lastimemos a quien amamos. Por ello, no debe extrañarnos cuando nuestros hijos nos censuren por haberlos engañado y decepcionado.
- El precio por ser indolentes es caro. Duele ser un padre cuyos hijos jamás lo visitan, ser un anciano abandonado o rechazado. Esos padres olvidaron que sus hijos los admiraban como a nadie en el mundo.
- Deja atrás esas ideas que tenías acerca del padre en quien soñabas convertirte. Mejor, siéntete orgulloso de ti.
- No actúes pensando en darles a tus hijos "lo que a ti te faltó". Las circunstancias no son las mismas.

- Ser un buen padre no te será reconocido, no te hará famoso ni te hará acreedor a un premio. Pero te ayudará a obtener tranquilidad, serenidad, hará que sientas que tu vida ha valido la pena.
- No sientas temor a educar a tus hijos y ser firme. Los hijos no dejan de querer cuando un padre les demuestra su amor e interés por ellos.

> Se destruye con el mal ejemplo, lo que se construye con la palabra.

❖ ¿Dónde estaban sus padres?

Existen distintas maneras de pensar y educar. Cada padre de familia es único, especial, cree tener la razón y desea hacer lo mejor por sus hijos. Por ello, mientras algunos reaccionan con enojo y desaprobación a ciertos actos, otros elogian lo mismo. Los padres pueden ser desde permisivos, exigentes, tradicionales, optimistas, hasta exageradamente aprensivos, o pesimistas. Por eso, es inútil definirnos solo como buenos o malos padres.

Todos cometemos errores; en ocasiones a la madre más cuidadosa se le puede soltar el niño de la mano y correr hacia el auto a gran velocidad: ¿quería esta mujer causar un accidente de su niño? Claro que no, pero cuando ocurre será juzgada como "mala" empezando por ella misma.

Cuando les suceden desgracias a los niños, siempre preguntamos ¿en dónde estaban los padres? Criticamos, juzgamos, haciendo leña del árbol caído, pues, aunque ignoramos los sucesos, siempre creemos que los padres son culpables de cuanto acontece a los niños. Criticar no nos hace mejores personas.

En la cárcel de esta ciudad un hombre fue asesinado por otros reos. Algunas personas afirmaron que se lo merecía, pues lo habían confinado debido a la muerte de su hija de quince años durante el parto del hijo que este hombre, su padre, había concebido en ella. Sus otros hijos levantaron el dedo y lo acusaron de violación también, incluso la hija mayor tenía un bebé de él. Este hombre había violado a sus hijos desde que eran pequeños. A los pocos días de estar preso fue asesinado, según esto porque en la cárcel se cobran estos crímenes.

Platicando con una madre, ella decía que era bueno que acabaran así las alimañas. Le pregunté si sentiría igual si supiera que este mismo hombre también fue víctima de abuso por sus padres en su niñez. Además de ser golpeado y torturado con frecuencia, se le obligó a prostituirse para comer. Viviendo para no morir de hambre y dolor, pero con golpes tan frecuentes que dañaron su cuerpo y su mente, volviéndolo incapaz de razonar como los demás. Una vida de horror a causa de sus padres. Al crecer, este hombre vacío y enfermo, reprodujo el daño recibido. Finalmente, había conseguido lo que siempre lo persiguió, la muerte a manos de algún verdugo. Le pregunté si creía que este hombre merecía vivir y morir así. Al escucharme, cambió su perspectiva; comprendió que las consecuencias de no saber amar a los hijos pueden ser terribles.

> Conócete a ti mismo y conocerás al universo y a los dioses.
>
> Anónimo

❖ ¿Los padres se portan mal?

Por supuesto. Muchas veces, mientras nuestros hijos crezcan, nos equivocaremos aunque tratemos de educarlos lo mejor posible. Somos acomodaticios, incongruentes, repetitivos; regañamos y corregimos logrando que aprendan a conocernos, medirnos y esquivarnos, que adquieran habilidad para predecir nuestras reacciones y las circunstancias que provocan nuestro enojo: "ahora no hay que pedirle permiso a mi mamá porque está enojada, espera a que empiece la novela y me lo dará enseguida". Lo triste es que demostramos que su educación depende de nuestro humor, de los sucesos en el trabajo o de si tuvimos un mal día. No se asienta en principios que deseamos transmitirles, sino en un estado emocional. Al descubrirlo, se sentirán decepcionados de nosotros, porque con esta actitud expresamos el desinterés que sentimos.

Un hijo distingue entre un padre congruente que busca inculcarle principios, sosteniéndose en lo que cree, de uno que educa al día, sin dirección, ignorando lo que es bueno para sus hijos, resolviendo las situaciones conforme se presentan. Hace menos daño un padre que tal vez resulte tradicional o anticuado, pero amoroso y firme, que uno que, por pretender pasar por "buena gente" y liberal, no sabe enseñar a sus hijos a decidir lo que puede o no serles conveniente.

Por eso, en cualquier circunstancia, el padre que se porta mal es aquel que no tiene la convicción de enseñar a amar a sus hijos. Es el padre que no tiene interés en demostrar a sus hijos cuánto los ama. Quien no recapacita acerca de sí mismo y se decide a dar lo mejor de sí. Es el padre que huye de su compromiso, aquel que no se siente responsable del futuro de sus hijos, ni de su bienestar emocional. Hacer un papel digno en la vida de sus hijos le tiene sin cuidado. ¿Qué ocasiona un padre que se porta mal? Un hijo que sufre de desamor.

Características del niño que sufre de desamor

- Es apagado, triste, ansioso, un niño que tolera o practica la violencia.
- Algunas veces tiene problemas de aprendizaje.
- Es rebelde a la educación de los adultos y evita confiar en las personas.
- Su vida es difícil, haciendo también difícil el convivir con él.
- Desconfiado y receloso, le cuesta aprender a amar y creer en los demás.
- Es difícil motivarlo y que haga amigos, con frecuencia está solo; aunque juega y se acopla a los demás niños, estos lo rechazan por su manera de ser.
- Está frustrado y resentido porque para sus padres es más fácil gritarle, pegarle y perder la paciencia que educarlo.
- La mayoría de las veces sus padres son injustos con él.
- Al crecer irá comprendiendo que sus padres parecen más inmiscuidos en sus propios problemas que en amarlo.
- Será un adulto infeliz, incapaz de dar y recibir afecto, empatía y compasión.
- Algún día concluirá que su mundo es un caos y lo que debería ser alegría se transformará en rebeldía, desobediencia, problemas de aprendizaje, depresión, incluso suicidio.
- Como no tiene bases sólidas de una infancia feliz, reproducirá en sus hijos un trato semejante al padecido.

✓ Acciones de amor

- Un primer paso para ser buenos padres consiste en conocerse a sí mismo. Observa y analiza tus acciones y reacciones tratando de descubrir las circunstancias que te mueven a ellas, obsérvate sin temor a lo que puedas encontrar.
- Sé muy honesto contigo mismo y con tus hijos. Eres su referencia y cuanto hagas será tomado como verdadero.
- Serás ejemplo a seguir toda tu vida. Por ello, medita qué quieres transmitir a tus hijos.
- Pregúntate con frecuencia qué te gustaría y qué no te gustaría que tus hijos aprendieran de ti.
- Reconoce con honestidad las actitudes que te impiden educar con amor.

Actitudes que impiden educar con amor

> Procuremos más ser padres de nuestro porvenir que hijos de nuestro pasado.
>
> Miguel de Unamuno

Una cosa es decir "te amo" y otra distinta es demostrar amor con nuestras acciones. Por eso, cuando no sabemos amar a nuestros hijos caemos en actitudes que deformarán el camino de su educación y les causarán dolor y confusión. Necesitamos reconocerlas para evitar dañar su autoestima y salvarnos de educar sobre bases endebles.

Actitudes como ansiedad, miedo, despreocupación, comodidad y algunas más no deben confundirnos, ninguna demuestra amor. Por el contrario, descubren inseguridades, prejuicios y un vacío emocional que no podemos llenar porque no nos comprometemos como deberíamos.

Por si fuera poco, la consecuencia de mantener estas actitudes, evita educar con amor y mantener nuestros principios como base y dirección.

Cuando identifiques alguna en ti, sé benevolente contigo, no te juzgues con dureza pues no se trata de que te sientas mal padre, sino de preguntarse ¿acaso no quieres ser mejor?

Tenemos tan poca confianza en lo que hacemos que, si escuchamos que un niño ha sufrido a causa de sus padres, queremos que nuestros hijos escuchen, nos valoren y aprendan. A veces al compararnos con los demás decimos: "lo bueno es que yo no le pego a mi hijo. Sí lo regaño, le digo que es tonto o malo, pero nunca le he pegado". Y a nuestros hijos les advertimos: "agradece que yo no te pego, pero no me provoques". Les hacemos creer que deberían estar agradecidos porque no les hacemos daño. Educar desde la irresponsabilidad, desaprobación y miedo no dará resultado. Cuando lo hacemos salen a relucir nuestras carencias emocionales, e impedimos el sano desarrollo psicológico, físico y espiritual de nuestros hijos.

✓ Acciones de amor

- Antes de aceptar o negar cualquiera de estas actitudes, medita sobre cada una de ellas y pregúntate con honestidad la forma en que podrías manifestarlas.
- No pretendas ocultar tu personalidad para evitar sentirte juzgado. Sé valiente.
- Decide ser consciente del momento en que las manifiestas y acepta hacerlo. Luego, poco a poco, suéltalas. Apártalas, no las necesitas dentro de ti.
- Comprométete a educar a través del amor que quieres transmitir a tus hijos, y no bajo actitudes que destruyen. Empieza por ti, sé libre.
- Conoce tus principios y revisa de qué manera estas actitudes podrían afectarlos.
- Que nada te impida educar con principios y amor.

Vamos a analizar las actitudes que impiden educar con amor.

> La injusticia es una madre jamás estéril. Siempre produce hijos dignos de ella.
>
> Adolphe Thiers

❖ Ansiedad

La ansiedad hace a los padres sentir zozobra, agitación o inquietud ante cualquier circunstancia. Aprensivos, limitan al hijo la libertad, no lo educan para que, conforme con la realidad, pueda tomar decisiones. Deciden por él y lo sobreprotegen. Viven temerosos de que algo pueda pasarle o de que se equivoque al resolver sus problemas por sí mismo. Cada situación nueva es motivo de ansiedad.

Cada permiso, un enfrentamiento. La libertad y la confianza son inexistentes, los padres creen que solo a su lado el hijo está a salvo de cualquier padecimiento. Le impiden salir, conocer gente, explorar nuevas actividades, tener retos.

Le evitan cualquier sufrimiento, consideran al dolor perjudicial, incluso que hay una edad para empezar a sentirlo.

Le solucionan toda dificultad, impidiéndole pensar o repararla por sí mismo, y, como consecuencia, evitan que se conozca y descubra sus capacidades.

En pocas palabras, le niegan la experiencia del aprendizaje ante lo diferente.

Los padres ansiosos aman la rutina, lo confiable, lo predecible y temen las actividades nuevas, los deportes rudos, los viajes escolares y conocer gente. Evitan que sus hijos tengan oportunidad de relacionarse con personas distintas a ellos, los separan de esa amistad "poco conveniente" con alguien de distinta condición.

✓ Acciones de amor

- Solo en sus primeros meses o primeros años de vida, tu hijo necesitará tu sobreprotección y vigilancia continua; ejércelas mientras le hagan falta. Luego, déjalo crecer en libertad, evita hacer de tu amor una prisión.
- Un padre ansioso educa un hijo ansioso. Si observas que tu hijo tiene algunos tics nerviosos, si se muerde las uñas, se jala el cabello, come aunque esté satisfecho, u otros, considera acudir con un especialista.
- No temas a trabajar tú también tu ansiedad. Reconócela en ti y pide ayuda profesional.

❖ Permisividad

Algunos padres hacen lo contrario. Son permisivos hasta el exceso, confían en que sus hijos están en buenas manos y, si ya crecieron, en que son sagaces y toman buenas decisiones, sin atreverse a constatar que así sea. Creen que educar es reducir al mínimo los problemas, por eso permiten y acceden a cualquier cosa. No hay dirección, ni control o límites. Aseguran tener un alto grado de confianza en sus hijos, aunado al deseo de verlos disfrutar la vida, cuando lo que hacen en realidad es educar con el mínimo esfuerzo. En ocasiones, los empujan a una libertad más allá de la que desean los hijos. Manifiestan tener una gran confianza en que ellos se cuidan, pero no vigilan que se mantengan alejados del peligro. Piensan que con hablarles es suficiente. No conocen a sus hijos, solo imaginan algunas cualidades en ellos y basándose en estas, conceden permisos absurdos.

> El día que mi hija entró a primer año de secundaria, una de sus compañeritas llegó manejando su propio automóvil, regalo de sus padres. Las niñas tenían doce años, seis menos de lo exigido para obtener la licencia de manejo, pero los padres ignoraron tal requerimiento y pusieron en manos de su inexperta hija lo que podría ser un arma mortal.

Los padres permisivos no piensan en las consecuencias, solo actúan con ligereza, a veces por vanidad, sin congruencia o sensatez y sin mostrar amor o preocupación. Parecen tan ansiosos de demostrar al mundo lo "geniales" que son ellos y sus hijos, que rayan en una imprudencia absurda.

✓ Acciones de amor

- Asegúrate de que cada permiso, cada premio, cada regalo que le des a tus hijos se base únicamente en el amor que sientes por ellos y tu deseo de que sean felices. Observa si en ti hay deseos de impresionar, resaltar o presumir a tus hijos. Evita que la vanidad gobierne tus actos.
- Mantén claro tu juicio. No quieras ser mejor que los otros padres, no compitas con los demás. Tal vez otros den a sus hijos objetos que tú no puedes darles, pero eso nunca será más importante que tu amor.

- No experimentes con tus hijos. Por una imprudencia tuya tu hijo puede acabar en el panteón. Si un adolescente no tiene edad para hacer algo, no lo adelantes ni lo consideres demasiado maduro para su edad. Esas son ideas tuyas, te debilitan y a él lo ponen en peligro. Si tiene 17 años, esos son los que tiene y aún no es mayor de edad.

❖ Miedo

Existen diversos tipos de miedos: a los cambios, a la libertad, a lo desconocido e inexplicable, incluso a la gente, la medicina y las inyecciones. Por desgracia, la ignorancia fundamenta la mayoría de ellos. Los padres miedosos ponen a sus hijos en riesgo de vivir una vida de sufrimiento.

Uno de mis pacientes sufre las secuelas de la poliomielitis debido a que sus padres tuvieron miedo de vacunarlo.

Son muchas las personas que viven con miedo de disfrutar la vida, pues les han enseñado que al mundo vinimos a llorar y cuanto más dolor padezcamos, más beneficios obtendremos después de morir. Estas creencias que han sembrado confusión y culpas, despojan al ser humano de la fe, esperanza, comprensión y perdón como forma de vida; principios que, por ende, tampoco transmitiremos a nuestros hijos. En vez de inculcar el agradecimiento por cada instante, se implanta el miedo como forma de vivir.

Aunque el ser humano moderno está luchando por desprenderse de estas ideas, aún encontramos a aquellos temerosos de condenarse o vivir en pecado por cuidar su salud, sonreírle a la vida y educar a los hijos para vivir con felicidad.

> Al finalizar una conferencia, una señora me contó su preocupación ante la responsabilidad de educar a su nieta de cinco años, pues su hija había fallecido. Como temía que le pasara algo malo, solo salían de casa para ir a la escuela que estaba justo al cruzar la calle. Tampoco acudían al médico, ella misma curaba a la niña, quien, por suerte, no había enfermado de gravedad. Pero ese miedo había impedido que la vacunara porque creía que eran bichos para infectar el cuerpo humano y lo volverían impuro y pecador.

✓ Acciones de amor

- Para evitar sentir miedos, prevé los riesgos y elimínalos. Mantén un entorno seguro, pero deja a tu hijo explorar.
- Si continúas con dudas, busca información fidedigna, consulta especialistas, lee, aprende, cultívate. Esto impedirá que el miedo te frene y tomes decisiones inadecuadas.
- No dejes que los pensamientos negativos paralicen tu vida y te impidan crecer. Tampoco dejes que tu hijo los tenga, impúlsalo a volar. A final de cuentas, la vida siempre será un riesgo, incluso para ti.
- Recuerda que tu hijo necesita equivocarse para aprender, esto lo prepara para la vida.

MEDITACIÓN

El amor no tiene miedo, tiene confianza. Cuando temes no estás amando, solo controlas.

❖ Comodidad

Es despreocuparse de la educación de los hijos, permitiendo que sean educados por otros para continuar cualquier ritmo de vida: ya que están "con la abuela o en la guardería y ahí los atienden bien". Estos padres no tienen conciencia de que el hijo necesita de su ejemplo, solo quieren mantenerlo con alguien que lo atienda, mientras crece. De este modo se irán los años, sin que a los padres acomodaticios les interese ser para sus hijos un ejemplo a seguir.

Recuerdo a una señora cuyo hijo de diez años era cuidado por la abuela de un amiguito, sin goce de sueldo. El problema era que, en el camino a casa, el niño solía toparse con el típico jovencito ocioso que disfruta golpear a los pequeños. La madre conocía la situación, pero alegaba que era difícil encontrar otra persona que lo cuidara, así que decía que su hijo debía aprender a defenderse. Sin preocuparse, se deslindaba del problema. Sin embargo, le enojaba la agresividad que su hijo mostraba con sus compañeros de clase.

Los padres acomodaticios evitan las situaciones que podrían alejarlos de su ritmo de vida, aunque hacerlo fuera indispensable para la salud de un hijo. Al cabo de los años, al comprender que no existe una relación de amor con sus hijos, se sienten culpables. Quieren obtener su perdón por el dolor causado con su comodidad e indiferencia, con regalos y accediendo a cualquier capricho.

Pero cuando sus hijos crecen, a consecuencia de la indiferencia y falta de compromiso de sus padres, solo saben corresponder con lo mismo.

❖ No ordenar las prioridades

Muchas veces el padre o la madre dedican demasiado tiempo a actividades ajenas a la familia, provocando con su ausencia, dolor y resentimiento. Los padres de este tipo alegan que el trabajo es demasiado absorbente, para casi no asistir en casa, llegar a altas horas de la noche y no se esfuerzan en modificar su actitud. Con ello vienen los reclamos del cónyuge y la desconfianza que ocasionan con su conducta.

Existen sobradas razones para dedicar tiempo al trabajo, por ejemplo, una precaria situación económica y la necesidad de sacar adelante a la familia. Nuestro país no vive épocas de bonanza, es necesario trabajar mucho para mantenerse sin penurias. Pero a veces, uno de los padres busca alejarse de casa por otras razones. Esta actitud ocasiona dolor.

El padre centrado en cosas ajenas a su verdadera responsabilidad necesita comprender que está dañando a su familia, aunque no quiera hacerse cargo de ello. Aun así, esa actitud de desapego no evita que nuestros hijos necesiten de nuestra compañía. No existe un niño que no sueñe con pasar algunas horas junto a sus padres, de ayudar a mamá a hacer la comida, ir con papá al partido, ver juntos el programa favorito, ir al parque, tomar un helado y convivir el mayor tiempo posible. Esto no siempre es recíproco y algunos padres prefieren mantenerse alejados, evitando la compañía de sus hijos, ignorando el dolor que ocasionan. Un padre que se aleja sin necesidad, hace sufrir a su familia. Los niños que anhelan la compañía y el amor de sus padres manifiestan su necesidad a través de diversos problemas como ansiedad, rebeldía, desafío a las figuras de autoridad, entre otros.

✓ Acciones de amor

- Aunque te sea difícil, reserva un espacio para dar amor a tus hijos. No te justifiques ni te engañes, no te convenzas de que están mejor sin ti.
- Separa tus problemas de tu relación con tus hijos, ellos no tienen responsabilidad ni culpa y te necesitan.
- Aprende a tener fortaleza. Enfrenta tus problemas y actúa según lo creas conveniente con las personas implicadas en ellos. Pero no involucres a tus hijos.
- Tus problemas son una cosa y tus hijos otra. Haz que lo mejor de tu vida sea darles tu amor.

❖ Despreocupación

Estos padres no se preocupan por conocer la forma adecuada de educar a sus hijos, confían en que todo saldrá bien, sin tener que esforzarse. Optimistas en exceso, se niegan a ver las cosas como son y no hay congruencia entre lo que dicen y hacen. Resuelven los problemas según se les presentan y el humor que tengan. Si están molestos, niegan los permisos; si están enojados, dan golpes; pero si están de buenas, ignoran la situación o regañan al hijo por atreverse a molestarlos y, además, le achacan los problemas y enojos.

Si están cansados, duermen al niño temprano; pero si no lo están, lo arrastran consigo hasta más allá de la medianoche impidiéndole dormir. Los niños comen, duermen y viven según lo que hagan sus padres y su vida es un caos. Carentes de orden y dirección, no conocen la calma ni la seguridad de unos padres que hacen lo mejor por sus hijos, se resignan a alimentarse con lo que caiga y dormir a la hora que se pueda, con tal de no impedir a sus padres actuar como mejor les acomode.

En cierta ocasión conocí a una pareja a la que le encantaba salir de noche. Como no tenían con quién dejar a sus hijos, los llevaban con ellos, pero no se preocupaban porque tuvieran un lugar donde pudieran dormir. Los niños se quedaban dormidos en cualquier parte, por lo general en el piso, cerca de donde se encontraban sus padres, a quienes divertía la situación. Indiferentes a las necesidades de sus hijos, nunca se iban temprano de la fiesta. Tampoco les llevaban a donde pudieran dormir cómodos. No se conmovían con su necesidad de descanso y mostraban una clara inconformidad a actuar responsablemente; de hecho, verlos dormir en el piso era motivo de burla y risas para ellos.

❖ Inseguridad

Los padres inseguros son los que primero dicen no, pero, cuando el niño empieza a quejarse, llorando o reclamando, se asustan de las consecuencias y ceden ante el capricho. Su base para educar es el llanto de un hijo cuando se le niega algo; esto los mueve a tomar decisiones, aunque no tengan sentido. Cuando un hijo manifiesta contrariedad, se le permite hacer lo que desee. La inseguridad impide al padre analizar situaciones y tomar la decisión correcta a corto y largo plazos.

Por eso, al carecer de firmeza, este tipo de padre busca en el apoyo de otros, amigos y familia, lo que no encuentra dentro de sí; sin embargo, nada funciona, porque ante todo, quiere causar buena impresión, sentirse bien consigo mismo. No desea complicarse y descuida la dirección y la congruencia. Le es difícil fomentar hábitos para forjar seres humanos íntegros. Pareciera que sus hijos se educan a sí mismos, al permitir que el lloriqueo o capricho gobiernen sobre la congruencia y responsabilidad.

Con frecuencia son incapaces de asumir sus errores o de evitarlos, aunque suelen culpar a los hijos de la situación. Se niegan a comprender que su niño es caprichoso porque así lo han enseñado.

Con los años, el cansancio domina a estos padres, así que impulsan a sus hijos a entablar relaciones de noviazgo o a vivir lejos de ellos con tal de terminar con la responsabilidad. Al cabo del tiempo, terminan cansados por el desafío emocional de educar a sus hijos.

❖ Intolerancia e incomprensión

Ninguna actitud causa más problemas que la intolerancia: la falta de respeto y comprensión hacia las diferencias humanas. A veces los padres no advierten su rechazo hacia sus hijos, consideran correcto exigirle más a quien se rezaga, por lo que aumentan las exigencias. No comprenden que ningún niño, aunque esté dotado de cualidades que nos parezcan maravillosas, es perfecto y por ello, susceptible de tener cualquier clase de problemas. Es frecuente encontrar niños con trastornos neurológicos severos cuyos padres ignoran o se convencen de que es un "leve trastorno de aprendizaje". Si no logra articular palabra a los tres años, los padres aseguran que es "lento". Muchos prefieren regañar y exigir a la criatura para que aprenda, a comprender que tiene dificultades tan serias que necesitará terapia o medicamentos gran parte de su vida.

Meditación

Analiza por qué es más sencillo convencernos de que nuestros hijos son flojos, lentos, perezosos o desobligados (y que enojándonos se corrigen), que comprender que pueden tener algún problema, por ejemplo, de aprendizaje. Los tratamos como si quisieran causar molestias y con ello solo complicamos sus circunstancias de vida.

Hace años conocí a una mujer que obligó a su niña a entrar a primaria sin respetar la edad mínima para hacerlo; la señora corrigió el acta de nacimiento, según ella, porque la niña tenía la capacidad de adelantarse. Dos años más tarde fue reprobada y requirió terapia psicológica durante ocho meses, consecuencia de la incomprensión de su madre.

Al padre incomprensivo e intolerante le cuesta reconocer los problemas de los hijos; no los acepta, le hacen sentir avergonzado. Lucha por cambiar la situación, pero si le resulta imposible, se vuelve mártir. Se le escucha decir que por sus hijos hará "lo que sea". Pero eso podría significar: lo que sea, "para que cambien".

✓ Acciones de amor

- Empieza por ti. ¿Qué tal amarlos?
- Dedícate a descubrir quién es tu hijo. A valorarlo.
- Deja que la vida te sorprenda mientras vas descubriendo quién es tu hijo.
- Ámalo por quien es, no por la imagen que te hiciste de él.

Meditación

Es fácil esperar y convencernos de que nuestros hijos serán inteligentes y privilegiados. Suponemos que serán los mejores estudiantes, atletas y más. Pero el padre que ama sabe reconocer estas expectativas y las evita, distingue entre sus fantasías y la realidad. Comprende que sus hijos son niños normales, iguales a los demás. Por supuesto, es posible heredar vocaciones y talentos; no obstante, nada garantiza que un niño sea un genio privilegiado (de hecho, el porcentaje de niños genio es uno de cada cien mil habitantes).

✓ Acciones de amor

Cuando un niño tiene problemas, la situación exige que tengas muy claras dos cosas:

- Primera: que tu hijo NO es el problema, así que debes aprender a ver lo que sucede como algo independiente de él. Tu hijo es un ser humano que merece tu amor y respeto. No lo denigres.
- Segunda: al hacer de tu hijo y su problema uno solo, te sentirás culpable, avergonzado y te dejarás convencer de que tu hijo está mal.
- Mantén tu entereza cuando las maestras o la gente hablen mal de él. No permitas que manipulen tu actitud hacia él. Tampoco quieras cambiar su opinión. Ama a tu hijo, siempre.
- No lo rechaces por ser distinto del hijo que soñaste. Tu amor se manifiesta cuando aprendes a conocerlo y amarlo tal como es.

❖ Competitividad

No es raro pretender realizarse a través de los hijos, muchos padres se vuelcan en ello. He conocido a varios padres enfrascados en hacer de sus hijos un "triunfador" en cualquier disciplina: gimnasia, guitarra, tenis, ajedrez, fútbol, karate y muchas más, no porque el niño lo desee, sino porque ellos necesitan que destaque en algo. Estos padres obligan a sus hijos a realizar actividades desde que empieza el día hasta caer la noche, sin tener un momento de felicidad.

La competitividad actual obliga a educar al hijo como triunfador, intentando programarlo para que se convierta en uno. El niño sabe que para mantener felices a sus padres debe ser un ganador; no se aceptará un segundo lugar, la única opción es el triunfo.

Se le ha inscrito en las mejores escuelas aun antes de nacer y su vida está diseñada para no perder un segundo de tiempo. Los hijos de padres competitivos desde bebés son llevados a prestigiadas academias de estimulación temprana, mientras escuchan a Mozart para aumentar su inteligencia. Sus alimentos son seleccionados con cuidado, ni siquiera de forma ocasional se aceptará algo que no tenga el balance correcto entre vitaminas, proteínas y carbohidratos. Pareciera que estos niños no tienen tiempo de jugar ni de disfrutar la vida, pues siempre están en clases. Todo es válido: deportes, matemáticas, ajedrez, pintura, música, ballet, idiomas, karate, gimnasia y cualquier curso que prometa elevar la inteligencia.

Las vacaciones son calculadas para visitar los lugares más didácticos e interesantes. No hay tiempo para parques temáticos, tampoco para divertirse. Todo debe ser aprendizaje, ser preparados para triunfar.

Para llevar este tren de vida, los padres tienen que sacar provecho de cada hora y trabajan mientras permiten que sean otros quienes lleven a sus hijos a clases. Se limitan a llamar por teléfono a las nanas o a los profesores si no se logra el éxito previsto. Exigen ver su dinero recompensado, pues es incomprensible que al niño se le dificulte alguna actividad. Pareciera que más que hijos, tienen robots programables a sus gustos y necesidades. Lo que piense y sienta su hijo no tiene importancia, le quitan el derecho a opinar, a ser niño y a jugar.

MEDITACIÓN

Si te identificas con esta actitud, analiza estas preguntas:

¿Amas a tu hijo por quien es o por lo que hace?

¿Le haces sentir que es digno de ser amado, o solo hasta que se lo gane?

¿Vives esperando que surja en él la maravilla de hijo que soñaste alguna vez?

¿Enriqueces la vida de tu hijo o alimentas tu ego?

¿Educas a tu hijo para sentirse superior?

Tú mismo ¿lo consideras superior?

Supe de un jovencito, jugador del equipo estatal de basquetbol, que fue operado de emergencia de la vesícula. En la semana siguiente a la operación jugarían un partido final. Por lo mismo, el padre, vanidoso y henchido de orgullo, afirmó que su hijo *sí* podría jugar, se recuperaría a tiempo y estaría listo para ese día. Quería evitar que lo sustituyeran, pues afirmaba que nadie era capaz de jugar como él. Por la presión paterna, el muchacho acudió y jugó con tan solo unos días de recuperación. Pronto empezó a sentirse mal y le fue diagnosticada pancreatitis, de la que falleció diez días después del juego.

✓ Acciones de amor

- No quieras hacer hijos perfectos. No los lleves a ese punto de presión, les causarás ansiedad.
- Mejor, interésate en las actividades que hacen con alegría.
- Analiza con frecuencia qué es lo que esperas que hagan por descontado. Aprende a poner un alto en tu ambición.
- Cada ser humano es único, respeta y valora esto.

❖ Eludir la paternidad

Algunos padres manifiestan su escaso deseo de ser padres. Dicen sentirse cansados, hartos del compromiso y con ganas de cambiar de vida.

Como si exteriorizar estos sentimientos absolviera de la responsabilidad y evitara el compromiso moral, padres y madres desganados afirman que su deseo de apoyar la educación de sus hijos es inexistente y les es indiferente lo que les ocurra. Olvidan que el niño no viene al mundo porque lo haya pedido, lo hizo porque fue decisión de sus padres concebirlo. Pero, aunque desearían que no hubiera nacido, es tarde para el arrepentimiento. La responsabilidad de tener un hijo implica ser buen padre. No hay manera de eludirla. Lo mejor que podemos hacer es comprometernos con nuestra paternidad. Ser buen padre es algo grande e importante; a través de nuestros hijos vamos formando un mundo mejor.

Cuando escuché a Eduardo quejarse de su familia, me sorprendió la facilidad con la que se eximió de su responsabilidad. Decía que nunca había amado a su esposa pues lo había engañado para atraparlo y su hijo mayor era el producto no amado de una "trampa". Admitió tener pocos deseos de comprometerse con ellos porque los consideraba un estorbo en su vida. Su esposa, indiferente a sus palabras, escuchó sin interrumpirlo. La psicóloga detectó en el niño graves problemas de autoestima y una pésima capacidad para relacionarse con los demás.

❖ Irresponsabilidad

La responsabilidad es una cualidad indispensable en toda persona que tenga hijos. Aunque no sea cariñoso, para el padre responsable no existen límites en cuanto a lo que es capaz de hacer por sus hijos. Busca la manera de sacarlos adelante. Atento y observador, no desperdicia un momento para educarlos. En cambio, los padres irresponsables enseñan a los hijos a contar mentiras, a defraudar, a no hacerse cargo de las propias acciones y a negarse a asumir la responsabilidad de las consecuencias. Estos padres con frecuencia decepcionan si se comprometen, nunca están a tiempo y atribuyen su actitud a quienes tienen la desgracia de convivir con ellos. Son indiferentes al daño que ocasionan y enseñan a sus hijos a ser así, pues su actitud se aprende con facilidad. No saben actuar con sensatez, no es raro que las consecuencias de sus acciones las pague su propia familia.

Cuando Alberto, mi hijo mayor, tenía 10 años, su amigo Camilo cumplió años e invitó a varios compañeritos al cine. La madre, muy formal, aseguró que devolvería a cada niño a su hogar. Mi hijo quería convivir con ellos, así que le permití ir. La hora en que esperaba su regreso llegó, pero de él no sabía nada, pronto pasaron otras dos horas. En aquel tiempo el uso del teléfono celular no estaba extendido y no podía comunicarme con él. Preocupada, fui a la casa de Camilo a ver qué había sucedido. Mi sorpresa fue mayúscula cuando la madre del muchacho abrió la puerta. Dijo haberlos dejado en el cine, "porque tenía muchas cosas que hacer". Cuando le comenté que los niños tenían más de dos horas de retraso, me respondió: "¡ay señora, déjelos que corran su aventura!" Me quedé pasmada al escucharla. Al volver a casa mi hijo había llegado y me contó que la señora les había quitado su dinero, so pretexto de comprarles los boletos de entrada y se marchó. No les dejó dinero ni para el autobús de ruta, por ello él y otros dos compañeritos tuvieron que caminar casi cinco kilómetros para volver a su casa, siendo una fría noche de invierno. A Camilo un tío lo recogió en el cine y no supieron qué pasó con él. Se quedaron solos, sin dinero y lejos de casa.

La falta de responsabilidad se manifiesta de distintas formas. No alimentar sanamente a nuestros hijos, permitiéndoles comer cuanto deseen con tal de evitar su llanto. Dejar para "después" alguna conversación con ellos, pretextando que jamás nos hacen caso. Evitar pasar tiempo con ellos, alegando que el trabajo absorbe demasiado. No llevarlos al médico cuando se sienten mal, porque tienen actividades que juzgan más importantes. Ignorar sus dudas permitiendo que sean otros menos adecuados quienes las resuelvan. Evadir ser apoyo constante en cualquier momento crucial de su vida. Permitirles ser partícipes de conflictos ajenos, incluso ponerlos en medio de cualquier problema que surja con el cónyuge, esgrimiéndolos como armas y objetos de chantaje. Negarles amor, educación y un hogar armónico, como parte del alimento para su cuerpo, mente y espíritu. El colmo de la irresponsabilidad sucede cuando los propios padres destruyen a su hijo, por ejemplo, al inducirle a beber alcohol, fumar e incluso consumir drogas; luego se burlan de él porque se "ve gracioso" cuando está borracho. Años más tarde esta criatura vive sufriendo entre las relaciones enfermizas y la adicción. Cada día hay más padres irresponsables que encaminan a sus hijos a una vida miserable sin la menor piedad por su inocencia. El niño obedece a sus padres, en quienes confía sin dudar, y acaba sus días convertido en un adicto a quien nadie amará jamás. Hace poco leí el caso de una niña de 13 años cuyo padre la prostituía tanto para mantener relaciones sexuales de forma simultánea con varios hombres, como para realizar pornografía infantil.

✓ Acciones de amor

- No te permitas jugar con la educación de tus hijos. Si constantemente evitas tu responsabilidad por el temor de generar dolor o desamor en ellos, eso cosecharás a la larga.
- La mayor decepción de un hijo es ver a sus padres como seres débiles, sin principios y fáciles de manipular.

❖ Culpar a los demás

Los profesores comentan lo difícil que es comunicarse con los padres que los culpan de las bajas calificaciones de sus hijos y se niegan a creer que estos tengan problemas en la escuela o en el salón de clases. Solo después de muchas llamadas de atención, empiezan a considerarlo. Sin embargo, arremeten contra los profesores, alegando que les tienen "mala voluntad" o que son ineptos. Con frecuencia los maestros son acusados de tener animadversión hacia algún alumno. Para los padres justificadores es imposible que su hijo haga algo mal y lo defienden, aduciendo que son "otros" quienes le obligan a portarse así. Si le pegan a un compañerito, es porque el niño lo provocó. Si la maestra lo regaña, es una impaciente que no debería dar clases. Si pelea, debe aprender a defenderse. Si no realiza sus deberes, le encargan demasiados. Si saca bajas calificaciones, la maestra no tiene capacidad y no sabe educarlo. Critican el trabajo académico, a tal grado que varios profesores han perdido sus empleos por sus quejas. Estos padres se conducen con prepotencia y hasta amenazan con actuar duramente si siguen recibiendo más quejas de su hijo y no se le pone la atención "debida" porque los demás son los culpables de lo que sucede. Están seguros de que su hijo es casi perfecto y si se enteran de que tuvo problemas con algún compañero, llaman al padre del niño para exigirle controlar a su criatura. Justifican. Discuten siempre, no escuchan razones. Alegan que su hijo no es agresivo, sino que está estresado. Que no es grosero, sino que responde con la verdad. Y no deja sin terminar tareas; más bien, hace lo que requiere para la vida. Y así sucesivamente.

Un joven conocido mío con parálisis cerebral, me contó que sus padres no se habían percatado de ello hasta que una enfermera que les visitaba les hizo ver que el niño tenía nueve meses y aun no sostenía la cabeza. Los padres reaccionaron con enojo pensando que ella los criticaba y la corrieron de la casa. Pero la duda quedó sembrada y pronto consultaron con un médico, quien corroboró las observaciones. Por esto, el joven pudo ingresar a terapia física desde pequeño.

✓ Acciones de amor

- No te sientas amenazado ni criticado cuando alguien te señale alguna dificultad de tu hijo. Escucha con atención. Tal vez esa persona se ha percatado de una necesidad del niño en la que tú no habías reparado.
- Es inútil culpar a los demás de nuestras acciones y errores, o de las de nuestros hijos. Con esto al único que perjudicas es a tu hijo.
- No es sencillo admitir que la causa de nuestros impedimentos, fracasos y frustraciones se encuentra dentro de nosotros.
- A veces por vanidad, orgullo, o inconsciencia, quizá porque así lo hemos aprendido, no queremos reconocerlo. No obstante, es indispensable hacerlo.

❖ Bondad distorsionada

Los padres son naturalmente bondadosos, pero algunos no tienen límites y permiten que la bondad se vuelque en contra de ellos. Tratan de educar y ser justos, pero pierden coherencia y no mantienen bajo control sus emociones. La educación de sus hijos se convierte en una carga pesada y, aunque intentan permanecer en el camino correcto, se desvían. No saben por qué ni cómo sucede, pero cuando *algo* no sale como se pretendía, el padre, asustado, aumenta la dosis de *bondad* y manifiesta a sus hijos lo "mucho" que los ama, como si fuera una pócima que surtiera efecto contra la desobediencia o la rebeldía. Pretende corregir y educar repitiendo una y mil veces cuán grande es su amor. En su miedo a ser considerado "mala persona", abusa de la bondad que manifiesta. Pero esta técnica es ineficaz, ya que se percibe como una manipulación velada para hacer sentir culpable al hijo que desobedece a unos padres "tan buenos", como una necesidad de mantener una imagen poco real y no como una sincera expresión de bondad.

El problema con los padres "demasiado bondadosos" es la facilidad con que ceden al chantaje y la manipulación. Como temen ser considerados "malos", hacen lo que sea para que se les considere "buenos". Se sujetan a los deseos del hijo, le dan cuanto desea, resuelven cualquier problema y tiemblan si se le oponen pues su hijo grita "eres malo, ya no te quiero". Al escuchar esas palabras mágicas que infunden terror, cambian de idea y aprueban lo que el niño desea. Con el tiempo, generará en su hijo sentimientos encontrados, pues este no podrá considerar a su padre buena persona, lo respetará poco, aprenderá a manipularlo y lo hará, sin importar las consecuencias. Muchos son los padres arrepentidos por no haber puesto un alto a su necesidad de aprobación y haber permitido que el hijo los controlara.

Como los hijos no deberán ser jueces de los padres, se trata de enseñarlos a que no lo sean. Pero, como ya dijimos, hay mucha confusión respecto a lo que es mejor para los niños; se manejan tantas ideas y versiones, que desconocemos el camino al cual dirigirnos. Entonces, basta con que nuestros hijos nos digan que son "felices" (por ejemplo, cuando se están divirtiendo) para dar por hecho que hacemos lo mejor para ellos. Tomamos su palabra como única guía y dirección. Como tememos causarles sufrimiento, depositamos en ellos nuestra propia valoración, sin percatarnos de lo frágiles que nos volvemos y del dolor que causaremos. El temor a fracasar como padres puede paralizar la cordura. No deseamos que nuestros hijos sufran, mucho menos por nuestra causa.

> Tan solo por la educación puede el hombre llegar a ser hombre. El hombre no es más que lo que la educación hace de él.
>
> Kant

❖ Ser muy "flexibles"

Si algo confunde a los padres es la idea de ser "flexibles" al educar a los hijos. Se cree que la flexibilidad es la habilidad de negociar con los hijos lo que podría ser mejor para su educación. Se supone que los padres plantean alguna situación, pero dejan abierta la posibilidad de que el niño la apruebe, manifieste su conformidad o no con los deseos de sus padres; y, ya todos de acuerdo, tomen la decisión que hará felices a todos. ¿Realidad? Esta idea es tan falsa como dañina. Con solo analizarla veremos cómo se destruye a sí misma. Una cosa es intentar no ser demasiado rígido como padre y otra, permitir que los hijos decidan o supervisen la conveniencia de una resolución o disciplina. Los padres "flexibles" no solo comunican inseguridad, también muestran que ignoran lo que es bueno para su hijo, dado que requieren su aprobación o consentimiento para tomar decisiones. El padre "flexible" cae en el juego del hijo de 15 años que le alega cosas como "si saco buenas notas en la escuela y te obedezco ¿por qué no puedo llevarme el auto?" Como el padre intenta ser flexible, pensará que su hijo podría tener razón y le suelta el coche, aunque después podría lamentar haberlo hecho. Un padre con principios sabe que hay cosas que no se negocian y, aunque sea buen hijo, no tiene por qué conducir un vehículo si es menor de edad y puede arriesgar su vida y la de otros.

Permíteme compartir una parte de mi historia. Cierto día mi hija Cynthia, para entonces mayor de edad, me pidió permiso para realizar un viaje corto con su novio. La idea era ir en auto a una fiesta a un estado vecino (pero esa carretera ahora es muy insegura y peligrosa). Al negarle yo el permiso Cynthia trató de convencerme:

—¿Por qué no me dejas ir? Soy buena hija y hago cuanto me dices, mamá.

—No creo conveniente que salgas de ese modo, mi reina.

—Pero mamá, te hago caso en todo y si fuera a hacer algo [se refería al sexo] lo puedo hacer igual aquí que en otro lado.

—No me preocupa que tengas relaciones sexuales, hija. Pero no juzgo adecuado que viajes así con el riesgo que representa esa carretera.

—Mamá, soy responsable, tú me conoces; además, siempre te ayudo, voy bien en la escuela, trabajo mucho. ¿No confías en mí?

Por supuesto, tenía razón. Es una muchacha responsable, estudiosa y madura. El novio también es un joven bastante serio. Me sentía presionada por ella. Quería un permiso que NO le iba a dar. Tal vez si yo estuviera con la idea de ser *flexible*, habríamos negociado. Sin embargo, estaba segura. No había qué negociar. Necesitaba hablar con ella, pues estaba enojada y decepcionada. Con voz tranquila, le dije:

—Mi reina, es cierto que tú eres una hija maravillosa y responsable. Te agradezco en el alma que me ayudes y apoyes. Tengo plena confianza en ti y estoy convencida de que eres incapaz de hacer algo malo. Quien lo hará seré yo, si te digo que sí y eso es algo que no me puedo permitir.

Meditación

Un padre con principios no intenta ser flexible. Sabe cómo actuar; por ello, sabrá cómo y cuándo negociar con sus hijos y cuándo no.

✓ Acciones de amor

- Un padre siempre es padre y protege a sus hijos. El padre necesita analizar las consecuencias de acceder o permitir actividades que puedan dañar la seguridad de su hijo.
- Entre ser juzgado como aprensivo, controlador y criticado por no conceder libertad a sus hijos y ponerlos en peligro, el padre que ama a sus hijos siempre preferirá impedirles cometer algo que podría dañarlos.
- No cabe duda de que el hijo siempre reaccionará favorablemente ante la firmeza y seguridad de un padre o una madre que lo cuidan y le impiden actuar con imprudencia.
- Si hay algo que aclarar se habla de ello permitiendo que fluya el amor entre padres e hijos.
- La confianza que brinda el amor guía al padre que quiere ver a sus hijos volar alto.

❖ Comparar

Las comparaciones lastiman a nuestros hijos. Sufren al escuchar que nos decepcionan, que no son como nos gustaría, o que están en un nivel inferior respecto a otra persona. Todos conocemos frases como "¿por qué no eres como tu hermano?" O "yo a tu edad..." Otras comparaciones son más veladas, menos conscientes e igual de dolorosas. Los padres somos competitivos y soñamos con hijos increíbles, de "dieces", igualitos a nosotros, o mejores. Por eso, en vez de apreciar principios, buscamos factores externos que nos posicionen ante los demás (estudios, un coche, fama, dinero, incluso una causa). Estas apreciaciones suelen ser muy parciales y unilaterales, pero no lo sabemos y nos sentimos bien o mal según lo que los demás piensen o digan de nosotros; demostramos superioridad si somos guapos, bien vestidos, con dinero y un buen trabajo. Ocurre igual cuando educamos a nuestros hijos. Comparamos a los niños a través de las calificaciones escolares, como si entre dieces y cincos se revelara lo que importa respecto a ellos. Si el chico obtiene dieces, será un triunfador en la vida, destacará entre los demás (lo está haciendo ya) y nos hará sentir orgullosos de su inteligencia; ¿quién no ha escuchado a algún padre de familia hablar de las calificaciones de su hijo? Pero si apenas saca sietes, ochos, uno que otro seis y de pronto algún cinco, ¡malo!

Nos angustiamos porque creemos que somos culpables de ello y, además, entrevemos un futuro incierto. Al comparar las notas escolares de nuestro pequeño y comprender que no da para más, nos sentimos humillados, pésimos padres y defraudados, porque no es tan excelso como hubiéramos querido.

> Una amiga madre de un niño de dos años, me comentaba lo presionada que se sentía porque uno de sus sobrinos, el mayor, era un niño sobresaliente, de esos que la gente considera "genio". Decía que entre sus hermanos surgían las comparaciones con sus propios hijos y, sin proponérselo, ella también las hacía, lo que le causaba dolor. Le pregunté si conocía la cifra de niños superdotados a nivel mundial, que es aproximadamente de uno por cada cien mil habitantes. Por tanto, el genio de su familia ya había nacido y esa situación sería difícil de repetir, su hijo sería un niño semejante a los demás y, ojalá, mucho más feliz.

Las comparaciones se acompañan con palabras de frustración, comentarios agresivos, enojos. Erróneamente creemos que si lo presionamos lograremos que se sienta humillado y desee cambiar, deje de exhibirnos como malos padres. Los padres quieren creer que su hijo es un "genio" y cuanto hace es una confirmación. Los comentarios en ese sentido abundan: "es tan lista", "ya salta", "habló antes del año", "se sentó a los tres meses", "caminó a los ocho meses", y más. Muchos de estos comentarios se alejan de la realidad; debido al natural desarrollo del cuerpo humano, no es posible que un niño camine sin ayuda a los ocho meses, ni que hable perfectamente antes del año.

Comparaciones más utilizadas por los padres	
• Cuando yo tenía tu edad… • En mi época los niños eran diferentes. • Yo nunca me comporté como tú. • ¿Por qué tú no entiendes? • ¡Tú nunca pones atención! • Prefiero a tu hermano que a ti. • Deberías aprender de Juanito, él sí se porta bien, no como tú. • Tú siempre estás distraído.	• Tú sí que eres un tonto. • ¿Por qué no eres como tu hermano? • Tú solo sabes dar problemas. • Tu hermana es más bonita. • Salir contigo es una lata, mejor tú te quedas en casa. • No te sabes comportar. • ¡Te pareces tanto a tu padre!

✓ Acciones de amor

- Es importante que aceptes: tu hijo es un niño normal, ni más ni menos que cualquier otro. Son tus altas expectativas las que le harán daño, esos deseos de demostrar que vales por lo que él haga o deje de hacer.
- Las comparaciones harán que tu hijo sienta que no es amado. Al no valorarlo por quien es y por lo que puede hacer, sino porque necesitas que llene tus aspiraciones y demuestre al mundo el maravilloso padre que eres, harás de él un ser humano desdichado, que ignorará quién es y cuáles son las metas que quiere perseguir. Sus aspiraciones en la vida estarán limitadas por tus propias aspiraciones y con esto nunca podrá ser feliz.
- Deja de herirlo comparándolo, demuestra lo valioso que es para ti y lo mucho que lo aprecias.
- Aleja de tu vida y de tus pensamientos todo aquello que te haga perder la humildad.

- Respeta el derecho de tu hijo a disfrutar su vida siendo tal y como es.

MEDITACIÓN

Aceptemos al hijo que tenemos, con sus facetas, travesuras y su alma noble. Deseoso de ser amado por sus padres aunque el mundo se ponga en su contra, la vida le sea difícil y le cueste salir adelante. No importa que no destaque en deportes o que no llegue a ser un gran concertista o un magnífico estudiante. Lo que importa es que está junto a nosotros, dispuesto a amarnos sin medida, porque somos sus padres y estamos orgullosos de serlo. Su vida es lo más valioso que pudo pasarte, empieza a agradecerla ya.

❖ Inestabilidad

Los padres decepcionamos a nuestros hijos y los hacemos sentir como si viajaran en una mísera barca que avanza hacia donde la llevan las olas, sin velas, motor ni rumbo fijo. Navegamos hacia un lado, pero cuando llegan los problemas, tememos perder el rumbo, damos la vuelta y ponemos la marcha en sentido contrario. Esto es demasiado confuso para cualquiera, más aún para los niños.

Seamos conscientes, la inestabilidad perjudica; son desesperantes la volubilidad y los cambios de opinión. Por ejemplo, un día estás de malas y lo regañas por no limpiar su cuarto y al día siguiente te sientes culpable y le dices que no tiene importancia, o ignoras la situación. Te quejas porque no hace las tareas, pero no estás pendiente de que sí pueda hacerlas. No tienes paciencia para ir a su ritmo, lo regañas por no ir al tuyo. Alimentarlo es difícil, cedes a sus antojos y le sirves solo lo que desea, aunque para calmar tu conciencia le indiques que debe comer de todo. Luego te eximirás de tu responsabilidad pensando que tú deseas darle una alimentación sana, pero él no se deja: "es imposible controlarlo", te dices. Prefieres que coma lo que desee a "pelear con él; de cualquier manera, nada le gusta", pero desconfías de tu actitud y se lo demuestras, tratando de justificarte. Él comprenderá que tus regaños no se fundamentan, pues son consecuencia de tu inestabilidad y cambios de humor y no de su conducta. Como tu actitud manifiesta desinterés, tu hijo lo entiende y se siente decepcionado de ti. Conforme crece, tu falta de firmeza e irresponsabilidad aumentan, mientras el respeto que siente por ti, disminuye. Entonces, te tratará de la misma forma en que tú lo haces con él.

Con el tiempo, empezarás a sentirte desesperado porque algo se sale de control, ignorarás qué hacer para que cambie la actitud de tu hijo. Tu aprensión se reflejará en esas conversaciones condescendientes que sostengas con él, donde, como sabes que has perdido tu autoridad, negociarás con tal de que no se exponga. Es cuando le dirás, por ejemplo, al descubrir que fuma o bebe, que prefieres que lo haga en casa a que lo haga fuera. Con esto lo único que conseguirás es que lo haga en casa y fuera; te habrá perdido el respeto, no te creerá y, además, ¿piensas que si sus amigos lo invitan se va a negar?

MEDITACIÓN

Cuando un padre tiene claro cómo educar a su hijo, logra que este se sienta seguro y respaldado. Nadie quiere atravesar un océano en una pequeña veleta. Lo ideal es aquel transatlántico grande y seguro donde nuestra vida corra un peligro mínimo. Una veleta se voltea fácilmente con cualquier oleada, un transatlántico enfrenta olas enormes y sigue su camino firme hasta puerto seguro. Todos sabemos en qué tipo de padre anhelamos convertirnos.

❖ Ser amigos

Mucho hemos cambiado los padres los últimos años. Ahora queremos una educación más relajada, nos negamos a educar a través del miedo; no obstante, en ocasiones nos pasamos de modernos y confundimos nuestro papel de padres. Queremos que nuestros hijos confíen en nosotros como si fuéramos sus mejores amigos. Entonces los tratamos como tales, sin darnos cuenta de que los confundimos. Por ejemplo, al no saber cómo abordar determinados temas, tratamos con descuido situaciones que para ellos son importantes, no guardamos nuestro lugar de padres y no respaldamos nuestras palabras con acciones. Esta falta de congruencia hace que perdamos autoridad y que nuestro hijo pierda la confianza en nosotros. En aras de ser buenos padres, confundimos el significado de tener una bonita relación basada en el respeto mutuo, con ser confianzudos.

Es ocioso pretender ocupar un lugar que no nos corresponde: querer ser más amigos que padres de los hijos. Esta filosofía es una trampa para quienes la toman como una forma de vida. Los padres, ansiosos de ganarse la confianza del hijo, no sustentan la relación en principios. Por el contrario, descuidan su posición y lo tratan sin considerar la distancia que el respeto impone. Le dicen que confían en él y le dejan hacer lo que desea, creen que así establecen una relación de confianza. Además, le hablan abiertamente de su propia vida y esperan que su hijo haga lo mismo, porque así se demuestran la "confianza" que existe entre ellos. Pero, como el padre no guía al hijo, este no sentirá la fuerza y protección del amor paterno ni tendrá figura alguna de quien aprender o confiar.

Pronto se resentirá con el padre-amigo, y le negará su amistad y cariño.

✓ Acciones de amor

- No olvides, eres su padre, no su amigo. El niño necesita alguien que lo proteja, eduque y guíe; amigos tiene en la escuela.
- Nada sustituye la fortaleza de quien se sabe educado, amado y protegido. El principio del respeto padre-hijo empieza de este modo.
- No abuses haciendo pasar por amistad entre ustedes, una clara falta de respeto hacia él. No lo involucres ante tu falta de principios. Respeta a tu hijo, ubícalo en la posición correcta.
- Cada etapa de la vida es hermosa. Cuando te toque ser papá o mamá, disfrútalo.

Un niño prefiere un padre que lo guíe a uno que quiera ganárselo, pues detrás de esa *seudoamistad* se encubre un padre que solo desea hacerse querer y agradar, pero a quien la educación que debiera impartir le interesa poco, por lo que transmite inseguridad. Los hijos lo perciben como un ser débil y, en vez de tenerle confianza, sienten rechazo y hasta repudio debido a su incompetencia.

No se trata de evitar ser amigo de los hijos, solo debemos esperar a que esta relación surja con el tiempo, después de enseñarlos a amar.

MEDITACIÓN

Confianza no significa que el padre y el hijo se cuenten todo lo que les ocurre en la vida. Un padre confía en su hijo cuando ve que ha aprendido a vivir con los principios que le enseñó. Un hijo confía en su padre cuando siente la certeza de que está ahí, para ayudarlo a ser feliz y lograr sus metas.

Un padre se convierte en amigo entrañable cuando durante años ha hablado con palabras razonables, ha dirigido hacia un lugar seguro y ha comunicado a través de sus actos la importancia de vivir con principios e integridad.

Cuando no reduce la educación de sus hijos a la situación que se va presentando, sino al contrario, su responsabilidad como padre representa el reto más importante de su vida. Un hijo que ha visto a su padre esforzarse por ser congruente, al crecer confiará en él, podrá pedirle apoyo y consejo. En cambio, quien se lo toma a la ligera, sin ser consciente de su ineptitud, provoca dolor y resentimiento.

¿Qué actitudes reconociste como tuyas?

MEDITACIÓN

1. ¿Qué pasaría si comprendieras que, hagas lo que hagas y aunque tengas buenas intenciones, tarde o temprano te vas a equivocar? Algún día regañarás a tu hijo injustamente, o lo ofenderás sin merecerlo. Los padres somos susceptibles a equivocarnos y eso no debe preocuparnos demasiado. Todos lo hacemos y conviene que lo comprendamos para no ser jueces tan duros. No pretendas educar a la perfección. Mejor empieza a educar con amor.

2. Así como un niño aprende la "lengua materna", aprenderá de ti esas actitudes negativas que le incapacitan para vivir sano y pleno de amor. Es importante comprender y aceptar que dañamos a nuestros hijos con esas actitudes negativas. Puedes aferrarte a ellas, permitirte continuar como estás y mantener todas las que desees pero ¿cómo ayudará eso a tus hijos?

3. En algún material leí que los vendedores te ponen el objeto en venta en las manos porque una vez que lo tienes contigo, lo sientes tan tuyo que te será difícil desprenderte de él. Con las actitudes negativas ocurre lo mismo, hemos ido trabajando hasta consolidarlas. Las desarrollamos porque nos convencemos de que con ellas protegeremos a nuestros hijos. Y cuanto más te cuesta dejarlas ir y más te aferras a ellas tratando de demostrar que no son un error, solo las aumentas. Todo un círculo vicioso ¿no? Así, evitamos que el amor fluya libre en nosotros y marque las directrices de la formación en nuestros hijos.

4. ¿Por qué nos cuesta aceptar que erramos? Porque nos falta la humildad suficiente para mostrarnos ante nuestros hijos como seres susceptibles de fallar. Queremos que ellos nos respeten y admiren, por lo que les vendemos una imagen irreal, de padres que hacen todo excelente.

5. Si queremos ponernos en un pedestal ante sus miradas, debemos saber que los hijos se resienten cuando sus padres, con esta actitud, impiden que tengan un acercamiento fraternal con ellos. Lo peor es que el día que nos equivocamos, el dolor que les causamos es mayor de lo que sería si les hubiéramos enseñado a ser comprensivos, a no juzgar a las personas.

6. La confianza que tenemos en nuestros padres nace con nosotros y se desarrolla con su amor y sus cuidados. Confiamos en que seremos amados y alimentados, que se nos enseñará a amar

y a vivir. Los padres vamos arrebatando a nuestros hijos esta confianza natural por aferrarnos a nuestras actitudes.

7. Pregúntate con frecuencia: ¿qué necesito para ser buen padre? ¿Qué me impide conseguirlo? ¿Qué tengo ya?

✓ Acciones de amor

- Recuerda que si te conduces con humildad ante tus hijos, el día que cometas un error te será más sencillo reconocerlo y pedir disculpas. Así, a tus hijos también les será fácil comprender a sus padres, porque se les ha comprendido cuando se han equivocado.
- La educación no es negociable, ni se ofrece al mejor postor.
- La amistad de nuestros hijos no se compra con permisos insensatos, ni con falta de autoridad. Nace de la integridad, comprensión y respeto que se han mantenido por años.
- Si eres consciente de ello, no te sentirás presionado para ser amigo de tus hijos, porque no necesitas su amistad. Solo es necesario que te enfoques en dar cada día lo mejor de ti.
- Cuando un niño es diferente al hijo deseado, quien tiene que cambiar su perspectiva es el padre pues ha sido él quien imaginó un hijo casi perfecto. Es también el padre quien debe comprender que en realidad ese ser que imaginó no existe.
- Dedícate a conocer y a amar a tu hijo real, sin olvidar que la prioridad deberá ser ayudarlo a ser feliz, no a alcanzar tus pretensiones.
- Mantén siempre en mente que lo más importante es nuestro hijo, compañero de vida, razón de vivir. Con dieces o cincos, fuerte o débil, grande o pequeño, es un ser humano maravilloso, digno de ser amado por quien es.
- Conservar tu mente sana es tu prioridad, por eso busca en ti esas ideas negativas que comprometen la relación con tus hijos y deforman tu sentido de la realidad.
- Empieza por reconocerlas. Cuando manifiestes alguna, ten preparada una reacción distinta en ti y reacciona como lo tenías pensado.

- Con frecuencia, piensa cómo resolverías los problemas de otra manera, ofrécete otro campo de acción. Así cuando se presenten tendrás respuestas diferentes.
- No te obstruyas cuando detectes estas actitudes en ti, elimínalas aceptándolas y haciéndoles frente. Si mantienes tu mente sana, fluirá de ti el amor.

MEDITACIÓN

Cambia la palabra "cuídate" por "disfruta". Cada vez que le dices a tu hijo "cuídate" envías el mensaje de que la vida no es segura.

Le dices que debe mantenerse vigilante, pues algo malo podría suceder si no lo hace. Pero todos por naturaleza nos "cuidamos".

Nadie está exento de un accidente, ese es el riesgo del vivir. Cuando le dices "disfruta", lo centras en la actividad del día. Le envías el mensaje de vivir intensamente cada instante porque no se repetirá.

Padres violentos

¿Por qué será que nos es más fácil herir a quien más nos ama?

Más que una actitud, la violencia es una forma de ser, por eso se trata de un tema que es indispensable atender. Lo contrario al amor es el desamor, la base donde germina la violencia. Crece en el corazón de quien no fue amado y a quien no se enseñó a amar. Se manifiesta en aquellos que no tienen capacidad de interesarse ni comprometerse con los demás, inmersos como están en su propio dolor; a veces tan grande, que solo pueden conducirse causando dolor a quienes los rodean.

Ante la violencia de los padres, los hijos se encuentran totalmente indefensos. Cada día cientos de niños son violados, obligados a trabajar, drogados, prostituidos y maltratados. Aprenden a vivir de forma vergonzosa y humillante para todos. La mayoría de las veces, sus padres son sus vejadores, tiranos y asesinos.

Un estudio reveló que ocho de cada 10 mexicanos considera válido pegarle a los hijos para educarlos. La violencia ha tomado proporciones gigantescas, incluso los mismos niños se golpean y matan entre ellos; es raro quien no ha sido víctima de un trato cruel. Somos los padres quienes educamos a nuestros hijos para ser agredidos y el niño, por miedo, prefiere guardar en secreto el nombre de sus agresores, no confía en sus padres para que lo protejan.

MEDITACIÓN

Los padres no dañamos por maldad ni a propósito a nuestros hijos. La violencia es consecuencia de haber sido heridos también.

> Es más fácil quejarse que aguantar, amenazar al niño que persuadirlo.
>
> San Juan Bosco

❖ ¿Una cachetada pedagógica?

Durante las consultas he conocido padres violentos, quienes "educan" con gritos y golpes. Creen hacer lo correcto si agreden física o verbalmente al hijo "a ver si así entiende". Lo hacen sentir culpable, se niegan a comprenderlo y ayudarlo, dan rechazo en vez de aprobación, creen que con esa actitud lo presionarán a cambiar. Cuando estos padres comprenden el error cometido, la culpa no les permite estar en paz.

Tener autoestima sana es el elemento principal en cualquier ser humano para una vida digna. Los padres son quienes proveen de ella a sus hijos con su amor y comprensión. Cuando un padre golpea e insulta a su hijo, fomenta lo contrario. Un niño maltratado emocional y físicamente tendrá poca confianza en su capacidad y dificultades para salir adelante en la vida; esto complicará cualquier circunstancia difícil en la que ya viva.

Abel es un joven padre criado con violencia. Sus padres trabajaban el día entero y el poco rato que convivían en familia era mientras su padre descansaba y la madre preparaba la cena, aunque siempre estaban peleando. Su hermano mayor también era violento y sumaba su actitud a los conflictos. Abel dice que creía que eso era normal. Ahora en su matrimonio desconfía de su esposa, con quien siempre está enojado. Sus hijos han crecido sin una mano firme pues cuando la madre da una orden, él se empeña en contradecirla. Nunca está de acuerdo con ella, la acusa de negligente y de no educar a los niños. Sin embargo, cuando su hijo menor fue diagnosticado con Trastorno por Déficit de Atención, se enfureció con el niño por ocasionar problemas. Este joven padre ha confesado estar harto, casi al borde del suicidio. Busca estabilizar su hogar, dar armonía a su vida y a su familia, pero ignora cómo hacerlo.

Los padres enseñamos y transmitimos la violencia verbal y física, ocho de cada diez consideran los golpes indispensables e inevitables. Cierta dosis de agresividad paterna puede considerarse como necesaria e incluso justificada, pues con tal de "corregir" al niño, es posible hacer uso de golpes y palabras hirientes. De todos los tipos de violencia, la psicológica es la más difícil de reconocer y aceptar, aunque es sencillo presentarla contra nuestros hijos.

> Lo que se obtiene con violencia, solamente puede mantenerse con violencia.
>
> Mahatma Ghandi

❖ Violencia psicológica

Consiste en algo más que golpes, son palabras y actitudes crueles. El agresor no deja huellas visibles. Es frecuente, fácil de justificar y se respalda con conductas "por el bien" del agredido, quien manifiesta "huellas invisibles" como baja autoestima, temor, ansiedad, terrores nocturnos, pérdida del control de esfínteres y dificultades para relacionarse, entre muchas más.

El hijo adquiere poco a poco un profundo resentimiento hacia sus dos padres, el agresor y el que permite la agresión. Frustrado, se pregunta por qué ninguno de sus padres le ama.

El agresor psicológico no se controla, cuando regaña utiliza palabras crueles y humillantes. Lo grave es que esto acaba por agradarle. Se siente dichoso por el poder que cree tener. Sin embargo, no siempre el violento se percibe a sí mismo como tal.

Hay tantas formas imperceptibles para dañar a un hijo, que a veces somos incapaces de reconocerlas y aceptarlas; una de ellas es cuando lastimamos a nuestro hijo "por su bien".

Pero, aunque actuemos con la mejor intención de corregirlo, violencia es violencia. Somos violentos si lo comparamos, si nos negamos a aceptarlo, si cuando tiene problemas lo rechazamos en vez de ayudarlo, o si creemos que con agredirlo provocaremos que "algo" en su personalidad surja ante el desprecio y el enojo. Si esto no da resultado, los gritos y agresiones verbales se vuelven más ofensivos, hasta convertir a nuestro hijo en un ser dolorido, sin amor propio, con problemas emocionales y disposición a cometer cualquier barbaridad como un reto a los padres, a ver si así demuestran algo de aprecio, preocupación o remordimiento. Pues así como ellos lo ofendieron para que cambiara, el hijo comunicará lo mismo con su actitud retadora y rebelde. La violencia psicológica educa a un ser humano con un pobre concepto de sí mismo, temeroso de sus decisiones y con mínimos deseos de salir adelante. ¿Cómo lo va a hacer, si su propio padre le arrebató la confianza en sí mismo? Su necesitad de ser aprobado y de agradar a los demás le hará degradarse, permitiendo a los otros ser jueces de su conducta. Solo se sentirá en su ambiente cuando reciba el mismo trato cruel al que está acostumbrado. Cuando sea padre, creerá que la agresividad es la mejor manera de educar a sus propios hijos.

MEDITACIÓN

¿Te has preguntado cuáles sentimientos generas en tu hijo cuando lo:

- Comparas?
- Rechazas?
- Obligas?
- Insultas o te burlas de él?

¿Cuáles serán las consecuencias de tu actitud? Porque algún día aparecerán y no van a agradarte.

❖ Violencia física

Son los golpes, pellizcos, coscorrones y cualquier golpe que infligimos aunque nos justifiquemos aduciendo que es "para corregir", o que son "cariñitos". El agresor alega que su víctima lo merece, lo provoca o lo necesita, también que lo hace "jugando" y no se detiene. Quizás alguna vez sentirá remordimientos, pero repite la acción.

Una tarde entró al consultorio Carlo, un pequeño de seis años. Frente a la puerta, Lucía, su madre, embarazada de seis meses, me hizo señas para que hablara con ella, y me preguntó si me había fijado en la condición en que llegó su hijo. Como no me dio tiempo de fijarme, fui a verlo y noté que tenía la cara hinchada y muchos arañazos y golpes. Le pregunté al niño qué le había pasado y me respondió que se cayó en la escuela. Volví con la madre y ella, tranquila y sin una sola lágrima, me explicó que el viernes pasado había golpeado a Carlo "hasta que se le cansaron los brazos". Sin inmutarse dijo que estaba harta de su niño, no lo amaba y no quería estar junto a él. Solo se sentía capaz de amar a su hijo de dos años y al que portaba en el vientre. Pero a Carlo no lo quería y en su exasperación, le pegaba con frecuencia. Como Carlo tenía algún tiempo que defecaba en los pantalones, de la escuela habían llamado varias veces para que acudiera por él porque estaba sucio, la última vez había sido el pasado viernes. Al volver a casa y justo cuando lo metió a bañar, el niño defecó en la regadera, ensuciando el piso. Lucía se enojó y lo golpeó "tanto como pudo"; el niño estaba desnudo y mojado y ella lo arrastró de los cabellos por el piso del baño para que limpiara "con su cuerpo, su propia mierda". Luego, desnudo como estaba, le pegó con el cinturón una y otra vez, causándole múltiples heridas y haciéndolo sangrar. Todo esto mientras el niño de dos años veía cómo su madre golpeaba a su hermano y lloraba aterrado. Luego llamó a su esposo enojada, para hacerlo renegar por el "cochinero" que había hecho Carlo y de este modo provocarlo a que le pegara también. Dijo que no se arrepentía de lo sucedido, pues deseaba que su hijo estuviera muerto.

Le pregunté si se había percatado de que golpeaba a sus tres hijos al mismo tiempo, a Carlo, al de dos años que la veía actuar así con su hermano, y al bebé que llevaba en su vientre. Ella ya los marcó a los tres. Imagino la escena posterior donde el más pequeño abraza y consuela a su hermanito herido y solo veo dolor, impotencia y mucha confusión. ¡Qué mundo tan aterrador les mostró ella a sus hijos en un instante de rabia!

> Lo que un padre dice a sus hijos no lo oye el mundo, pero puede ser oído por la posteridad.
>
> Juan Pablo Richter

❖ ¿Eres violento?

En una conferencia que di para jóvenes, al iniciar, les pedí que levantaran la mano aquellos que se consideraban violentos. Solo dos o tres la alzaron. Ninguna de las muchachas lo hizo. Tampoco faltó quien le dijera al compañero que la levantara. Les pregunté si conocían las características de la violencia, lo que hacíamos para ser considerados violentos y la mayoría mencionó los golpes, el trato rudo. Conforme les fui hablando, se sorprendieron, muchos tuvieron que aceptar serlo aunque lo ignoraban. Estos jóvenes algún día serán padres. Como no conocen las características de la violencia, creen que consiste en moler a golpes a otro y nada más. Pocos saben que son también actitudes, palabras, rechazos, amenazas, chantajes y más. Si todos conociéramos lo que se considera violencia, tal vez evitaríamos caer en ella. Muchos padres y madres son excesivamente violentos y lo ignoran. Creen que es justificable ser grosero, humillar, criticar, juzgar y hasta golpear a los hijos con tal de educarlos.

Hace poco vi un comercial de la UNICEF donde se le decía a los padres que un niño con violencia no aprende, y es cierto. La pregunta sería ¿qué significa para un niño "no aprender"? No aprender sería evitar reconocer a los padres como guía, vivir rechazándolos, negándose a amarlos y a imitarlos. Este conflicto emocional vulnera al niño destruyendo su autoestima y su confianza en los demás.

✓ Acciones de amor

- No te aproveches de que tu hijo está indefenso ante ti.
- Reconoce los desencadenantes de tu violencia.
- Nunca te justifiques, no creas que tu hijo te provocó, no lo culpes.
- Tampoco permitas que alguien sea violento contigo y menos aun te culpe de ello. Cada quien debe responder por sus acciones y el violento es así porque desea serlo.
- Acude con un profesional, es indispensable que tomes medidas importantes y necesarias.
- La mayoría de los padres tenemos muy poca conciencia acerca de nuestra violencia. Es cuestión de que te preguntes ¿me considero un padre o madre violento? Es muy probable que no lo hayas analizado a fondo. Por eso, con base en el conocido violentómetro, he desarrollado un cuadro especial para padres. En él pongo algunos ejemplos de la violencia hacia nuestros hijos, aunque puede haber muchas formas más.

Detecta tu violencia	
Hacer bromas hirientes	Nos burlamos de nuestro hijo por su inocencia, y falta de malicia, lo queremos hacer sentir tonto, nos causa gracia su dolor y le decimos "solo fue una broma", le exigimos aguantarse. Le ponemos apodos, lo humillamos y luego ignoramos sus sentimientos; si se enoja o sufre, lo acusamos de débil, chillón, incluso decimos "no sea vieja, aguántese como los machos". Minimizamos su dolor cuando lo ofendemos, le comunicamos que es tonto y, aunque vemos su frustración, nos seguimos burlando de él.
Chantajear	Cualquier cosa que hagamos por él, hemos de recriminársela como si no fuera nuestra obligación amarlo, cuidarlo y atenderlo. Lo manipulamos para que nos haga caso, le sembramos culpas e incluso lo comparamos con otros niños y afirmamos estar decepcionados de él. Hay chantajes más velados pero igualmente dañinos: por ejemplo al decir "si no recoges tu habitación, no te daré el premio, el chocolate…" El problema de los chantajes es que el niño aprende a chantajear también, de lo cual hablaremos más ampliamente.

Mentir, engañar	Prometemos una cosa y hacemos otra, luego le exigimos que comprenda pues trabajamos pero lo hacemos por su bien. Le ofrecemos un premio por su buena conducta y lo olvidamos. Prometemos ser comprensivos para que confíe en nosotros y nos enfurecemos cuando nos cuenta cómo sucedieron las cosas. ¿Por qué mentimos a nuestro hijo? Por miles de razones, pero siempre los resultados nos impedirán ser buenos padres.
Ignorar, practicar la ley del hielo	Ignorar es un castigo cruel, el cual, por no ser golpes ni palabras, lo consideramos mejor, pero no lo es. Quien deja de hablar a su hijo, pone como pretexto la necesidad de controlarse, pero en realidad está actuando con violencia. Es una forma de controlar a tus hijos, haciéndolos sufrir con tu desdén. Nada logra quien se siente superior o se victimiza. Si algo no te gusta, enfréntalo, háblalo y soluciónalo. Ignorar solo causa resentimientos.
Celar	Como si nuestro hijo nos perteneciera, en vez de disfrutar el papel que tenemos en su vida, nos sentimos celosos de que ame a sus amigos, a la familia política, que tenga un tío o tía favoritos. Cuando crece llegamos a sentir celos de su pareja y le hacemos la vida imposible a ambos. Los celos nunca son normales, nadie te provoca a ser celoso y con ellos no manifiestas afecto. Solo demuestras inseguridades y acoso.
Culpabilizar	Con palabras o actitudes, culpamos al niño de lo que nos desagrada. Creemos que si cambiara su forma de ser nuestros problemas se solucionarían. En vez de tratarlo con cariño, nos genera disgustos, le hacemos ver que cuanto hace está mal y por eso las cosas no van como deberían. El hermano que siempre causa problemas, el hijo latoso, la oveja negra. Lo culpamos de ser tonto, de no ir bien en la escuela, de causar problemas familiares o ser la causa de que nuestro cónyuge no nos ame. Nunca lo defendemos, ni apoyamos, pues creemos que si fuera él diferente la vida de la familia mejoraría.
Descalificar	Lo humillamos y minimizamos sus sentimientos, ya sea a solas o en presencia de otras personas. Le decimos "todo lo haces mal, me pones en vergüenza, ¿por qué no eres como tu hermano? Yo a tu edad… ¿Por qué no entiendes? De verdad que me haces perder la paciencia. Cómo no quieres que te pegue si no entiendes. ¿Eres tonto o qué? Tú solo sabes dar problemas", y más. Nunca le hablamos bien de él, lo único que hacemos es criticarlo. Por ejemplo, si obtuvo un 10 en español y un 6 en matemáticas, la baja calificación es motivo para regañarlo, pero jamás lo felicitamos por su esfuerzo.

Ridiculizar, ofender	Destrozamos su autoestima poniéndolo en ridículo por las cosas que no puede hacer, porque aún es pequeño. Nos causa risa cómo dice las palabras y le pedimos que las diga una y otra vez, nos parece ridículo cómo las dice o lo que significan, y lo exhibimos. No importa que él, en su inocencia, no se percate de las burlas. Le hablamos con crueldad de lo poca cosa que nos parece, hasta provocar sus lágrimas. Nos burlamos de sus errores y lo exponemos ante los demás, lo hacemos menos, provocamos que otros hagan lo mismo, para sentirnos mejor: "¡ya ves cómo si estás mal, si todos nos reímos de ti! ¡No soy yo, eres tú!"
Humillar en público	Regañarlo en público, menospreciarlo, el caso es que la gente sepa que hacemos lo necesario, pero este hijo no quiere obedecer. Buscar que la gente diga que somos excelentes padres, pero que el muchacho es un mal hijo que no ama a sus padres y solo quiere ocasionar problemas y hacernos sufrir, aunque hacemos todo por él. Desprestigiar su persona para limpiar nuestra imagen.
Intimidar, amenazar	Como somos mayores, nos sentimos poderosos y por eso nos aprovechamos de que es indefenso y pequeño: "Nada más no me hagas caso y te arrastro de los cabellos, te corro de la casa, te saco de la escuela. Sin mí no eres nada. Yo puedo hacer contigo lo que me dé la gana, para eso eres mi hijo. Prepárate para la que te espera. Esta es mi casa y aquí mando yo, así que te aguantas".
Controlar, prohibir	Aunque de nuestros bolsillos hayamos pagado los objetos de nuestro hijo, son de él. No podemos adueñárnoslos, tampoco pretender educarlo a través de ellos. De nada sirve prohibir Internet, amistades, música, ropas, peinados, y otros; con esto solo logramos rebeldía. Estos castigos son evidencia de las pocas herramientas con que cuentan los padres para relacionarse con amor con sus hijos y ser escuchados por ellos.
Destruir artículos personales	Hay objetos de nuestros hijos que nos desagradan y nos aprovechamos de nuestra autoridad para destruirlos, pero no paramos ahí. También criticamos a sus amigos, ropas, gustos, incluso sus decisiones y su cuerpo. El caso es destruir cuanto tenga el hijo de valor, aquello que ame o necesite, ya sea su teléfono, computadora, ropa u otros artículos. Cualquier objeto con el que podamos demostrar nuestro poder al destruirlo, disfrutando su impotencia al no poder detenernos.
Dar caricias agresivas	Es limpiar su cara con fuerza, lavar sus manos con impaciencia, peinarlo jalando sus cabellos, tronar los nudillos. Como somos incapaces de tocarlos con ternura, lo hacemos hiriéndolos. No los abrazamos, los ahogamos, estiramos sus mejillas. Nalgadas que duelen, pellizquitos amorosos que dejan roja la piel… hay muchas maneras para lastimar el cuerpo de los niños. Recuerdo una mujer que cortaba las uñas de sus hijos hasta hacerlos sangrar.

Golpear jugando	Son esos golpes que queremos hacer pasar por inofensivos, pero que sabemos son dolorosos. Además, le exigimos que se aguante "como los hombres", le decimos que no le dolió, pero como es tonto chilla. Incluso lo amenazamos de no volver a jugar con él, pues no "aguanta". En cambio, cuando deja de quejarse, le damos aprobación. Conozco a unos padres orgullosos de que su hijo tiene "alta resistencia al dolor"; lo consideran casi como un don sobrenatural y digno de envidia, cuando en realidad ese niño corre grave peligro de lesionarse.
Empujar, jalonear	No llegamos a golpearlos, pero los empujamos, hacemos que se caigan. Cuando los regañamos, los estiramos de los brazos, los sacudimos con fuerza. Los lanzamos contra el piso, les jalamos el pelo. Provocamos su dolor físico.
Cachetear	Decimos que está justificado golpearlos en la cara y las razones son muchas; si nos faltan al respeto, si reprueban cualquier materia, si llegan tarde, si cuentan mentiras, si nos impacientamos, con facilidad elevamos nuestra mano y les pegamos en la cara, a veces hasta hacerlos sangrar. Luego les decimos que nos obligan a ello.
Patear	Tirarlo contra el piso, pegarle con los pies si cae. Darle de patadas e impedir que se levante. Lo podemos patear incluso si pasa junto a nosotros, a veces son patadas sin razón, solo porque pasó junto a nosotros. También se desatan con nuestra furia, los agarramos a patadas con furia y sin control.
Encerrar, aislar	Impedirle salir a conocer la vida, a explorar. Ya sea por sentirnos dueños de él o por nuestras inseguridades y temores, impedimos al hijo salir, conocer gente, relacionarse. Lo mantenemos dentro de la casa; incluso, le enseñamos a permanecer dentro haciéndolo un ser inseguro y cobarde, tenemos miedo de lo que le pueda pasar fuera. Conozco una pareja que sacó a su hija de la secundaria y la encerró durante un año, sin poder salir de casa, solo porque una amiguita de la niña quedó embarazada. Querían evitarle esa amistad.
Amenazar con objetos o armas	Los padres violentos creen que es "mejor" golpear al hijo con algo que no sean las manos. Son muchos los objetos que sirven para usar la violencia. Algunos de ellos son zapatos, cinturones, cables, lazos, cuerdas, detergentes, ácidos, varas, palos, escobas, sartenes, herramientas, cuchillos, tijeras. Supe de un padre que tiraba balazos a los pies a sus hijos para asustarlos y obligarlos a obedecerlo.
Amenazar de muerte	Los corremos de la casa, les negamos alimentos o ir a la escuela, pisoteamos sus derechos como personas y los amenazamos con matarlos; ¿quién no ha escuchado a algún padre iracundo gritar "yo te di la vida y yo te la quito" o "esta es mi casa y mientras vivas en ella, harás lo que yo mande"?

Manosear, forzar una relación sexual, cometer abuso sexual, violar	Es incalculable el número de niños y niñas violados y abusados sexualmente por sus padres y familiares. Son pocos los que se atreven a denunciar al agresor y cuando lo hacen, son todavía menos los adultos que les creen. Por lo regular, el adulto no cree lo que el niño afirma y acaba defendiendo al violador, ante el temor de enfrentarlo. Las cifras son altísimas, el porcentaje es alarmante. Los niños callan porque son amenazados, se sienten culpables y temen al agresor. La violencia sexual infantil de padres a hijos asume muchas formas, algunas indescriptibles; por ejemplo, puede ser desde manoseos y caricias sobre los genitales, hasta penetración anal, vaginal y oral. Hay niños abusados desde que son apenas bebés. Lo terrible de esta situación es la cruel indiferencia del padre del sexo contrario, que muchas veces conoce el abuso, pero no lo impide. Otra forma de violencia sexual cada vez más común es aquella donde los padres prostituyen a sus hijos o hijas. Los venden a cambio de dinero, droga, favores, empleo y muchos factores más.
Mutilar	La mutilación física es poco frecuente en nuestro país. Sin embargo, le llamaremos mutilación psicológica al brutal freno que ponemos a su infancia e inocencia a través de conductas lesivas contra ellos. Hay niños que son obligados a renunciar a su infancia, por ejemplo, cuando se les hace responsables de los problemas de los padres o cuando se les obliga a vivir entre situaciones depravadas y crueles. Mutilar es obligarlos a andar en las calles, expuestos al abuso y extorsión de parte de algún adulto, o a ser víctimas de la delincuencia, las drogas y el alcohol. Muchos de estos niños no tendrán jamás la oportunidad de una vida digna. Eso es mutilación psicológica, arrancar la inocencia de un niño hasta volverlo un enfermo presa del desamor.
Asesinar	Cada año mueren miles de niños asesinados por sus padres y madres. Algunos solo deseaban ponerse entre ellos para evitar un pleito, otros fueron golpeados con fuerza hasta morir. Entre otras razones, los padres matan a sus hijos a causa de furia incontrolable, golpes, descuidos, caídas, rabia, vicios, violaciones, atropellamientos, sacudidas, accidentes, hambre, enfermedades no tratadas, indiferencia, aislamiento y crueldad.

Cualquier tipo de agresión destruye. Además, nos delata como personas pobres de espíritu, ignorantes, sin principios, incapaces de amar y educar con responsabilidad. Antes de reaccionar por impulso, atrévete a pensar en las consecuencias de tus actos. No hay razón para agredir o lastimar a nuestros hijos. La violencia demuestra dolor, egoísmo, insensatez y poca disponibilidad para escuchar y arreglar las cosas de manera pacífica.

Hace tiempo acudía a mi consultorio Oscar, un niño de tres años con problemas de lenguaje. Lo llevaba la abuela del niño porque la madre trabajaba fuera de la ciudad. Un día, la abuela llevó también a su nieta de seis años, Jennifer, a quien cuidaba hacía dos meses, cuando fue enviada desde el estado de Sonora a vivir con ella. La madre de Jennifer es drogadicta y vendía sexualmente a la niña desde pequeñita, a cambio de drogas. Cuando los vecinos descubrieron la infamia lograron que el gobierno tomara su custodia y que la madre fuera a la cárcel. A la niña la enviaron a esta ciudad, a vivir con su abuela. Cuando venían al consultorio, mientras Jennifer esperaba a su primo, se desnudaba y masturbaba frente a las personas. Actuaba sin límites, como si no escuchara lo que se le decía; era violenta, llorona, caprichosa y voluble, pero su mirada reflejaba tristeza y soledad. Tiempo después la abuela no quiso seguir cuidándola y la devolvió a las autoridades de Sonora. Este caso tan grave revela cómo la madre destruyó a su hija, anulando con ello su posibilidad de tener una infancia feliz y bases firmes para vivir. Para Jennifer será difícil crecer de forma saludable, pues nunca tuvo a su lado personas que la amaran y ayudaran a desarrollar su personalidad y comprensión del mundo. ¿Qué será de ella cuando crezca?

> Qué terrible es que quien más debiera amar a un hijo, es el peor de los verdugos y no se detiene ni aun cuando va a convertirse en su asesino.

❖ La violencia infantil y tu hijo

Es alarmante cuánto ha crecido la violencia entre los niños. Preocupan tanto las causas de estos comportamientos y las actitudes agresoras, como las consecuencias. Niños y niñas, en apariencia tranquilos, al exaltarse no tienen límites y se comportan con extrema violencia. Empiezan poniendo apodos, también ridiculizan, discriminan y rechazan por características físicas, nivel socioeconómico y cualquier cosa que les justifique rechazar. Luego, pasan a la violencia física (con empujones, jalones de cabello, arañazos, golpes en la cara, patadas, golpes y puñetazos), a los ataques verbales como gritos, apodos, humillaciones, burlas y críticas, y al hurto de objetos personales.

El niño débil, inseguro o desprotegido corre mayor peligro ya que puede ser atacado hasta por un grupo completo. En ausencia de golpes, el rechazo puede ser brutal; pareciera que los niños se unen, por ejemplo, para agredir socialmente a una compañera a quien le inventan un chisme que aumentará hasta hacerla renunciar a la escuela. Los padres y maestros casi siempre son los últimos en enterarse, pues aún no aprendemos a detectar o evitar estos hechos. Además, abunda la incredulidad al respecto, dado que los adultos ignoramos las situaciones reales que viven los jóvenes (no falta quien opine que el asunto de la violencia infantil se está exagerando y siempre ha existido). Es cierto que los niños han peleado siempre, pero los pleitos de ahora son de una crueldad impresionante. Como si los menores hubieran perdido la capacidad de sentir pena ante el dolor ajeno, llegan a niveles extremos de intimidación. Sin exagerar, la violencia entre niños y jóvenes es causa de suicidios y muertes en jóvenes y niños en proporciones nunca antes vistas.

> Nadie está más alejado de generar respeto que aquel que lo impone por la fuerza.

❖ ¿Quiénes son los niños agresores?

En cierta ocasión di una conferencia a más de 300 niños de secundaria. Era un 8 de marzo, conocido como el Día Internacional de la Mujer Trabajadora. Les pregunté a las niñas si querían que hubiera un día dedicado a los hombres y una respuesta resonó en la sala: "¡no!" proveniente de las niñas de 12, 13 y 14 años. Ese "no" quizás es consecuencia de los problemas generados entre hombres y mujeres por falta de respeto, apoyo mutuo y comprensión a lo largo de miles de años. No hablaba de igualdad ni aprecio entre niños y niñas a quienes se educa para amar.

Es a través de estos acercamientos con los jóvenes cómo he comprendido la muy escasa educación que tenemos los padres, acerca de los componentes de la violencia. La mayoría ignora que empieza con bromas agresivas y que los comentarios malintencionados, burlas e indiferencia son característicos de la misma. No hablamos con nuestros hijos porque no sabemos cómo hacerlo, ni de qué hablarles. Tal vez nos limitamos a decirles que se defiendan o "no se dejen" si alguien les agrede. Luego, al mostrarnos nosotros violentos, educamos con el ejemplo. No se nos ocurre considerar que nuestro hijo puede ser violento, porque imaginamos a estos niños lejanos a nosotros, de otro lugar, cultura o país. No es así, los niños que no saben controlar su violencia, pueden ser tus vecinos, sobrinos o tus propios hijos. El primer sorprendido serás tú cuando te enteres de que tu hijo golpeó con violencia a un compañerito durante el recreo. Primero te negarás a creerlo, luego querrás saber en qué momento de su vida empezó a ser violento y sobre todo, por qué lo ha hecho. ¿Por qué tu hijo es hoy un niño violento?

✓ Acciones de amor

- …y se preguntan las causas de la violencia entre los niños; los adultos nos cegamos ante la realidad aplastante. La causa de la violencia infantil está en nuestra falta de amor, atención y respeto hacia nuestros hijos.
- Tú puedes evitar que tu hijo sea violento, tan solo tienes que amarlo y tratarlo con respeto. ¿Será demasiado pedir?

❖ El inicio de la violencia

La violencia inicia en casa, los padres educamos con el ejemplo. En México, al igual que en muchos otros países, los índices de violencia han aumentado sin control. Escuchamos de crímenes espantosos y al mismo tiempo, nos enteramos de una amiga que es maltratada por su esposo. Sin embargo, nos hemos acostumbrado a ello, no intervenimos, si acaso decimos que no se debe vivir así, pero no hacemos algo al respecto. Nuestros niños son quienes manifiestan las consecuencias de la violencia; ellos no imaginan un mundo distinto al que tenemos, creen que la violencia es normal, tan natural y común que les impide reconocer el respeto como un derecho de todos. Los adultos les mostramos un mundo donde la paz, la compasión y el cariño entre hermanos van quedando como utopías.

Hablar del inicio de la violencia en la familia nos remonta a esa época en la que el hombre se acostumbró a ser atendido por la mujer. Entonces, en cuanto había un matrimonio, ambos cónyuges conocían perfectamente lo que se esperaba de cada uno. El varón mediría su hombría por su capacidad de ser el jefe del hogar; su capacidad de hacerse responsable de su familia era prueba de masculinidad y la obediencia de su esposa, señal de respeto y estatus.

La mujer asumía con alegría y devoción el dedicarse a las labores del hogar. Atender al esposo e hijos era venerado por la sociedad. "La señora de la casa" era una posición sumamente digna y nada despreciable. Si alguna mujer detectaba que su esposo tenía alguna relación extramarital, guardaba silencio, pues ella era la "señora". ¡Qué esperanzas de pensar en divorcio por esa situación! Cada quien cubría sus roles a la perfección. El hombre mandaba, la mujer obedecía y quien se acercara a la familia admiraba el "amor y respeto" que existía en la pareja. Los hijos aprendían sus roles también; las niñas sabían que en algún momento de su vida tendrían que desempeñar el papel de su madre, obedeciendo y mimando al esposo, ayudándole a quedar bien ante la sociedad.

El niño veía cómo, por el simple hecho de ser hombre, merecía un trato deferente de parte de su madre, sus hermanas y la sociedad. Comprendió pronto que su padre era "el rey de su hogar" y anheló lo mismo para él. Estaba seguro de que, en cuanto se casara, tendría su reino particular y se preparó para ello.

Pero las cosas cambiaron: la revolución femenina exigió, y sigue exigiendo, igualdad. Las mujeres no pedimos que se nos ceda un lugar sino que se nos reconozca como iguales, dignas de un trato respetuoso. Decidimos ser escuchadas y participar en la economía y en las decisiones que nos competen.

El hombre no estaba preparado para el cambio y esto ha provocado muchos de los problemas de violencia actuales. Los hombres siguen evaluando su hombría a través de la sumisión de su mujer; por eso en sus conversaciones abundan las frases provocadoras, donde se instan a mostrarse violentos. Si no logran dominar, simple y sencillamente no son "machos" y serán criticados con crueldad.

Los hombres intentan demostrar su hombría cuando están en público y por eso adoptan algunas actitudes hacia su esposa que quizá no presenten en casa. Le ordenan cosas absurdas y si ella les pide algo, se niegan a hacerlo. Ellas dicen que se "lucen" ante los demás. Y es que el demostrar la masculinidad se vuelve una forma de ser juzgados.

Pero la mujer actual ya no es sumisa. Trabaja, es independiente y productiva, considera que los deberes del hogar deben ser compartidos. Así, no permite que la obligación de la casa caiga solo sobre sus hombros. Desea compartir responsabilidades con su marido. No quiere órdenes, desea amor. Por eso, cuando el esposo busca ser privilegiado por su género, la esposa se niega a ese trato y exige igualdad. Entonces, el hombre se frustra, pues ser "mandilón" es motivo de burlas y le causa mucha vergüenza, por lo que quiere obligar a su esposa a que le reconozca como el "jefe de la casa".

Frases masculinas que incitan a la violencia contra la mujer

- Se ve quién tiene los pantalones en la relación.
- Te traen amarrado. Te aprietan la correa.
- Ya te encontraron.
- Te habla tu fiera, látigo, matona, policía…
- Ya te perdimos.
- Eres un mandilón.
- Pégale para que aprenda.
- A la mujer hay que pegarle, si se queda te amará por siempre y te perdonará todo.

MEDITACIÓN

Habría que preguntarnos por qué el hombre que decide dar un trato digno y de igualdad a su esposa, es menospreciado y tratado como "poco hombre" por los varones de su comunidad.

El esposo quiere medir su hombría a través de la sumisión de su esposa, pero ella no lo permite y protesta antes de sujetarse. Con esto, el esposo interpreta que "algo" está haciendo mal, y ante una esposa según él "rebelde y desobediente", aumenta la violencia (como entre hombres se han inculcado). En este punto, algunas mujeres comprenden que nunca serán más fuertes y acaban por obedecer. Otras se niegan a someterse, aumentan a su vez la violencia y agreden al hombre, en una lucha dolorosa donde ambos pierden.

Por lo general, el hombre llega a golpear con tal de ser obedecido. Él cree que está defendiendo su hogar y su familia de la mujer insubordinada. Pero el rango de dolor está impuesto. El hombre ha comprendido que su esposa "con tres cachetadas entiende". Y aunque le duela maltratarla, abusa de ella en forma física y psicológica, considerando en verdad que lo merece porque lo provoca. Está seguro de que la mujer es culpable y por eso la trata así. Para el hombre es importante ser el "jefe de la familia". El estatus social que esto le brinda tiene mucho peso y no será fácil que quiera prescindir de él. Considera que si su mujer comprendiera, él no la dañaría.

En cambio, la mujer sufre el maltrato de su esposo la mayoría de las veces en silencio. Empieza a sentir mucha culpa, temor y rabia. Se llena de resentimientos y frustraciones. Se pregunta por qué su esposo es así y por qué no puede ser ella como él le exige que sea. Sabe que no se casó para ser esclava, ni sirvienta, lo hizo por amor. Con sinceridad creyó que podría reeducar a su esposo y ahora que se encuentra en esta situación, está decidida a defenderse. En su desesperación, transmite sus sentimientos a sus hijos, sus actitudes y sus palabras la delatan. Y no resulta fácil engañar a los hijos.

La violencia psicológica es más común en las mujeres que la violencia física. Algunas sí utilizan los golpes con sus esposos, aunque en mucha menor proporción. Para la mujer es más sencillo ser cruel, manipular, criticar, hacer daño con la palabra. Llega a ser violenta con el hombre porque desde pequeña se le enseñó que a las mujeres no nos queda más remedio que actuar así para impedir que se aprovechen de nosotras. Es una forma de evitar ser agredidas: te hiero o te pego antes de que lo hagas tú. La mujer violenta es una niña que creció viendo mucho dolor en su hogar; tiene un enojo muy grande con sus padres, pues no la enseñaron a amarse y cuidarse, solo le inculcaron el temor de ser herida. Creció en la más grande soledad, desconfía de los sentimientos nobles, no los conoce, ni se considera capaz de sentirlos. Como el hombre, también es capaz de causar un gran dolor.

El dolor que causa la violencia familiar deja cicatrices que duran toda la vida. Fermín y Sandra son una pareja con fuertes problemas conyugales, separaciones, robos, violencia psicológica y física en grandes proporciones. Sandra, en un arranque de celos y furia, le clavó unas tijeras al esposo cuando él llegaba del trabajo, y él respondió abofeteándola hasta tirarla al piso. Sus hijos, aterrados, vieron a sus padres agredirse, gritarse y darse de golpes, pero ni su angustia ni sus lágrimas los detuvieron; se golpearon hasta sangrar, provocando en los menores mucho miedo y dolor. Sandra dijo que "no le gustaba esconder de sus hijos los problemas tan fuertes que tenían por culpa de Fermín". Por el contrario, quería que vieran la realidad y lo que sufrían por su causa. No pensaba en evitarles dolor, sino en que vieran lo malo que era su padre, aunque tuviera que provocarlo para que lo demostrara. Sandra quería asegurarse de que la realidad que ella veía fuera la misma que veían sus hijos. Fermín estaba desesperado y ansiaba separarse. Al hablar con sus hijos les pedía que se pusieran de su lado ya que su madre estaba loca y era muy traicionera.

¿Cómo crees que estaban los niños?

MEDITACIÓN

¿Por qué los educamos como si vivieran en una sociedad vacía, donde se carece del mayor bienestar, el respeto entre todos los seres humanos? Los niños de hoy conocen y viven entre violencia. Sus padres la manifiestan, también sus compañeros. Juegan con violencia, incluso, se divierten matando de "mentiritas". Así van aprendiendo a ser violentos también.

❖ Cómo transmitimos la violencia a nuestros hijos

Los sentimientos de enojo, rabia o ira que albergamos los adultos, los transmitimos a los niños, quienes se han acostumbrado a ver de forma normal la violencia en el hogar, la escuela, la calle, la televisión, las computadoras, las tabletas electrónicas y hasta los juegos. Los gritos amenazantes mientras conducimos y los comentarios mordaces e infamatorios hacia amigos y conocidos.

Criticamos y atacamos, no nos respetamos. Incluso nos sentimos muy ufanos de eludir nuestra responsabilidad gracias a una "mordida", una mentira, o deshonestidad. No se escapan nuestros padres, pues se despedaza hasta su forma de tratar a nuestros hijos (sus nietos). No sabemos vivir en paz.

Justificamos insultos y gritos cuando consideramos que el otro "los merece". Criticamos sin piedad a quien predica, piensa o actúa, distinto a nosotros.

Los niños nos ven y aprenden, suponiendo que todo eso es normal. Heredamos nuestras malas actitudes a nuestros hijos. Por eso, si no nos tratamos con dignidad y respeto ¿cómo podemos pretender que ellos sí lo hagan, si nunca nos han visto hacerlo? Consecuencia: los niños, al ser bombardeados por la violencia, aprenden a vivir con ella, la ven tan normal y natural, que amerita repetirse. Conforme aumenta la inseguridad del niño violentado, se destruye su autoestima y la vida se vuelve un lugar horrible y extraño.

MEDITACIÓN

Sería bueno que reflexionáramos sobre las causas de la violencia. Estoy convencida de que olvidar transmitir nuestros principios, aunado a la falta de respeto en la que vivimos entre cónyuges, familias y sociedad, causa violencia en los niños. El daño infringido en ellos requerirá de un largo tiempo para sanar, aunque no siempre lo hace del todo. Si tú o tu cónyuge son violentos, tu familia necesita ayuda.

✓ Acciones de amor

- En ocasiones el violento, sea el padre o la madre, consideran que es el mismo niño quien requiere ser corregido a golpes. Que se lo busca o se lo merece, pues solo a golpes entiende. Este pensamiento es un error. Nadie merece ser tratado con violencia. Detéctalo en ti y pide asesoría.
- Mantente alerta y receptivo, obsérvate. Si te es difícil aceptar tu propia violencia ¿cómo podrás ser realista y detectar la de tus hijos?
- Evita convertirte en un padre que se niega a ver la realidad. Estos padres no saben cómo actuar cuando descubren que su niño es agresivo; quizá por negación, remordimiento, vergüenza, temor e incluso vanidad (pueden enorgullecerse del "valentón"), prefieren pasar por alto esas demostraciones.
- Si no aprendes a distinguir las señales de violencia, no podrás reconocerlas en tu hijo. Esto a la larga hará que él pierda la confianza en sí mismo, en ti

como su padre, o en sus familiares y maestros, a quienes considerará incapaces de protegerlo.

- No asegures que son cosas de niños, que nada pasará, que se exagera la situación. No creas que mientras no haya quejas (o heridos) ese comportamiento no es grave y que es mejor que aprenda a defenderse.
- Sé respetuoso con tus semejantes. Recuerda, mientras los adultos no nos conduzcamos con respeto, no podremos inculcarlo en nuestros hijos. Tus hijos aprenden imitando tu educación y buenas maneras, y, por desgracia, también aprenden de ti a conducirse con violencia.
- Ten presente que la violencia no es solución, sino síntoma de sufrimiento, desamor y abandono.
- Evita ser uno más de esos padres que rechazan en vez de comprender, que castigan negándose a dar afecto y que exigen al niño que cambie y responda como el hijo que soñamos alguna vez.
- Una situación agravante es el uso de videojuegos agresivos, que enseña a tus niños a reproducir la violencia observada siendo violentos con sus compañeritos. Creen que así es el mundo y juegan a ello. Pon atención a lo que juegan, pues eso es lo que aprenden, no te descuides.
- Sé consciente del impacto que causan palabras como "¡mátalo!, ¡que no se te escape!, ¡dale duro!, ¡córtale la cabeza!, ¡arráncale el corazón!" Impide a tus hijos adquirir una idea de la vida desproporcionada e irreal.
- Los padres tenemos la obligación de estar pendientes de cuanto ven, hablan y hacen nuestros hijos; sin excusa alguna, interésate por todo lo que sucede con ellos.
- El niño que crece con violencia será una persona poco aceptada, sin amigos y violenta por añadidura. Valdría la pena preguntarte ¿hasta dónde vamos a llegar?
- Es muy difícil salir de este problema sin ayuda. La violencia siempre requiere que se acuda con un profesional. Es muy difícil aceptarla y aprender a vivir sin ella. Por lo mismo, es preferible que tomemos decisiones importantes y evitemos seguir destruyendo a nuestra familia. No temas pedir ayuda profesional, protege a tu familia, incluso de ti.

Meditación

Reconozcamos la importancia de preservar la seguridad y confianza de los niños, y hagamos cuanto sea necesario para que vivan seguros. Un hijo que no confía en sus padres guardará en secreto que es golpeado. Un padre que desestima o ignora que a su hijo lo golpean y lo expone a la agresión demuestra irresponsabilidad y desamor.

Pero ser agresivos es una decisión, ningún padre es obligado a lastimar a sus hijos. Ningún cónyuge es obligado a herir a su pareja. Meditemos en las consecuencias que tendrán nuestros actos, que acabarán por destruir a nuestra familia.

CAPÍTULO 2. ¿QUÉ NOS IMPIDE SER BUENOS PADRES?

Conforme recorremos el camino de la paternidad, descubrimos que desperdiciamos esfuerzos debido a circunstancias que escapan de nuestro control. Nos esforzamos por dar lo mejor cada día, pero quisiéramos hacer más, sabemos que podemos hacerlo. Comprendamos que como individuos y habitantes de una sociedad, tenemos esquemas aprendidos que nos llevan a repetir muchas conductas, algunas de ellas de forma consciente, y otras que nos es imposible ver. Además, existen otros factores que influyen en nuestra educación a nuestros hijos. Los abuelos, amigos y familiares e incluso, el medio escolar, juegan un papel determinante en nosotros.

> Tener hijos no lo convierte a uno en padre, del mismo modo en que tener un piano no lo vuelve pianista.
>
> Michael Levine

Las primeras expectativas

Cuando recuerdo mis tres embarazos, me veo como una joven de escasos 20 años, ilusionada con la maravilla de tener un hijo. Reconozco que había mucho por aprender, el camino apenas empezaba. Los días se fueron rápido, a pesar de querer aprovechar cada momento; de pronto mis hijos habían crecido. Pareciera que la vida transcurre lentamente durante el embarazo y las futuras madres ansiamos ver a ese bebé, tenerlo en nuestros brazos, pero cuando nace, no imaginamos por dónde comenzar. Entonces, para conservar la calma, decidimos que tal vez lo mejor sería resolver las cosas al día, a medida que se presenten.

Estar esperando un hijo es hermoso. Recuerdo cuánto me ilusionaba durante el embarazo de cada uno de mis hijos: pensaba en su nombre, su forma de ser y en lo mucho que me esforzaría para ayudarle a lograr sus sueños. Imaginaba el color de sus ojos, su estatura, su carácter. Pedía que fuera sano, pero anhelaba muchas cosas más, solo que no podía confesarlas; hoy me atreveré.

Quería que fuera inteligente, guapo, de buen carácter, sociable, emprendedor y exitoso. Que avanzara en la vida hasta lograr cuanto se propusiera y, por supuesto, que me hiciera sentir orgullosa de ser su madre. Suena disparatado, pero sabes de qué hablo cuando te digo que casi lo imaginé como futuro presidente de la República. Bueno, quizá no hasta allá (¿y por qué no?), pero yo me esforzaría para que este hijo tan valioso se convirtiera en alguien importante y feliz.

Sabía que haría lo posible por darle una buena educación, trataría de no equivocarme; no haría lo mismo que otros padres, que perdían el control y sus hijos los dominaban. "Eso no va a pasarme a mí... yo sabré cómo." Sí, esos eran mis pensamientos, iguales a los de la mayoría de los padres. A lo largo de mi carrera profesional he tenido oportunidad de dar conferencias para cientos de padres de familia. Cuando les pido que levanten la mano aquellos que imaginaron que su hijo sería presidente de nuestro país, las risas nerviosas suelen estar presentes (y muchos la levantan). Todos, de una forma u otra, soñamos con un hijo admirable, justo como lo necesitamos para sentirnos los mejores padres del mundo; lo mejor que teníamos que hacer en la vida nos salió casi perfecto.

Luego llega nuestro hijo al mundo, se acaban las ilusiones y nos enfrentamos con la verdadera paternidad.

> Si las amigas preguntaban a Clarita cuánto había pesado su hijo al nacer, ella se sentía incómoda y avergonzada: mientras los hijos de ellas pesaron más de tres kilos, Danielito solo pesó 2.350 gramos. Clarita sentía una culpa inconfesable, como el bajo peso de su niño se debiera a una negligencia de su parte o a su poca habilidad como mujer. Era difícil hablar de lo que sentía, le dolía aceptar que el peso de su niño era motivo de controversia en su corazón. Como ella, algunas madres se avergüenzan cuando el "pequeñín" apenas alcanza los dos kilos y medio (peso mínimo indispensable para ser entregado de forma inme-

diata a su madre). O el tamaño, cuando el bebé no alcanza ni los 48 centímetros. Los padres, con voz avergonzada, lo justifican diciendo "es que nació muy pronto", "es que venía chiquito", "lo tuvieron que sacar". Aunque no lo mencionen, se sienten preocupados porque sus primeras ilusiones respecto a su hijo ya no son tan reales y seguras.

> Debido a que no eres igual a ningún otro ser humano, tú eres incomparable.
>
> Brenda Ueland

❖ Tu hijo no es perfecto

De forma imperceptible, desde el momento en que un hijo nace, los padres empezamos a corroborar que nuestros anhelos se han cumplido y nació como imaginamos: perfecto… o *casi*. Competimos en silencio con los padres que nos rodean, sean nuestros hermanos, cuñados, amigos, comparando a nuestros hijos (obviamente, el nuestro será siempre mejor). Hablamos orgullosos de sus más de 50 centímetros de estatura o sus casi cuatro kilos de peso. Quizás hayas escuchado a alguna madre afirmar "yo tuve hijos muy grandes, todos pesaron más de seis kilos". Cabe preguntarse qué pensará quien se expresa así. Hasta dónde ha llevado esa sed de vanagloriarse, cómo habrá forjado sus anhelos respecto a su hijo, de qué manera pensará realizarlos y cuánto exigirá para quedar satisfecho. En cuestión de requerir glorias a los hijos, parecemos pozos sin fondo. Recuerdo que hace poco, durante una charla un padre me preguntó: "pero… ¿y si mi hijo *sí* es perfecto?".

Conforme el niño crece, estamos cada vez más seguros de tener un hijo superdotado. No han faltado padres que llegan a mi consultorio manifestando su deseo de realizar "las pruebas necesarias" para corroborar la gran inteligencia que demuestra. La necesidad de trascender a través de los hijos puede ser tan ciega, que muchos padres no distinguen los problemas reales y solo hasta que alguien cercano se los hace ver, se percatan de ello. Si nos cuesta reconocer algunos errores, nos es aún más difícil aceptar que nos equivocamos con nuestros hijos. La culpa por sentirnos "malos padres" duele. Por eso, a veces preferimos ignorar la realidad. No se trata de encontrar culpables, sino de comprender y asumir nuestra responsabilidad. A cientos de niños les urge que sus padres les ayuden siendo realistas, se dejen de indecisiones y los preparen para enfrentarse al futuro de la forma más valiente posible. Pero tememos ser censurados. Necesitamos impedir que trascienda que nuestros hijos pueden habernos "defraudado" en las expectativas que nos hicimos respecto a ellos. Nos asusta ser causantes de cuanto les pasa por no haberlos sabido amar y aceptar, habiendo preferido hacerlos víctimas de nuestros anhelos.

Sin apenas percibirlo, los padres nos adherimos a la imagen del hijo que soñamos y a nuestras expectativas de lo que puede lograr y en quién puede convertirse. Sin percibirlo, luchamos con ahínco para que se convierta en alguien distinto a quien es. Tal vez sea esta misma adhesión con la que quedamos vinculados para siempre a nuestro hijo. Una lucha en la que, suceda lo que suceda, se convierta en un hombre de provecho o no, le ayudaremos a llevar una vida mejor, pues siempre creeremos que tiene la suficiente capacidad para lograr "nuestros sueños". Queremos ver consumado lo que imaginamos mientras crecía en el vientre materno. Así evitaremos el peso de nuestra conciencia por negarle ser quien es en realidad, por evitarle expresar lo que pensaba y sentía. Por obligarle a creer que nosotros sabíamos mejor que él mismo lo que le convenía. Lo peor que podría pasarle a cualquier padre es comprender cuánto se equivocó presionándolo y acabó convirtiendo a su hijo en alguien que, a causa del desamor, tiene una vida triste que lo frustra constantemente.

MEDITACIÓN

Al convertimos en padres, no debemos sobrepasar los límites; seamos tan respetuosos con nuestros hijos, como con cualquier persona.

❖ Los niños tienen problemas

Desde el embarazo, los padres sabemos que nos conocerán a través de la imagen que nuestro hijo proyecte. ¿Recuerdas cómo idealizaste a tu hijo? Será difícil aceptar que estabas equivocado. Habrá otros sueños que no salgan como imaginaste, pero, respecto a tus hijos, no puede haber error alguno.

Si no hay equivocación, ¿cómo es posible que tu hijo sufra y tenga problemas?

Los niños tienen muchos problemas: físicos, neurológicos, emocionales, familiares, escolares, además de los que se generan por vivir y no desaparecen cuando los padres les exigimos modificar su manera de ser o poner mayor empeño en la escuela. Muchísimo menos porque nos sintamos defraudados de ellos, nos enojemos y los presionemos al rechazarlos. Nuestro hijo no obedece y cambia, no porque no quiera sino porque no puede. No es fácil aceptar que no es tan inteligente, fuerte o decidido como soñamos.

Al negarnos a estar equivocados, exigimos sin control. Mentimos, asustamos, chantajeamos, manipulamos, incluso llegamos a los golpes, negamos cariño y damos indiferencia, en aras de hacer surgir al hijo que "debería ser", no este que "tenemos enfrente".

Como si nuestra conducta cruel se justificara, usamos el desamor cual herramienta efectiva al educar un niño. ¡Qué inconscientes podemos ser del dolor que provocamos cuando no aceptamos a un hijo tal y como es, con tantos defectos y virtudes como nosotros! Al no controlar las exigencias, nos aferramos a lo irreal. Para cuando descubrimos que a quien lastimamos no tiene capacidad de actuar como queríamos, ya hemos dañado su autoestima y su confianza, situaciones difíciles de revertir.

✓ Acciones de amor

- Antes de exigirle a tu hijo cambiar para ser como tú soñaste, considera cómo motivarlo para que se sienta amado y aceptado por ti.
- Como padre, evita exigencias, conductas inconscientes y groserías, para ofrecer lo bueno que hay en ti.
- Cuando encuentres que le exiges cambiar, piensa a futuro, en lo que quieres de verdad transmitir a tu niño, en lo que te permitirá formar un hijo feliz.
- Ama, respeta y aprueba a tu hijo. Recuerda: a nadie le ayuda que le exijan ser quien no es.

MEDITACIÓN

Mientras intentas controlar, cambiar o dominar la vida de tus hijos, no los estás amando. En realidad buscas que:

- **Te hagan sentir bien, para evitar la desaprobación y culpabilidad.**
- **Den una buena imagen de ti, del buen padre que crees que eres.**
- **Demuestren ser educados, obedientes, buenos hijos.**

> Ver el dolor de un hijo es el sufrimiento más grande que puede sentir un padre.

❖ Las consecuencias del parto

Hay ocasiones en que no somos la causa de los problemas de nuestros hijos, pero es tanta nuestra vergüenza y culpa que nos cegamos. Sí, es verdad que muchos problemas de los niños son causados por sus padres, pero no todos. Una de las más frecuentes causas de alteraciones en los niños es el momento del nacimiento, que abarca el proceso experimentado antes, durante y después del parto. Esas horas en las cuales un ser humano llega a la vida, si hay contratiempos, pueden dejarlo con diversas incapacidades que le complicarán el salir adelante.

En las conferencias, me gusta preguntar a las madres quién pudo prevenir los sucesos durante sus partos, quiénes pudieron ordenar un alumbramiento a la medida, controlando el tiempo, duración, dolor e incluso el momento exacto del nacimiento de su hijo. Todos sabemos que es algo que escapa de la intervención de la parturienta. El embarazo y el parto son procesos naturales y hermosos, pero cuando se complican, pueden dejar secuelas en la vida del niño, mismas que se demostrarán a través de diversas alteraciones. Sin embargo, cuando más tarde los padres detectan que su hijo tiene problemas, por ejemplo, en el desarrollo psicomotor, para adquirir el lenguaje, o la lecto-escritura, suelen culparse a sí mismos y a su negligencia, o atribuyen al cónyuge ser la causa de que su hijo no aprenda. Debido a esto, miles de niños dejan de recibir la atención que podría ayudarles a superar su deficiencia. Los padres tienen temor de ser señalados como causantes y prefieren ignorar la situación, con lo que solo empeora.

Es como cuando ignoramos las manifestaciones de enfermedad o dolor en nuestro cuerpo esperando que de este modo desaparezcan. ¿Cuántas personas acuden al médico cuando ya es demasiado tarde para su salud y dejan pasar momentos valiosos, negándose a creer que están enfermas?

✓ Acciones de amor

- Procura ser más fuerte que tus miedos o prejuicios. Aprende a buscar ayuda, no te creas que a ti no te ocurrirá algo malo.
- Haz lo mismo por tus hijos. Suponer que ellos están exentos del dolor o la enfermedad solo hace más lenta la mejoría y puede perjudicar su vida de forma irreversible.
- No te sientas avergonzado por necesitar ayuda. A final de cuentas, todos los seres humanos la necesitaremos en cualquier momento de nuestra vida.
- Pedir ayuda no es indigno, descuidar o desproteger a tu hijo sí.

MEDITACIÓN

Cada padre sueña con un hijo maravilloso y sus acciones están encaminadas a educarlo como tal. Cada logro del niño será motivo de orgullo: el día que empieza a caminar, sus primeras palabras, risas y saludos serán vistos como una prueba fehaciente de su "sorprendente talento". Estamos convencidos de su "gran inteligencia y su estupendo carácter". ¡Qué fácil es creer estas ilusiones! La realidad es que es tan inteligente y bonito como solo nuestro hijo puede ser, pero es un niño igual a los demás; ignorar esto provocará problemas.

> Cada etapa de la vida tiene sus características y si no sabemos comprenderlas, exigiremos a nuestros hijos conductas que les es imposible adoptar.

❖ Conoce a tu hijo

Para respetar y amar a nuestros hijos es necesario conocerlos, comprender cómo piensan y perciben el mundo que nos rodea. Cuando un bebé nace es una página en blanco, desconoce todo acerca de sí mismo y del mundo, ignora que es un individuo y su madre otro. Alrededor del año apenas lo descubre y surge entonces lo que llamamos *apego*: la necesidad de estar cerca de los padres, quienes brindan confianza y seguridad. Gracias a ellos, el niño crecerá conociéndose, amando y aprendiendo. Su cerebro es una esponja que aprende con velocidad. Los cambios en este primer año, tanto físicos como cognitivos, son los más grandes de toda su vida. Alrededor de los dos a tres años será difícil arrancarle un juguete de las manos, es la época en que gritan "mío", se niegan a compartir sus cosas con los demás. Es necesario comprender que es una etapa y no lo hace por egoísmo, no se le debe obligar porque creerá que no lo defendemos o que estamos contra él.

Antes de los siete años los niños tienen poca comprensión del significado de los conceptos abstractos. Según Piaget, uno de los grandes investigadores de las etapas cognitivas de los seres humanos, el pensamiento de los niños entre las edades de 2 a 7 años, es egocéntrico y fantasioso aunque existe ya la capacidad para representar la acción mediante el lenguaje y la imitación de conductas.

Esto significa que observa el mundo a través de sí mismo. A esta edad escuchamos a los niños pelear con otros por si su madre es la más bella o su padre es el más fuerte o más rico. Creen en cuentos de hadas, se emocionan con los superhéroes y quisieran tener características tales como alas para volar o una varita mágica para hacer realidad los sueños.

Debido a lo cerca que están la realidad y la fantasía, el niño puede ser fácilmente engañado con cuentos como el ratón de los dientes, el viejo que se lleva a los niños o la falta de regalos en las navidades debido a su mala conducta. Es en esta edad donde los miedos van cobrando forma y el niño aprende a temer, por ejemplo, a las historias de terror o lo que ve en la televisión y en la computadora, agrandándolas hasta volverlas reales. A esta edad, los padres que permiten los juegos de violencia los exponen a un mundo imaginario cruel y hostil. El adulto debe ser consciente del daño que hace al confundir y alterar su frágil imaginación. Asimismo, su lenguaje en desarrollo no abarca aún conceptos abstractos, y palabras como lealtad, solidaridad, altruismo, prudencia o nobleza están fuera de su comprensión. Tu hijo quizá no conciba estos significados, pero sí advierte que eres bueno, servicial y responsable, y te admira por ello.

De los siete a los 11 años, el niño empieza a pensar de forma más literal y concreta y a desarrollar conceptos como casualidad, espacio, tiempo, velocidad, entre otros. Estos serán los inicios del pensamiento abstracto. ¿Recuerdas cómo preguntan los niños pequeños cuánto falta para llegar a cierto lugar y por más que les explicas no logran comprender el tiempo por horas? Es hasta esta edad que el niño empieza a entender estos conceptos. Por eso, y aunque te desesperen sus preguntas, no te molestes con él, ni quieras obligarlo a comprender algo que, por naturaleza, está fuera de su alcance.

En la edad que abarca de los 13 a los 16 años, el adolescente empieza a entender y manejar conceptos abstractos, mismos que aumentarán en complejidad conforme el chico crece. Es la etapa en que el ser humano desarrolla sentimientos idealistas, empieza a juzgar y criticar la conducta humana; quiere llevar a cabo grandes proyectos para mejorar el mundo en que vive.

MEDITACIÓN

Conocer estas etapas nos evitará creer que por decirles a nuestros hijos que deben comportarse con honestidad, ellos van a obedecernos; así no funciona educar. Aunque nuestro pequeño no entiende conceptos como sencillez, solidaridad, empatía, congruencia, aprende y se siente orgulloso cuando observa a sus padres comportarse de esta manera y querrá repetir los mismos principios en cuanto tenga oportunidad.

El gran error de nuestra generación es que, debido al largo tiempo que pasamos lejos de casa y de nuestros hijos, impedimos que observen y aprendan de nosotros. Sí es bueno que te digan que pases tiempo de calidad más que de cantidad con ellos, pero cuando hablamos de tiempo de calidad nos referimos a esto.

✓ Acciones de amor

- Mantente realista en tus expectativas respecto a tus hijos. Evita hablar de lo que crees ver en ellos, no necesitas confirmar que son listos o inteligentes.
- *Si con frecuenci*a hablas a los demás de tu hijo sintiéndote orgulloso de su inteligencia, logros o habilidades, estás perdiendo el piso. Trata de volver a él.
- Los sueños, sueños son. Recuerda que una cosa es lo que imaginas y otra, la realidad. Repítete con frecuencia que tu hijo es un niño igual a todos los demás.
- No compares a tu hijo, no lo observes buscando cualidades que los demás niños no tienen. Tampoco veas a los otros niños con ojos reprobatorios, insistiendo en que tu hijo puede y los demás no. No creas que porque camina más rápido que los demás, tu hijo es un genio.
- Es absurdo hablar de niños que caminan a los nueve meses o nacen pesando más de seis kilos. Sé realista. Tu hijo no es un objeto que usas para impresionar.
- Si pierdes la realidad podrías dejar de observar indicios de algún problema en tu hijo. Mantente atento a sus avances, basándote en las tablas de desarrollo infantil, así podrás detectar algún problema en cuanto se presente.
- Detecta y mantén bajo control tus expectativas. Cada vez que te encuentres elucubrando acerca del futuro de tu hijo, recuerda que es un ser humano independiente de ti y tiene derecho a vivir su vida.
- No presiones a tu hijo. Comprende que es un ser humano, y que tú también lo eres. Por tanto, la vida tendrá sus altas y bajas y no podrás hacer nada para impedirlo.

> No pelees guerras que no valga la pena pelear.

❖ Los hijos adolescentes

Los padres tomamos decisiones con miras a equilibrar lo que nuestros hijos desean y lo que tenemos que hacer, pero buscando lo mejor para ellos: que sean felices, se diviertan, aprendan y vivan mejor. Cuando son pequeños es fácil convencerlos, acatan lo que decimos. Conforme crecen, las cosas cambian y se convierten en adolescentes desafiantes, deseosos de ser libres y de demostrar que pueden por sí mismos, sin la constante vigilancia de sus padres. Hay dos tipos de relaciones que se pueden tener con los hijos adolescentes. En una, llena de conflictos y problemas, el muchacho quiere hacer las cosas a su manera, sin tomar en cuenta a sus padres, quienes no tienen ni voz ni voto en su vida y sus decisiones. En la otra imperaría el cariño y la confianza. El hijo desea ser joven y disfrutarlo, pero confía en sus padres, sabe que lo aman y ¿qué ser humano desea alejarse de la fuente de amor verdadero que tiene en su vida?

Esperamos que los adolescentes se conviertan en jóvenes groseros, retadores y generadores de conflictos. Por dondequiera se menciona que esta etapa es difícil, que pone a prueba al más sereno. Pero ningún padre desea ser odiado por sus hijos, ni que esta etapa tan maravillosa y rica en experiencias esté regida por el descontrol, la soledad o el enojo. Queremos que se sientan amados y respetados, aunque no estemos de acuerdo con ellos. Mantener una buena relación, más que necesario, es indispensable.

La adolescencia es una época maravillosa, la única en la que el ser humano puede vestirse tan exagerado como apetezca, colgarse los accesorios más locos y aun así verse bello. El pelo puede ser largo o corto, la ropa estar cayéndose a pedazos y el chico sigue siendo guapo para las chicas. Durante esta etapa, el niño casi hombre conocerá a la persona que vive dentro de él y esto lo llevará a cuestionarse, a cuestionar los criterios que conoce, a desafiar a los adultos y a criticar el mundo en que vive. Los padres pasaremos de héroes a completos ignorantes y si no hemos trabajado ofreciéndoles nuestros principios al educarlos, la adolescencia será un suplicio para todos.

Cuando mis hijos eran pequeños escuché esta frase: "no pelees guerras que no valga la pena pelear" y decidí observarla al educarlos. Sabía que algún día habría alguna "guerra" que yo necesitaría "ganar" *y* entonces, iba a necesitar de una sólida relación para ser escuchada. Esta frase tiene mucho significado, pues nos desafía a analizar con cuidado aquellas situaciones en las que pretenderemos obligar a nuestros hijos a obedecernos. Una cosa es impedirles algo que dañará de forma seria su futuro y otra muy distinta es discutir siempre con ellos por usar el pelo largo y los pantalones rotos. Cuando discutimos por cosas que no tienen importancia desgastamos tanto la relación que nuestros hijos ya no nos escuchan cuando se trata de algo serio. Estarán a la defensiva y a todo nos dirán que no. Analiza bien las guerras que vas a pelear, y no discutas por tonterías. Recuerda, llegará un momento en que tendrás que pedirle a tu hijo que te escuche.

> Cuando tenía 17 años, Jorge Ernesto, el más pequeño de mis hijos, fue invitado a un grupo de ***autoempleo***. Asistió primero a unas pláticas, luego le hicieron unos exámenes, en los que resultó "muy calificado" para lo que el grupo requería. Total, que supieron envolverlo a él y a otros jóvenes. De más está decir que mi hijo estaba muy convencido de pertenecer a ese grupo, puesto que le habían prometido un futuro maravilloso (a cambio de largas horas de trabajo sin paga, cosa que no dejaron del todo clara) con viajes y regalos diversos, ¡toda una atracción!
>
> En cuanto Jorge Ernesto me comentó del trabajo, además de su ilusión me percaté del tiempo que le robaría a sus estudios y lo poco ético de la situación, así que opté por señalarle que lo que prometían no era real. Pero mi hijo estaba seguro y esto generó una conversación larga y difícil. Le hablé de diversas maneras, le indiqué la realidad de la situación, le pedí nombres de los que ya estaban viajando y ganando lo que prometían, pero mi hijo tenía respuestas para todo. Por último, ya sin argumentos, le dije: "mi amor, toda la vida he tratado de respetar tus decisiones, pero de verdad no creo que esto sea bueno para ti. ¿Por qué prefieres creerles a ellos que a mí, que soy tu madre y sabes que lo único que deseo es lo mejor para ti?" En ese momento mi hijo dijo: "tienes razón, mamá, por algo lo dices; si no quieres, no lo haré" y dejó de discutir conmigo. Al día siguiente se dio de baja del grupo y no ha vuelto a hacer comentarios al respecto.

Cada vez que recuerdo esta experiencia, me sigue sorprendiendo el cambio de actitud que tuvo mi hijo con mis palabras. No es fácil lograr la confianza de los hijos, hay que trabajar para lograrlo.

Sin embargo, cuando se consigue, la confianza mutua es la fuerza más poderosa que tienen ambos para una relación saludable. Trabaja en ella tomando en cuenta que ningún joven reaccionará de forma favorable si el padre siempre ha intentado imponer su voluntad.

✓ Acciones de amor

- Es recomendable que busques y leas información acerca del proceso de la adolescencia como parte de la vida humana. Así, te será sencillo comprender que los jóvenes buscan distinguirse y ser aceptados, porque al mismo tiempo que necesitan sentirse diferentes a los demás, quieren pertenecer al grupo. Esto hará más sencilla tu relación con tu hijo.
- No se trata de inmiscuirte en su vida, pero sí de estar al pendiente, demostrarle que no lo juzgas, que lo comprendes y deseas lo mejor para él o ella.
- Escucha a tu hijo, disfruta hacerlo. Mantén la comunicación tan sana y frecuente como te sea posible.
- Quien manipula no ama. No manipules a tu hijo con todo lo que "tiene que hacer" por ti:

  ✧ Obedecerte

  ✧ Respetarte

  ✧ Amarte

  ✧ Seguirte sin cuestionar

> Los abuelos riegan polvo de estrellas sobre la vida de sus nietos.
>
> Proverbio

Los abuelos

En las relaciones de los padres con sus hijos adultos, convertidos a su vez en padres, ocurren muchas situaciones que ayudan a mejorar la educación de los hijos-nietos. Los abuelos agregan felicidad a la vida de todos los niños. Pero ¿qué ocurre cuando los abuelos no respetan la autoridad de los hijos y, lejos de fomentar el sano desarrollo de los nietos, lo único que logran es entorpecerlo? ¿Quiénes son estos abuelos y qué actitudes tienen que evitar? Hablo del respeto que se les debe tener a los hijos convertidos en padres y de evitar las situaciones que les causan conflictos en su familia.

Una actitud que ocasiona dolor es la de no respetar la autoridad del hijo ante el nieto, llegando a criticarlo y ofenderlo con frecuencia hasta hacerlo sentir un padre ineficaz. Esto confunde mucho a los niños porque desacredita la autoridad de la figura paterna; entonces, lejos de mostrar aprecio por el padre o el abuelo, pueden sentirse resentidos con ambos, por la falta de comunicación y respeto entre ellos. Debido a diversas circunstancias, muchas veces los hijos se convierten en padres cuando aún requieren el apoyo de sus propios padres. Esto puede generar actitudes de control y manipulación de parte de los nuevos abuelos, quienes, al seguir teniendo al hijo en casa, no lo consideran capaz de educar a su propio hijo. Algunos padres pueden negar apoyo o ayuda cuando son indispensables, o chantajear y manipular a los hijos para dárselos. Pueden también acostumbrarse a reprochar continuamente la ayuda otorgada. Fácil sería decir que el hijo no debería requerir el apoyo paterno, pero eso no siempre sucede así y cuando los padres abusan de la necesidad de su hijo, este se siente impotente, frustrado y agredido debido a que todavía necesita de sus padres, pero paga un precio muy alto por ello.

Cuando los abuelos quieren suplantar a los padres, anulan su influencia y autoridad. Esto puede suceder cuando el hijo tiene que alejarse gran parte del día debido a su trabajo y el niño queda al cuidado de los abuelos. Pronto, el padre o la madre comprenden que el niño prefiere a los abuelos porque le permiten hacer más cosas, le conceden más permisos, lo consienten más, tratan de demostrar más conocimientos, incluso generan culpas, o desaprueban al hijo, en su afán de arrebatarle el amor del nieto. Esto daña profundamente la personalidad del niño. Lo mejor es enseñarle siempre que es el padre quien tiene la última palabra respecto a su atención, educación y cuidado. Aunque consulte la opinión de los abuelos, el padre toma la decisión final. Esto representará para el niño una familia sólida, con principios que respetar, y de este modo, aprenderá a respetar y amar a padres y abuelos por igual.

✓ Acciones de amor

Trabaja para tener una relación sana con tus padres. Guíate por estos pasos:

- No les busques errores.

- No los critiques, ni los contradigas solo porque te parecen viejos y anticuados.
- No busques su aprobación.
- No los compares con lo que crees que "deberían ser".
- Valora lo que hacen por tu familia, aunque te parezca poco.
- Mantén una actitud agradecida con ellos, esto lo verá tu hijo como un valor y lo imitará algún día.

No siempre la persona elegida por el hijo o hija como su cónyuge, coincide con el ideal que tenían los padres. Entonces, algunos intervienen en la relación del hijo, desacreditando a su pareja. Atacan, sin imaginar que el nieto captará su actitud respecto a su padre o madre, según sea el caso. Esto le genera resentimiento pues nunca se pondrá de parte de los abuelos, a quienes percibirá como "malos y hostiles", ya que los niños aman a sus padres más que a cualquier otra persona.

Estas distorsiones afectivas generan sufrimiento y falta de adhesión al entorno familiar. Asimismo, hay ocasiones en que los padres (abuelos) pueden tener un marcado favoritismo por un hijo, a quien apoyan más que a los demás. Esto causa dolor y distanciamiento entre hermanos y entre los hijos de ellos. Además, el "favorito" puede despertar desprecio por su condición privilegiada entre los demás miembros de la familia, viéndose relegado y siendo objeto de burlas. El generar rivalidades o tener un nieto favorito ocasiona el mismo efecto. Debemos estar pendientes de evitar estas situaciones y ser tan equitativos, comprensivos y amorosos como nos sea posible, para mantener la armonía familiar.

Algunos abuelos que están a cargo de los nietos para ayudar a sus hijos mientras trabajan, llegan a contrarrestar las órdenes paternas, provocando más desorden en los niños. Si la madre ordena "no hay postre", el abuelo le da pastel. Si el padre niega un permiso, el abuelo critica al hijo por injusto, y trata de que se sienta culpable. Se entabla una guerra continua donde nadie tiene la última palabra, pues es complicado decidir, entre tanto adulto sabihondo, dónde está la verdad.

No es sencillo decirles a los abuelos que no nos "jueguen las contras", pues son nuestros padres, tienen más experiencia y los respetamos por ello, pero ¿por qué pareciera que siempre contradicen lo que decidimos respecto a nuestros hijos? No queremos hacerlos sentir mal, nos ayudan bastante cuidándolos, pero todo sería más fácil si no actuaran como si fuéramos unos irresponsables, como si creyeran que arruinaremos las vidas de nuestros hijos. Los constantes reproches que nos hacen nuestros padres acerca de nuestras decisiones nos hieren y hacen dudar. Si trabajamos, alegan que los abandonamos y, si estamos en casa, que no los educamos "como es debido", los descuidamos o no les ponemos atención. ¿Cómo pedirles que nos ayuden sin tratar de hacernos sentir culpables?

MEDITACIÓN

> No hay necesidad de estar siempre de acuerdo con nuestros padres. Tampoco con nuestros hijos. De hecho, el desacuerdo provoca cambios, movimientos internos y externos. Nos lleva a analizar detenidamente nuestras acciones, para tomar una mejor decisión. Sin esto, estaríamos igual siempre.
>
> No sufras si tus padres no aprueban tus decisiones. Recuerda que ahora ellos son abuelos y ven la vida de un modo más flexible, menos complicado. No obstante, ellos tuvieron contigo los mismos errores que tú con tu hijo.

El niño que convive poco con sus padres, no recibe el amor que estos debieran proveerle y tarde o temprano demostrará falta de confianza en sí mismo. En los niños, carecer de un ejemplo constante de conducta, causa confusión en la forma de comportarse. Esto se refleja, por ejemplo, al ser educado por los abuelos, quienes suelen tener una manera más flexible y menos complicada de ver las cosas y pasan por alto muchas situaciones que a los padres no se les pasarían. Los abuelos son personas mayores y en ocasiones demasiado cansadas para corregir a los nietos.

Por ello, los niños pueden volverse caprichosos, obedeciendo al adulto que los mima y rechazando al que los regaña. Esta situación genera dificultades y resentimientos entre padres e hijos adultos. Los abuelos miman a los nietos y se rehúsan a enmendarlos.

Los nietos se enfrentan a los padres, quienes no les permiten hacer lo que los abuelos sí consecuentan y se rebelan contra su autoridad. El hijo adulto reclama a sus padres esa condescendencia, misma que, si es observada por los niños, aportará todavía más dudas acerca del respeto que debería tenerse a las figuras paternas.

Así, terminan perdiendo todos.

✓ Acciones de amor

- No te enfrentes a los abuelos de tus hijos, sean tus padres o suegros. Mejor dialoga con ellos.
- Respeta el lugar que tienen los adultos mayores. A veces generamos grandes altercados porque queremos demostrarles que ya son viejos y están desactualizados. Nos negamos a escuchar sus consejos, pero sí acudimos a ellos pidiendo su ayuda. Esto es incongruente.
- Recuerda que si ellos cuidan a tus hijos será tal y como son. Mi madre nos contestaba en broma "con todo y nalgas". Esto quiere decir que actuará conforme a su propio criterio, lo cual debemos aceptar por descontado, aunque no nos guste su forma de pensar.
- Deja convivir libremente a los abuelos con los nietos, pero sé claro y firme.
- En ocasiones solo uno de los abuelos es quien cambia las órdenes a nuestros hijos. Por ejemplo, al ofrecer dulces a deshoras al nieto. En este caso dile al otro que por favor le recuerde que el horario del postre pasó ya.
- Como los abuelos son condescendientes para demostrar amor, diles que pueden sustituir los dulces o caprichos, por ejemplo, con un paseo o un tiempo de juego.
- Valora la ayuda que se te ofrece. No te dediques a buscar problemas, no te quejes o señales errores continuamente. Mejor, agradece su apoyo.
- Deja de pelear con tus padres. Siente tu amor por ellos, reconoce la sabiduría que han adquirido al vivir.
- Aprende a escuchar sus consejos. Cada ser humano es único, aprende a respetar esto.
- No les exijas perfección, ámalos como son.

Influencias sociales

Al educar a tus hijos, muchos factores influyen en cada decisión que tomes, incluso, la necesidad de aprobación, de dar una buena impresión a los demás. Te habrás percatado de que corriges, regañas o apruebas conductas en tus hijos deseando ser reconocido como un padre excelente o con temor a ser criticado. Debido a que en nuestra sociedad censuramos a quienes no han sabido educar a sus hijos, necesitas que ellos reflejen el buen padre que eres. La forma de educar a tus hijos será influida por factores como la educación que recibieron tú y tu cónyuge, la sociedad, el contexto en el que crecieron y viven ahora, la religión y hasta sus estudios. Influirán también tus anhelos de trascendencia, aun el deseo de ser aprobado por otros.

Vivimos en una sociedad competitiva. "Tanto tienes, tanto vales", dicen por ahí. Nos gusta afanarnos al ofrecer a nuestros hijos lo que consideramos mejor, lo que pudiera ayudarles a ser felices y facilitarles la vida. Disfrutamos al comprarles los juguetes más modernos, los amamos y queremos demostrarlo, dándoles cuanto pudieran desear con tal de que no vayan atrás de nadie. En muchos hogares hay aparatos para mantener entretenido a cualquiera por días enteros, niños y adultos fascinados.

El problema es que provocan baja actividad tanto física como mental en las criaturas, pero, a pesar de que conocemos los riesgos y la adicción que provocan algunos aparatos electrónicos, no podemos dejar de comprarlos, suponemos que seremos capaces de controlar la situación. ¡Qué ilusos somos! ¿Por qué los compramos entonces? La mayoría de las veces por vanidad, por no querer que mis hijos sean "menos que los de mi cuñado, que tiene más dinero". Entran también las presiones de los niños, que anhelan poseer lo que sus amigos tienen. Existen muy diversas intenciones detrás del deseo de hacerlos felices con el juego de moda.

Los niños y jóvenes de esta generación están conociendo una manera de educar distinta a la de generaciones pasadas. Sus abuelos vivieron en hogares donde el padre era considerado casi como un semidiós, quien tenía la razón en cuanta decisión se tomaba y a quien nadie podía llevarle la contraria. A los hijos se les enseñaba, más que a amarlo, a venerarlo y temerle. Había que obedecerle sin hacerlo enojar. La madre secundaba su actitud y era capaz de controlar una docena de niños con solo una mirada directa y cruel. Era la época de la dominación por miedo, que algunos se encargaron de hacer pasar como "enseñar a obedecer a los niños". Luego cambiaron las cosas; hubo una revolución mundial y los jóvenes decidieron seguir su propio corazón y sus reglas. Enfrentaron el mundo con la idea de un "amor y paz" que suena a vivir en perfecta armonía en sociedad. Empezó la búsqueda de la libertad en muchos aspectos y el respeto por la juventud. Pronto, estos revolucionarios tuvieron familia. Sin embargo, como en su infancia habían vivido en la opresión, notaron que sus propios hijos y nietos se descontrolaban en esta búsqueda mundial de libertad. Comprendieron las reglas con las que habían crecido. Entonces, empezamos a escuchar que "en sus tiempos las cosas no eran así; antes los niños obedecían".

Gracias a los cambios que trajo esta emancipación, las nuevas generaciones ya no permitimos la dominación, crecimos más libres y apenas aprendiendo a diseñar las nuevas reglas. Cometiendo muchísimos errores, en ese deseo de enseñar a los hijos a ser felices y responsables de sí mismos. Aprendimos que los golpes son violencia intrafamiliar y que unidos a la agresión psicológica, se conocen como las armas más crueles de destrucción de la autoestima. Buscamos aprender cómo educarlos, pero en esta búsqueda caímos en la confusión y, por tanto, en la indecisión acerca de lo que en realidad beneficia a nuestros hijos. Oímos a muchísimos adultos mayores criticar nuestra forma de educar, considerada inepta por ellos; no aprueban nuestras decisiones. La misma situación se desata con nuestro cónyuge, quien duda de nuestras (y sus) decisiones. La eterna lucha entre esposos a ver quién de los dos educa *mejor* a los hijos. Surge una disputa donde todos defienden lo que consideran razonable, confundiendo al niño respecto a la persona que lo cuida y lo ama.

El resultado es el caos en la actitud de los jóvenes modernos, quienes inician su adolescencia cada vez más precoces, jovencitos de 14 o 15 años que fallecen en accidentes de automóvil donde el conductor era el alcohol. Y esto para empezar. Suicidios, embarazos en niñas de 11 y hasta 10 años, violencia o acoso escolar y cientos de pruebas de que el niño no está aprendiendo a amarse y a respetarse a sí mismo.

Sí, es cierto, así son los niños y jóvenes de ahora, pero eso no significa que no nos duela su comportamiento, porque acabaremos por comprender que el que ellos "sean así" es la consecuencia de "algo" que hacemos o dejamos de hacer.

El amor sabe escuchar.

La exigencia escolar

Cuando imaginamos a nuestro futuro hijo, suele ser inteligente, creemos que haremos cuanto sea necesario para educarlo apropiadamente y para que tenga éxito.

Sin embargo, las cosas no siempre son como las imaginamos y algunos niños tienen dificultades para aprender a la velocidad que sus padres quisieran. Entonces empiezan las inseguridades y la presión aumenta.

Los padres inician una competencia con otros padres que nadie se atreve a mencionar: el niño que aprenda primero a leer y a escribir es el más listo. No son pocos los que afirman que sus hijos de cuatro años leen y escriben. Como en preescolar los niños tienen su primer acercamiento con las letras y números para que se familiaricen con ellos y les cueste menos leer, no faltará el padre que presuma que su hijo ya lee, lo que provoca confusión y dudas. Surge en ellos el temor de que su hijo no resulte tan inteligente como imaginamos, se sienten tensos y aprensivos, ni siquiera se les ocurre imaginar que su hijo es un niño normal y hasta la escuela primaria aprenderá a leer y escribir de manera correcta.

Algo curioso sucede cuando los padres son citados a la primaria de sus hijos para recoger sus calificaciones. La maestra les habla y todos se sienten nerviosos ante las noticias que van a recibir. Muchos están asustados porque saben que no serán tan agradables como quisieran. Otros, más tranquilos, creen que sus hijos son buenos estudiantes y no se esmeran en esconderlo; por el contrario, dicen "pues ya sabe, doña Rosita, mi Jaimito siempre sacando puro 10, salió igualito a mí de niña". Estoy segura de que doña Rosita evitará sentarse junto a esta mujer en la siguiente reunión. Luego, cuando la maestra les nombre uno a uno para recoger las calificaciones, la madre de Jaimito desfilará exhibiendo las notas, pavoneándose orgullosa, deseosa de que todos vean lo inteligente que es su muchacho.

Los padres "menos afortunados" pueden sentirse humillados ante tal actitud. Mientras la observan contonearse de gusto, piensan que al volver a casa se propondrán presionar con firmeza a su hijo hasta que deje de humillarlos. Aunque los regaños y exigencias sean frecuentes, el niño debe también sacar "dieces"; si Jaimito puede, no es posible que él no. Ese día en el salón de clases habrá tres o cuatro madres que esperarán a la maestra hasta el último momento, cuando las demás se hayan marchado. Son las mamás de ese 12 por ciento de niños con problemas de aprendizaje que se manifiesta en todas las escuelas de cualquier lugar. Quienes reciben las quejas del profesor en turno, las que no encuentran solución, las que están cansadas de explicar, repasar y corregir mil veces y cada día enfrentan el mismo problema: su niño no aprende. Las que algunos medios sociales juzgan como "malas madres" que "no saben educar a sus hijos", "si no fueran tan descuidadas...". Palabras de ignorantes, porque en los problemas escolares no hay culpables. Como si un padre quisiera educar a un niño para que no aprenda.

Los padres de Luis Manuel anhelaban un hijo inteligente, pero él tenía problemas de atención y se convirtió en el "hijo que se critica y rechaza". Con el ingreso a la escuela, empezaron los reportes de poca participación, falta de atención y nula realización de las tareas. Las maestras, al juzgarlo flojo y descuidado, se negaban a trabajar con él. Para los padres ir a la escuela era un tormento, la maestra en turno les lanzaba una queja tras otra y ellos se sentían frustrados e impotentes.

Esto generó un pésimo concepto de la profesora, a quien consideraban inepta. Creían que su hijo le caía mal y por eso era tan agresiva y estricta con él. Decían que los provocaba para que cambiaran al niño de salón o escuela. Aun así, Luis Manuel no escapaba al regaño, pero era difícil complacer a sus padres, no quería mortificarlos con sus bajas calificaciones o su conducta, solo podía ser quien era. Un niño que por una cuestión neurológica no tenía la misma capacidad que los demás para aprender y poner atención.

Los problemas escolares se presentan en por lo menos el 12 por ciento de los niños de todos los medios sociales del mundo. A pesar de la alta cifra, hacen falta docentes debidamente preparados para trabajar con ellos.

La realidad es que solo algunos de estos niños tendrán la suerte de toparse con una maestra y una escuela que entiendan que es normal que haya alumnos con dificultades y no dejen el "problema" en manos de los padres, que tomen parte activa en la situación y los ayuden a salir adelante.

Sin embargo, muchas escuelas trabajan en función de resultados y lo último que se desea es un alumno que atrase el trabajo escolar. Entonces, se iniciará un largo intercambio de quejas y reclamaciones con los padres; algunos colegios exclusivos pueden buscar secretamente que el niño sea dado de baja, evitando así que el "prestigio" de la institución se ponga en duda.

El maestro, o la maestra, a veces por inexperiencia, continuamente se queja de la conducta y la actitud del alumno. Menciona, entre otras cosas, su exceso de inquietud, su falta de atención y su incumplimiento de los deberes y actividades escolares.

Los padres se sienten frustrados, hablan con él y le piden que cambie, que le eche ganas y se discipline, pero es como hablarle al viento, para el niño es imposible hacer lo que se le pide, aunque lo desea para dejar de sufrir. La maestra exige cada vez más, pues al no lograr los objetivos requeridos, se exhibe como pésima profesora. En su angustia, vuelca su ansiedad en los padres. Ir a la escuela por el niño se vuelve un martirio, pareciera que la maestra elige las palabras precisas para molestar. A veces las peticiones son irrazonables, se queja de que el niño no permanece sentado en su lugar, pero los padres ¿cómo pueden solucionar esto? Apenas permaneciendo todo el día en el aula y esto es imposible.

Tarde o temprano queda de manifiesto que, tanto la maestra como los padres, carecen de las estrategias necesarias para manejar la situación. Surge un agotamiento generalizado, porque nunca se pudo dar solución a lo que en verdad importa, el aprendizaje del niño. Decepción. Los padres, ante tanto problema, se sienten decepcionados de su hijo. Los problemas de la pareja acaban por inmiscuirse, lo mismo que el dolor y el resentimiento guardados por años.

El hijo percibe que es causa de problemas entre ellos y de vergüenza ante la sociedad. Esto lo hará sentirse peor, con el tiempo se sentirá enojado consigo mismo por no ser tan inteligente como los demás. Estos niños con dificultades de aprendizaje siempre han existido y las maestras de antes no eran mejores que las actuales; más bien, entonces, si el niño no podía, no se le exigía ir a la escuela.

Todos conocemos a alguien que simplemente "no quiso estudiar".

✓ Acciones de amor

- No te sientas presionado por la actitud de los profesores. A veces sus exigencias esconden su desconocimiento para enfrentar los problemas de atención, memoria, aprendizaje, entre otros, de los niños.
- Mantén una actitud abierta y de escucha atenta. Muchos padres se ponen a la defensiva cuando se les habla de las dificultades escolares de sus hijos. Con esto impiden que el niño avance, pues en vez de ayudarlo, frenan su crecimiento.
- Si el profesor con frecuencia te dice que tu hijo no pone atención, no avanza, consulta un especialista. Los problemas de aprendizaje de los niños no se resuelven por sí solos, la mayoría de los casos requiere atención profesional.
- Antes de reaccionar a la defensiva cuando te hablen de tu hijo, escucha lo que quieren transmitirte. De esta forma te darás cuenta de si al profesor le faltan herramientas de enseñanza o si en realidad tu hijo presenta algún trastorno.
- Más del 10 por ciento de los niños tiene algún tipo de trastorno que dificulta su adecuado desempeño escolar. Esto no debe atemorizar a los padres. No reacciones como si te juzgaran, acepta la situación con madurez.
- No conviertas a tu hijo en el problema. Trátalo con amor. Él no es culpable de lo que ocurre.
- Ten claro que un problema de aprendizaje no tiene por qué tener una causa imputable a ti. La mayoría de las veces, la causa se encuentra en los problemas que se tuvieron durante el embarazo o el parto.
- No busques culpables, tampoco te sientas tú así; las causas de los problemas de aprendizaje son muchas y muy variadas, y escapan de tu control.

- Mantente tranquilo y en paz. No temas a los comentarios ajenos; de ser así, harás más daño a tu hijo.
- Separa la relación con tu hijo de los problemas escolares. El amor del padre se mantiene y sostiene por encima de cualquier dificultad.
- Acepta que ni tu vida, ni la de tu hijo, son perfectas. Siempre habrá altibajos y desafíos. Enfrentarlos con madurez es crecer.

MEDITACIÓN

Crecerás como padre cuando seas capaz de liberarte de trabas como:

- El qué dirán.
- Comparar a tus hijos.
- Llenar expectativas ajenas.
- Escuchar críticas destructivas.
- Querer sentirte orgulloso de tus hijos.
- Tratar a tu hijo como un "niño que da problemas".
- Sentirte presionado por las demandas o expectativas de otros.
- No saber poner en su justo lugar los problemas de tus hijos, sin aumentarlos ni disminuirlos.

Parte 2.

SORTEANDO RIESGOS

CAPÍTULO 3. TRAMPAS PARA PADRES

> Educar a un hijo feliz es como escalar una gran cima que consiguen solo los que han aprendido a conquistarse a sí mismos.

Mientras nuestros hijos crecen enfrentamos diversas situaciones nuevas, que debemos identificar en cuanto suceden. Muchas serán positivas y ayudarán a mejorar nuestra forma de educar. Pero habrá otras a las que podemos darles un significado distinto al que parecen tener. En ocasiones una actitud pareciera una buena reacción, pero a la larga repercutirá en problemas de conducta en los hijos. Si no analizamos qué enseñamos a nuestros hijos con nuestras actitudes, podríamos reaccionar sin pensar demasiado en las consecuencias; con esto, solo lograríamos transmitirles ideas equivocadas acerca de lo que pretendemos enseñarles.

He denominado trampas a estas actitudes porque, sin quererlo, tanto padres como hijos podemos caer en ellas; después, será bastante complicado remediar el daño y modificar el rumbo.

Las trampas para padres más comunes

1. Falta de límites
2. Ansias de vivir
3. Chantajes
4. Mentiras
5. Presiones
6. Reemplazo del amor

7. Dolor y sufrimiento
8. Cheque en blanco
9. Incongruencia
10. Soledad

❖ Trampa número 1: Falta de límites

La vida moderna es confusa, los ideales educativos han modificado sus pautas. Los padres y madres viven deseosos de hacer lo correcto, pero preocupados por la responsabilidad que conlleva la paternidad. ¿Hasta dónde es bueno dejar a los hijos hacer su voluntad? Esta situación confunde también al hijo pues asocia la falta de límites con el desamor. Al no estar pendientes de las acciones de nuestro hijo, le comunicamos indiferencia, poco cariño y todos sabemos que "a quien amamos, lo cuidamos".

Queremos poner límites, pero si ignoramos las bases con las que vamos a educarlo, no distinguiremos esa fina línea entre lo que ayuda o no a ser feliz. Por lo mismo, lo que podría parecer indiferencia, a veces es indecisión y temor a equivocarnos. Empecemos por demostrar cuánto amamos a nuestro hijo, poniendo atención y consideración a sus actos. Son muchos los jóvenes y niños que con actitud desafiante y grosera demuestran el deseo de ser abrazados por sus padres, de sentir que les importan. ¿Por qué tenemos que esperar a llegar a ese grado? ¿Por qué un hijo tiene que hacerse daño para manifestar su necesidad de ser amado?

> Durante una plática para padres de adolescentes, una señora habló del cambio en la conducta de su hijo de 18 años. Quien antes era tranquilo y obediente, ahora es rebelde, ignora a sus padres y hace cuanto le viene en gana. Llega tarde o no llega a dormir. Tiene malas amistades, es grosero con su familia. En la escuela, los profesores se han quejado de su actitud, pero no parece importarle, ni tampoco estar reprobado en cinco materias. Prepotente, no permite que sus padres hablen con él. La señora comentó que se sentía rendida, agotada por no saber controlar a su hijo y agregó: "lo bueno es que no fuma ni toma, pero ya me resigné a dejarlo hacer lo que desee, porque no puedo hacer nada

con él". Le conté de una madre que conocí en una situación parecida. Estaba afligida por su hijo de 15 años, quien consumía drogas desde los 12 y robaba los objetos de su casa y a sus padres. No se le podía dejar solo porque aprovechaba para salir a cambiar lo robado por droga. Esa mujer también dijo "ya no puedo hacer nada por su hijo, me he rendido, no encuentro la forma de salvarlo, nada parece funcionar". Entonces le pregunté "¿hasta dónde vas a permitir que llegue tu hijo antes de ponerle límites?"

Algunas veces creemos que somos incapaces de instaurar límites que protejan a nuestros hijos. Al no ser congruentes, permitimos que actúen sin respeto hacia ellos y hacia los demás, y sin medir las consecuencias de sus actos. Nos convertimos en padres desidiosos, los dejamos hacer lo que deseen, mientras los culpamos: "es imposible hacer que me escuche, nunca hace lo que le pido". Desengáñate, aunque quieras responsabilizarlo, la educación de tu hijo te corresponde solo a ti. Si no supiste enseñarlo a cuidar su conducta, a hacerse responsable de sus actos y a tener confianza en ti ¿cómo vas a llamarle la atención el día que se accidente y mate a dos jóvenes que lo acompañen? Si tú le permitiste jugar con fuego, si le impediste aprender de las consecuencias de sus decisiones y no le mostraste límites ¿qué vas a reprocharle?

✓ Acciones de amor

- Para crecer emocionalmente sano, tu hijo necesita un ambiente donde adultos, jóvenes y niños nos comportemos dentro de límites claros y bien definidos, pero de forma amorosa y respetuosa.
- Habla con tu hijo de los límites dentro de los cuales riges tu propia conducta diaria.
- Enseña a tu familia a respetar las mismas reglas, por ejemplo: las groserías no están permitidas, ni siquiera entre hermanos. Tampoco los pleitos, golpes, ofensas, o tomar las cosas ajenas. Empieza por poner el ejemplo.
- No temas que tu hijo se enoje, tampoco que deje de amarte. Creer que el hijo puede pensar mal de nosotros es el principal impedimento para educarlo con límites.

- Ten confianza en ti, en tus principios, en lo que deseas enseñar a tu hijo. Luego, sé fuerte para transmitirlos. No permitas que un mal gesto o una queja de tu hijo te impresionen. Defiende lo que consideras justo y correcto, él te respetará por eso.
- Si desde la niñez aprende a vivir con límites, firmes y claros, crecerá respetándolos.
- Nada hay que debilite más tu palabra que el hecho de cambiar de idea con frecuencia. Si un día dices sí y al otro no, tu hijo algún día te va a faltar al respeto. Si dices no, hazlo con justicia y después de haberlo razonado, para que luego no dudes de ti. Una vez tomada la decisión, mantente firme.
- Si por alguna circunstancia especial cambias de opinión respecto a una decisión que tomaste, habla con claridad con tu hijo y explica tus razones.
- Dile también cuáles son las actitudes o acciones en él que motivaron ese cambio, siempre y cuando se hayan basado en una conducta correcta de su parte.
- No lo hagas ver como si lo premiaras, sino como un reconocimiento al esfuerzo que hace y que no pasa inadvertido para ti. Esto le hará ver que tu firmeza no está reñida con la flexibilidad. Eres un padre que busca lo mejor para su hijo y por eso reflexionas sobre tus decisiones y puedes incluso en un momento dado, cambiar de opinión si así se requiere para mejorar la educación de tu hijo.
- Sé muy serio con esto y no lo hagas con frecuencia. Esto inculcará respeto en tu relación con tu hijo.

MEDITACIÓN

¡Qué fácil es no poner límites a nuestros hijos y permitirles cualquier actitud, por errada que sea! Cuando no ponemos límites, demostramos lo poco que nos importa su vida, sus acciones, los lugares que frecuentan, los amigos que tienen.

La indiferencia demuestra desamor.

El padre debe afianzarse a sus principios, a su fortaleza y a su amor, para evitar ser débil y complaciente. Elena permitía a sus dos hijos, Mario y Miguel, tomar bebidas alcohólicas y fumar en casa "para que no las consuman afuera", decía. Su esposo insistía en no permitírselos ni dentro ni fuera, pero ella alegaba que son otras épocas, que todos los jóvenes lo hacen y que era mejor que aprendieran a tener confianza en sus padres. Me dio mucha tristeza saber que tuvo que renunciar a su trabajo para cuidar a Miguel, el menor de sus hijos, cuando sufrió un grave accidente a causa del alcohol. Pero aun así, Elena no consideró cambiar de idea; según ella, el accidente había ocurrido por causa del otro conductor. Sin embargo, esto no evitó que su hijo fuera detenido, y como sus padres pagaron la fianza, el joven no permaneció preso lo suficiente para haber aprendido la lección, sigue conduciendo alcoholizado mientras su madre lo apoya.

¿Qué tan responsables son Miguel y Mario, los hijos de Elena, si su madre elude poner límites? ¿Quién detiene a estos niños si son hijos de padres ilusos que han perdido el rumbo? Elena se rehúsa a corregirlos, prefiere que sean ellos quienes impongan su propio juicio, aunque ignoren los límites más elementales y actúen sin cordura.

Es importante analizar ¿por qué los padres ignoran o se sienten tan inseguros acerca de la manera correcta de educar a un niño? Pareciera que Elena y su esposo no tienen bases firmes sobre las cuales guiarse al educar a sus hijos.

Cuando un niño nace los padres son bombardeados por cuanta persona o medio de comunicación hay a su alcance acerca de lo que se espera de ellos. No es difícil reconocer los principios que queremos inculcar en nuestros hijos: responsabilidad, nobleza, amor propio y por los demás, espíritu altruista, sinceridad, integridad, nobleza, y muchos más. El problema es ¿cómo inculcarlos? ¿De qué manera enseñarlos, para hacer un esfuerzo seguro? Si no tenemos idea del cómo, surgirán nuestras inseguridades.

Nos preguntamos si algunos tendrán razón y para lograr formar seres humanos dignos es necesario imponer el miedo y la represión.

Entonces, cuando llega el momento de corregir a nuestro pequeño por primera vez, nos asaltan dudas. Tememos equivocarnos y hacerle daño. Si agregamos la culpa que sentimos al estar parte del día lejos de él, lo último que queremos es regañarlo o castigarlo por su conducta, que ocurre tal vez debido a nuestro "abandono". Todos los días la pregunta es ¿en qué le estoy fallando a mi hijo?

Nos guiamos por complacencias, culpas, miedos, indecisiones y sin ponernos límites. Queremos ponerles límites a ellos, pero no hacemos lo mismo con nosotros. En vez de actuar conforme a principios, aunque sea en esos breves minutos en su compañía, actuamos con remordimiento, temor de no ser amados y necesidad de aprobación. Con esto, no solo los confundimos, además dejamos que decidan su conducta.

Es como si le preguntaras a tu hijo que suele llegar tarde a casa si le parece tu castigo, porque no quieres traumarlo, que vuelva a irse de casa hasta altas horas de la noche, o que deje de quererte por llamarle la atención.

MEDITACIÓN

Comprenderás que el aprecio que buscas obtener se vuelve desprecio porque tu hijo no respeta tu falta de firmeza, tu indecisión y tu miedo a perderlo. En cambio, cuando un padre se rige por principios, no tiene que gritarle al hijo cuáles son sus reglas porque al vivir de acuerdo con ellas, él ya las conoce. No regatea ni somete a aprobación lo que defiende, pues ha enseñado al hijo que lo distinga, comprenda y valore.

La costumbre forja el carácter

Solo hay una primera vez en cada cosa que sucede en la vida de tus hijos. La primera vez que sonríe, dice papá o mamá, lloriquea para que le compres el juguete deseado, no quiere comer su sopa, se enoja por un regaño, llega tarde a casa, fuma, ingiere alcohol o se droga.

Asimismo, hay una primera vez para darte un manotazo, hacerte una pataleta, contestarte en forma grosera y una más para manipularte o chantajearte. ¿Cuál va a ser tu límite? ¿Cuánto vas a esperar para enseñarle que las faltas de respeto no funcionan? Si esperas que la situación mejore por sí sola, sucederá que la costumbre forja un carácter y cuando menos lo imagines, tu hijo no respetará ni escuchará tus palabras y te será muy complicado ponerle un alto ya. Tendrán consecuencias tu falta de prevención y poca disposición para corregirlo y evitar que continúe actuando así. Sin embargo, los padres no corregimos estas "primeras veces" en nuestros hijos, porque nos toman por sorpresa e ignoramos cómo reaccionar. Nos mostramos confundidos, atónitos e impresionados. Si hay gente a nuestro alrededor, creemos que pensarán que somos malos padres.

Entonces, en vez de poner un límite desde el primer momento, hacemos lo contrario, dejamos de corregir al niño por temor a ocasionar controversia o a aumentar el problema. Queremos que guarde silencio y no nos exponga. El niño, en cambio, con esa única vez, aprendió que hay un camino fácil y sabrá qué hacer en la próxima.

MEDITACIÓN

Cuando un padre está seguro de los principios con los que vive y quiere educar, no lo toma desprevenido cualquier conducta de su hijo. Lo observa y conoce cada día y en cuanto el chico manifiesta alguna actitud que lo daña, el padre, con amor, le muestra los límites de forma inmediata.

✓ Acciones de amor

- Dile a tu hijo que los límites son una forma de vivir con respeto entre los demás y muéstrale las formas en que tú vives respetándolos; por ejemplo, sin gritar, cuidando tu trabajo, familia, hogar, alimentación, amigos y a ti mismo, entre otros.
- Cuando él te escuche conversar, siempre menciona que las personas adultas aprendemos a convivir en paz con los demás y aunque nadie nos lo diga, mantenemos una actitud respetuosa, sin hacer cuanto se nos ocurre, por el bien propio, de nuestra comunidad y del medio ambiente.

> Antes de castigar a tu hijo, pregúntate si no serás tú la causa de su problema.
>
> Anónimo

Corrige cuando debas hacerlo

Es muy distinto exigir que educar. Una cosa es pretender que tus hijos hagan lo correcto y otra, prepararlos para que lo hagan. Por eso, los padres tenemos sentimientos encontrados. Por un lado somos bombardeados con el daño emocional que provocan los padres intransigentes e insensibles. Por otro, las generaciones pasadas recalcan que, como "en sus tiempos" las cosas se hacían de distinta forma, los hijos eran obedientes y educados. Los padres modernos nos rehusamos a retroceder, pero debido al río de información que corre en direcciones opuestas, nos encontramos atrapados en miles de confusiones. Por lo mismo, hemos dejado de corregir a nuestros hijos, pareciera que nos asusta hacerlo.

Sin embargo, el hecho de no corregir a tus hijos cuando deberías los confunde. Un hijo espera de ti calidad en la forma en que lo educas. Confía en que sabrás enseñarlo a vivir y relacionarse con los demás. Si no tienes la entereza para educar a tus hijos con lo mejor de ti, crearás un hijo sin principios. Por ello, no ignores ni evadas las acciones negativas. Si lo alabas cuando golpea a un compañerito "para defenderse", si no lo educas cuando es irrespetuoso, si pasas por alto conductas que son incorrectas, lo confundes. Esto perjudica su futuro, pues en vez de educarlo con responsabilidad, distorsionas su visión de la realidad. Luego, cuando se equivoque, será a ti a quien culpe, porque esa será la consecuencia de tu falta de acción.

MEDITACIÓN

> **No caigas en el error de evitar corregir a tu hijo, porque esto distorsiona su visión de la realidad.**

Un hijo se resiente cuando no tienes tiempo para estar con él, no lo diriges y no le enseñas a tomar decisiones. Cuando un hijo se aleja resentido de sus padres poco se puede hacer para enmendar errores. Mejor habla con él con frecuencia, guíalo con amor, no seas de esos padres que alaban constantemente al hijo creyendo que así lo motivan a ser un triunfador, porque el chico puede perder la dimensión de la realidad. Tal vez tendríamos menos jóvenes desorientados, buscando un trabajo fácil o en vías de convertirse en delincuentes, si les hubiéramos mostrado desde pequeños que en la vida es necesario esforzarse para salir adelante y lograr los sueños.

❖ Trampa número 2: Ansias de vivir

Desde tiempos de Aristóteles se ha dicho que los jóvenes son una "calamidad". Lo dijeron de nuestra generación y de muchas a través de los siglos. La razón es que los jóvenes de forma natural tienen deseos de vivir, explorar y conocer, a veces sin medir las consecuencias. Homero decía "la juventud tiene el temperamento vivo y el juicio débil".

Ningún adulto, al pasar por la juventud, escapó de las críticas, como si cada nueva generación se comportara peor o estuviera más desorientada que las anteriores. Con todo, es indiscutible que el consumo de alcohol y estupefacientes entre los jóvenes ha aumentado en los últimos años; muchos empiezan a beber y fumar apenas a los 10 u 11 años de edad. Incluso, inician su vida sexual cuando no están preparados en lo mental ni en lo físico.

Esta situación refleja cómo muchos jóvenes están adelantándose en las etapas de vida. Pareciera que las ansias de vivir son proporcionales a la falta de respeto por sí mismos y el propio cuerpo.

Con frecuencia aparecen en programas de televisión, películas, redes sociales y más, imágenes provocadoras de jóvenes divirtiéndose en estado de ebriedad, juntando sus cuerpos y bailando semidesnudos para beneplácito de quienes observan. Aunque se presentan en cualquier lugar, canal y horario, son frecuentes en los programas dedicados a los jóvenes. Parece que los padres no nos percatamos de ello.

No se trata de culpabilizar a los jóvenes por lo que sucede en la actualidad. Más bien, se trata de que los padres reflexionemos con seriedad sobre lo que podemos hacer para que ellos disfruten y amen su juventud en vez de vivir precipitando el tiempo. Está en nuestras manos que nuestros hijos sean adolescentes felices, protegidos y amados.

De nosotros depende hacer un cambio significativo en sus vidas. Basta el compromiso de educarlos con amor.

No permitas lo que después vas a corregir: cuando mis hijos eran pequeños, alguien me dijo que no los parara sobre una mesa porque algún día los regañaría si lo hacían. Esto me dejó claro que los padres enseñamos lo que después corregiremos.

El alcoholismo se ha extendido mucho entre los jóvenes, sus reuniones están plagadas de bebidas embriagantes. Pero a mí me disgusta que mis hijos beban; mi padre fue alcohólico y conozco el dolor que esta enfermedad causa. Mis hijos son jóvenes adultos y es inevitable que tengan algún encuentro con el alcohol. Por fortuna, los mayores se han mantenido alejados, pero el menor ha sentido un poco más de curiosidad.

> Un día, cuando Ernesto tenía 19 años, volvió a casa oliendo a alcohol, aunque no estaba ebrio. Me contó que había bebido cerveza con unos amigos. Eran cerca de las 11 de la noche y yo estaba cansada por un largo día de trabajo. Como él tenía entonces 19 años pensé en dejar las cosas así y no molestarlo con regaños. Guardé silencio, aunque debo confesar que me molestó que hubiera bebido. Minutos más tarde llegó Alberto y fue a darme un beso. Al acercarse sentí su aliento limpio y agradecí que se mantuviera alejado del alcohol. En ese momento me percaté de mi actitud, alejada de lo que he defendido. Me enojé porque una madre indolente es lo último que quiero ser. Me reproché escudarme en el cansancio y la mayoría de edad de mi hijo para callar respecto a algo que yo no quería que hiciera. Me dolió mi indiferencia cuando sabía lo que tenía que hacer de inmediato, así que, pese a mi cansancio, hablé con mi hijo. Conversamos por 15 minutos sin discutir. Solo una amigable charla entre madre e hijo, en la que le expliqué mis temores y mi renuencia a que tomara alcohol. Él me dijo que habían sido tres cervezas y me pidió no preocuparme. Su sonrisa cálida y su paciencia hacia mi preocupación me alegraron. Mi hijo comprendió que estaba pendiente de su vida, pudo constatar que, aunque ya es mayor, sigue siendo mi hijo y por ello, estoy atenta a cuanto hace, lo amo.

> Si a un chico se lo ve descontrolado, seguramente son sus padres los que realmente no saben controlarse.
>
> Humberto Gurman

¿Tener ansias de vivir?: beber alcohol, consumir drogas y tener sexo es lo de hoy. Las fiestas son divertidas solo si se consume alcohol hasta perder el sentido. Se considera "normal" tener relaciones sexuales con dos o tres personas al mismo tiempo, o cambiar de amante con frecuencia, incluso a la vista de todos. Hay un malentendido acerca del amor, se cree que se obtiene a través del sexo, lo cual genera relaciones efímeras. Chicos y chicas entregan su cuerpo con prontitud, esperando que así surja el amor; luego terminan deshechos y frustrados por no haberlo conseguido como les enseñaron cientos de películas hollywoodenses y cuentos de princesas que terminan en un "vivieron felices para siempre". He conocido muchachas deprimidas por no tener novio o ser vírgenes a los 17 o 18 años, cuando la mayoría de sus amigas comentan que han tenido muchos amantes. Las chicas están ansiosas de vivir lo que han visto por doquier, y con ello, pretenden imitar las imágenes distorsionadas que ofrecen muchos jóvenes desde los medios electrónicos en afán de hacerse ricos y famosos.

MEDITACIÓN

Un reto para los padres de esos jóvenes ansiosos de vivir es reflexionar acerca de cómo demostrarles que la vida es otra cosa. ¿Cómo convencerlos de que el amor es diferente a la ficción de las películas o telenovelas si estas han sido la única guía o enseñanza que han tenido en su vida? ¿Cómo explicarle a aquella chica desengañada que la vida será alegría cuando aprenda a respetarse ella misma? ¿Cómo hacerles creer, si han sido sus padres los primeros en herirlos con su poca comunicación, pleitos continuos, indiferencia, inestabilidad y falta de responsabilidad en su educación?

✓ Acciones de amor

- Con amor, demuéstrale a tu hijo que te preocupas por él. Nunca estás demasiado cansado para hacérselo saber.
- Si lo amas, presta atención a su vida. Defiéndelo, incluso de sí mismo. No permanezcas ciego y sordo cuando haga algo que no le convenga, eso sería negligente e ingenuo de tu parte.

- Si hoy cierras los ojos y tapas tu boca, para evitar problemas, quizá mañana sea demasiado tarde.
- Toma en cuenta que lo irresponsable no es que vean televisión o jueguen en la computadora sino que ocupen demasiado tiempo en ello, en vez de pasar tiempo de calidad contigo y permitir que esto distorsione su visión de la realidad.
- Aún estás a tiempo, actúa. Mantén una presencia amorosa y activa en la vida de tus hijos.

Creo que muchas de las conductas rebeldes de los hijos empiezan como un reto inconsciente hacia sus padres. Es una forma de comprobar si los aman y cuidan, o si, por el contrario, son irresponsables, descuidados y no actúan con principios. Gran decepción sentirán si se comprueba lo último. No podemos ser indiferentes ante la realidad, los jóvenes tienen muchas oportunidades de relacionarse sexualmente, de obtener alcohol y drogas. Quieren conocer, experimentar, "hacer lo que hacen todos". Como se sienten irrompibles, son menos cautos y conscientes de su ser. Pero eso tú lo sabes y con tu presencia y atención harás que tu hijo se sienta amado por ti.

> Una noche desde mi habitación escuché a unos jóvenes divertirse en una casa cercana. La música invadía la colonia y sus voces eran eufóricas y descontroladas. No pasó mucho tiempo cuando escuché risas cerca de mi ventana. Me acerqué y encontré a dos jovencitas con uniforme de la secundaria cercana, jugando con tres muchachos. Coqueteando, ellas les pedían que les tocaran los senos y dijeran cuál de las dos los tenía "más duros". Los chicos las rodeaban sorprendidos (imagino, porque ellas tuvieron que insistirles) y se resistían, pero acabaron cediendo.

¿Qué podemos esperar cuando una joven no tiene el menor respeto por sí misma? Esta mujer puede ser cualquiera que se cruce en tu camino; podría tratarse de tu hija, si no le has dado importancia a lo que sucede en tu relación con ella. Me pregunto ¿cómo mirará a sus padres cuando vuelva a casa? Ellos ignoran la situación que recién vivió la chica, al exponerse a ser tratada como objeto sin valor (empezando por ella misma). En su rostro no hay señales de baja autoestima, de soledad, de la necesidad que tiene del amor de sus padres, con quienes no hay vías de comunicación. Quizás haya rebeldía y esa actitud de "no te metas conmigo", que un padre inseguro tanto teme. Resultado: embarazos no deseados en menores de edad, salpicando como si fuera sangre las cifras de descuido, desamor, e irresponsabilidad paterna.

MEDITACIÓN

¿Cómo actúan los niños cuando sienten que sus padres les fallan? La rebeldía es solo una de las muchas formas que tienen de gritar: papá, mamá, mírame, cuídame, ámame, ¡aquí estoy!

✓ Acciones de amor

- No hagas un reto de sus actividades. No les vendas permisos a cambio de buenas conductas o mejorías en las calificaciones escolares. Ten muy claro los lugares a donde pueden y no pueden ir. Eso no se negocia.
- No te convenzas de que "por hoy, por esta vez" no hay peligro. Siempre que permites una conducta negativa, estás plantando un problema. La siguiente vez que quieras detener a tu hijo él te preguntará ¿por qué ayer sí y hoy no? Te sentirás incongruente y volverás a permitirlo.
- Así como enseñamos a nuestros hijos a devolver los objetos que hurtan de pequeños, del mismo modo procedemos cuando crecen. Hazlos responsables de sus actos.
- No empujes a tus hijos a crecer antes de tiempo, todo tiene una edad. Si no les llama la atención alguna actividad de los otros jóvenes, antes de pensar que "algo" está mal en él, mejor intenta conocer sus gustos.
- No lo acoses con preguntas. Déjalo tranquilo, pero observa. Que nunca sienta que no le pones atención al grado de que puede hacer lo que le plazca.
- Prepáralo para que actúe con valor al no provocar que te cuente mentiras, no empujes a tu hijo a que te engañe ni lo enseñes a justificarse. ¿Cómo? No te justifiques tú, hazte responsable de tus actos. Tampoco lo justifiques a él; si lo hizo, que responda por ello.

- Enséñalo a ser valiente y a responder por sus actos. Cuando lo haga, felicítalo por su sinceridad, no te escandalices ni hagas un drama por lo que requiere madurez (de tu parte, claro).
- Desde pequeño, demuéstrale que si habla con la verdad, tiene mayores oportunidades de aprender y de contar contigo.
- Si se ha metido en algún problema hazle saber que estás con él de palabra y acción. Dile y demuéstrale que, aunque te duele lo que hizo, estás a su lado.
- Dile sinceramente que cuenta contigo, así preferirá hablar contigo de frente y con la verdad.
- No uses términos categóricos al referirte a algo que hizo. En vez de decirle "¡eres un irresponsable!", mejor dile "¡me sorprende que actuaras de modo irresponsable, espero que no se repita!"

> No creo que haya necesidad más grande en la niñez que la de la protección de un padre.
>
> Sigmund Freud

❖ Trampa número 3: Chantajes

Sin duda, los padres somos quienes damos las pautas a los hijos para hacer chantajes. Esta conducta puede iniciar el día en que el niño llora para obtener algo y nosotros se lo damos para que se calle. Con esto, le enseñamos a usar dos armas poderosas, el llanto y el chantaje. Escuchar a un niño lloriquear todo el día y por cualquier cosa lleva a tal desesperación que los padres ceden con tal de no oírlo y le dan cuanto pide aun antes de verlo llorar. El niño pronto comprende que el llanto es un arma, así que lo usa con frecuencia y se vuelve el cuento de nunca acabar. Cuanto más llora más le dan, así que más llora, para volver loco a cualquiera. Luego crecerá y el llanto será reemplazado por gritos, exigencias, drama. Todo porque el padre o madre no detectó este problema a tiempo y en vez de detenerlo, le dio alas.

•

A Laurita, de cuatro años, le daba por llorar en terapia. La primera vez pensé que estaba enferma, o que algo le había sucedido, pero pronto descubrí que no era así. La niña lloraba desde que llegaba hasta que se iba, solo quería trabajar en las actividades que le agradaban y con el material que escogía. De estar trabajando tranquila, pasaba a llorar desconsolada cuando se le cambiaba a una actividad menos divertida, pero no le brotaban lágrimas, solo lloriqueaba. La madre dijo que en casa pedía todo del mismo modo y como no sabía qué hacer para evitarlo, cedía a sus deseos. No había sucedido algo en especial que provocara que la niña lloriqueara; un día empezó a llorar y la madre, asustada, le dio lo que pedía. Desde ese momento, cuando la madre no quería darle algo, Laurita lloraba y lo conseguía. Madre e hija estaban desesperadas y lo peor era que esta situación empezaba a afectar a la niña fuera de casa, pues quería hacer siempre lo mismo. Puesto que nada provocaba el llanto, le expliqué a la madre que no era sano que aprendiera a pedir las cosas así. Puse en marcha esta estrategia: la siguiente vez que empezó a llorar quité todo el material que estaba sobre la mesa y le dije que no se lo podría prestar mientras llorara. Laurita, sorprendida, intentó controlarse, pero no me creyó y volvió a llorar. Entonces guardé los juegos y las actividades y le dije que se los prestaría de nuevo cuando se calmara. Laurita dejó de llorar en seguida y prometió no hacerlo más. Luego, le expliqué que no conseguiría las cosas llorando y que solo tendría actividades, las que yo diseñara para ella, y no las que ella quisiera, cuando estuviera tranquila. No le quedó más remedio que trabajar. Al terminar la sesión, la madre, aliviada, dijo que cuidaría más lo que hacía en casa, se aseguraría de mostrarse segura y firme, pues estaba fuera de control. Pocos días después me dijo que en casa también había funcionado y la niña no lloraba más.

> No le enseñes a chantajearte con tal de evitar que llore.

¡Qué triste es la vida para los niños y adolescentes cuando los enseñamos a ser manipuladores! Empiezan por llorar encaprichados por juguetes o golosinas, pronto aprenden a controlar y manipular para obtener lo que desean y sus padres, al sentirse inseguros respecto a cómo educarlos, descuidan su autoridad y confianza en ellos mismos. Quizás escucharon que había que pedir al niño su opinión respecto a cómo educarlo y así lo hacen, pero no saben cuándo y por qué hacerlo. Cuando los padres son inseguros, el chico se hace cargo y acaba por controlar a sus padres y dirigir su vida, a veces con consecuencias funestas, sabiendo que ellos harán cuanto él exija. Lo malo es que querrá hacer lo mismo con todas las relaciones que tenga, tanto de trabajo como de amistad o amor. No muchos podrán tolerar tal conducta y seguir amándolo. Todo porque a sus padres les faltó firmeza y amor.

Las siguientes son las frases más frecuentes que utilizan los pequeños cuando han aprendido a chantajearte. Si escuchas una de ellas, quiere decir que estás enseñando a tu hijo un sistema que le causará mucho dolor. Es importante que identifiques estas frases de inmediato y evites las conductas que las generan.

Chantajes infantiles

- ¡Si no me compras esa pelota, no hago la tarea…!
- Quiero ver la tele primero y luego hacer la tarea. ¿Que no entiendes que estoy cansado?
- ¡Si no me dejas ir a jugar con mi amiga Lulú, es que eres mala y ya no te voy a querer!
- ¡Qué malo eres, papá, ya no te quiero…!
- ¡Le voy a decir a mi abuelita que eres mala!
- ¡Me voy a ir de la casa!
- ¿Por qué tengo que comer las verduras? Si me quisieras, no me obligarías a comerlas.
- Si me saco puros dieces en la escuela ¿me dejas ir de vacaciones con mis amigos?
- ¡Los padres de mi amiguito sí lo dejan hacer eso!
- Mis amigos sí van a ir.
- A mi amiga la dejan llegar más tarde.
- ¿Por qué no puedo ver esa película? Todos mis amigos ya la vieron.
- ¿Por qué no puedo ir a jugar a la casa de mi amiga? Van a estar sus dos hermanos mayores cuidándonos.
- Me quiero ir a vivir con mi papá (si estás divorciada). (O abuelitos, tíos…)
- Nunca quieres darme permiso.
- Si confiaras en mí, me prestarías tu coche.
- No voy a hacer nada malo ¿por qué no me dejas ir?
- ¿No confías en mí?
- Ya soy grande y puedo hacer lo que quiera.
- Los padres de mis amigos son mejores que tú.

MEDITACIÓN

¿Qué padre no ha dudado de estar haciendo lo que más conviene a su hijo? Todos llegamos a titubear en determinado momento, máxime cuando escuchamos a nuestros hijos gritar: "eres malo, ya no te quiero". Parecen palabras mágicas, pues ablandan al más duro (e inseguro) de los padres. Titubeamos, creemos que habla en serio. Entonces, como lo que más deseamos es ser amados por nuestros hijos, soltamos el mando y cambiamos de idea, confiando en que "será lo mejor, no lo estamos malcriando; total, por una vez no pasará nada". ¡Sí, cómo no!

> Los padres deben estar alertas y detectar de inmediato aquello que, a largo plazo, dañará al niño.

Consecuencias del chantaje

Es fácil hacer a nuestros hijos víctimas del chantaje. Lo peor es que nosotros les enseñamos y permitimos esta conducta. Por dondequiera, padres y madres están preocupados porque sus hijos hacen solo lo que les apetece, sin importarles las enseñanzas parentales. Se sienten sometidos a los caprichos de quienes, se supone, deberían obedecerlos y respetarlos. Esta situación forma un círculo de dolor e inseguridad donde todos sufren, se sienten decepcionados e ignoran cómo salir del problema.

MEDITACIÓN

Tu hijo debe aprender desde una corta edad que hay conductas que no atraen el respeto de las personas. Si apruebas la manipulación y el chantaje porque no sabes cómo controlarlo, en vez de educarlo para ser fuerte, lo enseñas a ser débil, precio que pagará cuando se enfrente a la realidad, ya que querrá obtener las cosas del mismo modo, adoptando una conducta difícil de aceptar. En cambio, cuan-

do lo enseñas a obtener lo que desea con un esfuerzo honesto, lo preparas para ser positivo y no desistir fácilmente.

Se educa a los hijos con el ejemplo, no con exigencias. Para pedirle a tu hijo que sea respetuoso, antes debiste enseñarle a serlo. El respeto no se exige, se enseña. El padre sabe que debe enseñar a sus hijos a respetar y ser respetados. Cuando es un padre inseguro y no logra generar respeto, puede cambiar su estrategia y empezar a exigir ser respetado, enumerando razones para ello: "soy tu padre", "a mí me respetas" o "te voy a lavar la boca con jabón". Con las actitudes bravuconas y altaneras la imagen del padre se debilita, su conducta se convierte también en chantaje y su hijo verá en este padre demandante a un ser débil, que ignora sus principios y cómo inculcarlos.

Alguien que se dobla con facilidad ante la menor exigencia, incapaz de poner límites y reglas que guíen su comportamiento y, en consecuencia, su sano crecimiento.

Luego de años de vivir así, el muchacho acaba por sentirse desprotegido porque su padre no supo enseñar, defender y vivir acorde a sus principios. El padre se declarará vencido y eludirá su responsabilidad, atribuyendo a otros (cónyuge, maestros, amigos del hijo, abuelos y otros) la situación. Padres e hijos sin amor como consecuencia de permitir el chantaje, o no saber reconocerlo y detenerlo.

MEDITACIÓN

Si permites que tu hijo te chantajee se convertirá en un pequeño tirano que acabará por dominarte. A través de la dominación querrá controlar todas las relaciones que tenga en su vida. Eso será destructivo y se deberá a que permitimos que el chantaje se saliera de control. Algo que tal vez empezó irresponsablemente de tu parte, lo destruirá.

> Cuando amas a tu hijo, tienes la seguridad de saber lo que es bueno para él.

En ocasiones, creyendo que demostramos flexibilidad, torcemos el camino sin percatarnos de ello. El problema comienza casi como un juego, cuando decimos a nuestro hijo "come las verduras o no ves televisión" o "si no me haces caso, no te llevaré al parque". Pronto el niño comprende que si quiere algo, basta pedirlo de ese modo "si no me llevas al parque no comeré las verduras". Esta petición parece razonable y accedemos a ella, no percibimos el inicio de un problema del que será difícil salir. El niño aprende a manejar la situación y nos obliga a hacer cuanto desea. Le basta decir las palabras adecuadas y nosotros, pensando que es justo, cedemos; después será imposible evitar el chantaje. Cuando esto ocurre, en vez de ver nuestro error, hacemos responsable al niño de nuestra falta de firmeza. Muchas veces los padres se justifican, dicen que desean corregir a su hijo, que le explican, pero él no entiende.

Meditación

Al ser tú inseguro, le enseñas a controlarte y él aprenderá a hacerlo. No te conduzcas de forma insegura, no temas escuchar que eres malo. Todos los padres en algún momento lo oímos, pero eso no significa que sea verdad. No es que no te ame, te reta esperando no poder controlarte, esperando que demuestres ser esa guía valiosa en quien tanto confía. Cuando no lo haces, se decepciona mucho de ti. Al ceder, le das la varita mágica, le enseñas a manipularte; más tarde perfeccionará la técnica hasta convertirla en un problema.

✓ Acciones de amor

- Tu hijo va a crecer y si le enseñaste a chantajear, perdiste ya tu autoridad y hará cuanto le venga en gana con consecuencias inimaginables, mismas de las que serás responsable por no darle importancia a ser firme.
- No te preocupes por el "qué dirán". Algunos padres por vergüenza evaden corregirlos, creen que así impedirán que la gente los juzgue como pésimos padres. Evita que eso te pase a ti.
- No te sientas manipulado por tus propios temores y actúa conforme el niño requiere. Olvídate de lo que pudieran pensar los demás.

- Detecta los comentarios que hacen tus hijos que los llevarán a aprender a chantajear y detenlos, aunque te parezcan justificados… por ahora.
- No solo los padres enseñan al niño el chantaje; también la influencia de otra persona puede hacerlo. Somos nosotros quienes decidimos cómo responder, si caemos en su juego o le ponemos un alto.

> El niño conoce instintivamente a su amigo y a su enemigo.
>
> Walter Scott

Estrategias para que evites enseñar el chantaje

Recuerda que a tus hijos les hace daño que te dejes manipular y chantajear; quien lo permite se muestra inseguro y débil, demuestra poco amor. Sin embargo, en ocasiones, aunque evites el chantaje, tus hijos observan a otros niños ser chantajistas y quieren aplicarlo en casa.

Nada mejor para enseñarle a un niño que no debe chantajear, como descubrirlo y mostrarle con amor que esas estrategias no funcionan pues no son una forma honesta de conducirse. Con esto habrás descubierto su intención y no caerás en el juego. Cuando pretenda manipularte y te diga, por ejemplo, "si no me llevas al parque, no como las verduras" respóndele con amor algo como "me estás chantajeando", "los chantajes no funcionan conmigo" o "me molesta que pretendas chantajear, eso no me tiene contento, por eso no te voy a llevar". Incluso puedes decirle "te aviso que has querido chantajearme, lo mejor que puedes hacer es comer las verduras y demostrar que has comprendido que eso no se hace".

Lo importante es que aprenda que está chantajeando, porque tal vez no sea consciente de ello y lo dice para ver si funciona. Ponle un alto, pero explícale lo que está haciendo. Para tener práctica, necesitas escuchar lo que te dice y cómo te lo dice. Así, cuando te chantajee, comunicáselo, dile que esta actitud no es permitida y que, además, no la necesita porque puede pedirte las cosas con amor y si está en tu mano dárselas, lo harás. También puedes preguntarle dónde aprendió esa conducta.

Sé amoroso siempre, mantén abierta la comunicación. No chantajees a tus hijos, explícales la situación y reflexiona con ellos sobre la importancia de pedir las cosas sin extorsionar.

Te contaré algo: mi sobrina deseaba que Cynthia se quedara a dormir el fin de semana en su casa, así que le dijo que iba a hablar conmigo para que la dejara. El problema fue que mi sobrina se sentía segura de conseguir el permiso a cambio de grabar para mí una música que le había pedido. Mi hija le dijo que no podría chantajearme y que me pidiera las cosas de otra manera, pues así como pensaba hacerlo, lo más seguro era que no conseguiría el permiso.

Esa tarde, cuando llegué se me acercó mi sobrina y ufana me dijo "tía, si no dejas a Cynthia quedarse a dormir, no te grabo la música", a lo que de inmediato respondí "sobrina, conmigo los chantajes no funcionan. Por ello, ya no quiero que me hagas ese favor. Además, tu prima se va conmigo y no va quedarse a dormir aquí en un mes completo".

Ella le contó a mi hija lo sucedido, a lo que Cynthia le respondió "te dije que a mi mamá no se le puede chantajear". Esa misma tarde hablé con mi sobrina y le expliqué que los chantajes no son una forma honesta de pedir las cosas. Si ella hubiera pedido con amabilidad que su prima se quedara a dormir, yo habría accedido.

No obstante, su forma de manipular no la condujo a lograr lo que deseaba. Para mí no era importante la música que le pedí, pero aunque lo hubiera sido, jamás habría necesitado tanto algo como para permitirle el chantaje. Mi sobrina aprendió y jamás ha vuelto a pedir las cosas de esa manera. Tiempo después mi hija me contó lo orgullosa que se sintió por mi actitud.

MEDITACIÓN

Nuestros hijos aprenden cuando defendemos nuestros principios, esto les da seguridad y forma un carácter firme en ellos. Se sienten protegidos, saben que no somos fáciles de convencer. Esto les dará fortaleza para enfrentar el mundo real.

✓ Acciones de amor

- Cada vez que le das lo que desea si llora o manipula, lo enseñas a que de esa forma podrá obtener todo y lo seguirá haciendo. Lo peor es que llegará el momento en que te sentirás frustrado, y culparás a tus hijos de haberse salido de control. Tus hijos son niños normales, no mejores o peores que otros. Es la forma como reaccionas a sus actitudes lo que los hace actuar así.
- Haz comentarios de aprobación a su conducta correcta. Pero abstente de reaccionar como tu hijo quiere que hagas cuando estén cayendo en el chantaje.
- Nunca demuestres desesperación o disgusto. Mantén una actitud calmada y con ella háblale a tu hijo. La exasperación solo conduce a que la situación empeore.
- Cuando quiera chantajearte, pregúntale tranquilamente qué le pasa. Sigue hablándole sin perder la calma, insístele en que no hay necesidad de hacer drama, hasta que se tranquilice.
- Nunca te comportes igual que tu hijo, haciendo drama tú también.
- Si pide las cosas a través del chantaje, aunque lo consideres justo no se las des. Muéstrale lo que hace y explícale que cada vez que pida algo de esa forma la respuesta será ¡no!
- Recuerda, no es tu hijo quien debe cambiar, eres tú. Cambia tu forma de tratarlo, ser amoroso y firme es lo más adecuado.
- Tu hijo nunca aprenderá a respetar si tú no le enseñas a hacerlo. De nada sirve que lo sermonees si te dobla cuando amenaza con su desamor.
- Necesitar la aprobación de nuestros hijos genera desconfianza. Aprende a respetarte a ti mismo.

> Tu obligación no es ser amado por tus hijos.
> Tu obligación es ser buen padre.

Cuando doy una conferencia, me gusta preguntar a los padres asistentes "¿qué *no* te gustaría que tu hijo pensara de ti?" (Contesta tú también, porque ahí encontrarás respuesta a lo que te preocupa como padre.) Una vez que varios han contestado, suelo decirles una frase que pone a temblar al más plantado: "tu obligación no es ser amado por tus hijos. Tu obligación es ser buen padre". Más de uno se ha sacudido con esto y, sin embargo, así es. Porque creemos que esforzándonos para que nos amen, educamos a nuestro hijo de la mejor manera, cuando en realidad somos como hoja enclenque que vuela a merced de sus deseos. Necesitamos sentirnos amados por él así que, con tal de que nos "apruebe", doblamos las manos. El padre que necesita ser aprobado se convierte en un ser débil, blanco fácil de la voluntad del hijo. El padre que se somete a caprichos para obtener aprobación, genera desdén en su hijo debido a su falta de firmeza al educarlo. Seguramente has escuchado a algún jovencito comentar ufano la forma tan descarada en que consigue cuanto desea de su padre. Un padre se debilita cuando necesita escuchar que es amado, que hace las cosas bien.

Hieres a tu hijo cuando eres débil, pues le haces sentir que no te importa e impides que se sienta protegido. Cuando demuestras que no quieres "batallar" con él. Cuando le dices que, más que en alegría, educarlo se ha convertido en una pesada carga. Siente que si tú lo amaras, tu conducta sería diferente. Un padre débil obtendrá el efecto contrario al que desea. En vez de ser amado, con el tiempo comprenderá el poco respeto que logró inculcar en su hijo. Esto se evitaría si creyera en sí mismo, si se mantuviera firme y decidiera actuar sin dudar o temer. Pero el miedo es algo natural, me refiero al miedo a que un hijo no lo ame a uno. Que cuando grite "eres malo, ya no te quiero" sea verdad, estas palabras son bombas para los padres débiles.

MEDITACIÓN

Para quienes sufren al escuchar que no son amados, permítanme advertirles que no es verdad; pero si lo fuera, la obligación de cada padre no es esforzarnos para ser amados por nuestros hijos, sino para educarlos basándonos en nuestros principios. Esto a la larga proveerá una conciencia tranquila. El amor vendrá por sí mismo. Nacerá de la congruencia que mantengamos con nuestros hijos. El hijo aprende a amar y a respetar a sus padres a través del amor y respeto que ellos le saben dar y no porque lo manipulen con su afecto. Su amor germina con el ejemplo y dedicación que le han dado.

✓ Acciones de amor

- Mantente firme en tu decisión de educar con asertividad. Así educarás con amor y "amor con amor se paga".
- Recuerda: no necesitas palabras de aprobación. Si requieres reforzarte como padre, bastará observar cómo se conducen tus hijos, esa es tu respuesta y la única gratificación que vale la pena.
- Mantente alerta, revisa los chantajes infantiles para que no te tomen desprevenido. Toma en cuenta que a los niños les daña que te prestes a ello.
- Utiliza tu inteligencia para manejar las situaciones e impedir que te manejen a ti.
- No solo se trata de solucionar los problemas conforme se presenten, sino de prevenir situaciones que pueden salirse de control. Educa con inteligencia; a la larga, comprobarás los resultados.
- La educación de tu hijo es un proceso de cada segundo. Lo educas siempre, no solo cuando los demás te observan; piérdele el temor a los pensamientos ajenos.
- Detrás de un niño caprichoso se esconden padres manipulados e inseguros. Educa con *valor*, no con temor.
- Mantén la certeza de que vas a hacer lo mejor para ellos. Si conoces tus principios, serás firme.
- Si ya analizaste y tomaste una decisión, no tienes por qué sentirte culpable; toma en cuenta que haces daño a tus hijos cuando no tienes claros tus principios.
- Edúcalos con congruencia, que vean cómo defiendes lo que crees.
- Recuerda: todos los chicos se sienten orgullosos cuando sus padres son inteligentes y no se dejan intimidar. Los admiran y tratan con respeto, así agradecen sentirse protegidos y amados.

> Amor y verdad son las dos cosas de Dios. La verdad es el fin y el amor es el camino.
>
> Ghandi

❖ Trampa número 4: Mentiras

Los padres enseñamos a mentir a nuestros hijos todos los días. No pienses en el típico cobrador que te busca en casa y le dices a tu hijo que diga que no estás. Este ejemplo es demasiado burdo y tonto. Aunque no pidas a tus hijos que nieguen que estás en casa, los enseñas a mentir. Te pregunto ¿tus hijos, mienten? Si la respuesta es sí, aunque duela: tú se los has enseñado.

> Cuando Gisela descubrió la travesura de sus hijos Valeria y Joey, se enfureció y en cuanto llegó a casa Miguel, su marido, le reprochó su pésimo papel de padre. En su afán de ayudar a su papá, los niños habían tomado las brochas, mancharon la pared recién pintada y desparramaron la pintura dejando la alfombra nueva hecha un desastre. Esa misma noche ambos padres hablaron con sus hijos y les exigieron confesar quién había sido el autor de la travesura. Valeria, de seis años, llorando asustada confesó que lo único que ella y su hermanito de cuatro querían era ayudar y que sentía mucho lo que habían hecho. Pero sus padres estaban furiosos, las quejas y reproches entre ellos habían caldeado los ánimos. Papá se quitó el cinto y le pegó tratando de aplacar su enojo. Mamá los envió a la cama sin cenar y no les habló durante dos días. Joey y Valeria no entendieron por qué sus padres seguían enojados, si habían pedido perdón. La niña comprendió que la confesión y el arrepentimiento no le habían servido, de cualquier manera la habían castigado. Se preguntaba qué habría sucedido si en vez de confesar que fue ella quien inició la travesura hubiera señalado a su hermano, pues, como era más pequeño, sus padres no eran igual de duros con él. Así, a sus seis años aprendió que confesar la verdad no ayuda; por el contrario, es peor. Solo una vez fue suficiente y aprendió la lección; en adelante no se iba a traicionar, guardaría silencio pasara lo que pasara.

> Cada vez que castigas o te enojas cuando te dicen la verdad, propicias que te cuenten mentiras.

El mensaje que enviamos es que queremos hijos perfectos, que nunca se equivoquen. Pareciera que no es a ellos a quienes amamos, sino a quienes deberían ser, así que aprenden a engañarnos para evitar castigos. Nos dicen lo que queremos escuchar y quedamos tranquilos, así aprenden que es necesario mentir a sus padres. La solución es fácil: cuando comprendas por qué mienten, podrás detener el círculo vicioso. Cuando tu hijo confiese que hizo alguna travesura y lo amonestes, le enseñarás a no reconocer sus actos. Dejará de hacerse responsable de ellos. Si no comprendes que tu hijo es un niño y le exiges comportarse de otra manera, jamás te contará sus cosas, ni te permitirá participar en su vida cuando sea adolescente y vaya que tú querrías saber dónde anda ¿o no?

✓ Acciones de amor

- La verdad nunca se premia con un castigo. La verdad merece madurez y consideración. Aunque te duela, jamás castigues la verdad.
- Nunca regañes a tus hijos cuando te cuenten la verdad, por más dolorosa que sea. No cortes esta comunicación; por el contrario, ayúdales a encontrar una solución, para eso están hablando contigo.
- Los niños pequeños suelen decir la verdad, por ejemplo, cuando preguntas quién rompió el adorno de la abuela, o quién se comió las galletas; si tu hijo confiesa que fue él y tú lo regañas o castigas, esa actitud será la menos indicada.
- Es mejor hablarle con respeto, decirle cómo afecta lo sucedido y pedirle que tenga cuidado para que no vuelva a ocurrir. Si se trató de un accidente, dile "hijo, no te preocupes, fue un accidente que se tirara la leche, a todos nos puede pasar. Limpia y sirve más leche". Nada de gritos, ni de frases como "eres un tonto, fíjate…" o cosas por el estilo.
- Cuando le das su justo perspectiva a las situaciones, tu hijo verá en ti a un padre comprensivo que lo respeta y desea su bienestar, a quien le importa más su autoestima que los platos o el mantel.
- No lo regañes cuando se muestre tal y como es, porque aprenderá a engañarte ocultando su verdadera personalidad. No te mostrará quién es, sino aquel que tú quieres que sea.

Cuando nuestro hijo crece, no entendemos por qué razón miente si le pedimos que no lo hiciera. Por qué no obedeció, qué salió mal, por qué no nos escuchó.

El problema no es lo que dijimos sino la forma en que lo dijimos. Imagina esta escena y dime si ha ocurrido en tu casa.

> Desde hace unas días Ricardo y Ana María han querido hablar con su hijo Ricky acerca de lo malo que es contar mentiras y por fin se han decidido. Se sientan junto a él mientras ve televisión y le piden que la apague. Aunque su hijo protesta, hacen acopio de valor porque saben que es importante lo que van a decirle, es por su educación ¿o no? Así que insisten, luego le sueltan una perorata de 15 minutos en los que le explican las razones por las que no debe mentir y el daño que provoca. Su hijo los escucha impaciente, sin poner atención a lo que le dicen (lo único que desea es que se callen, para continuar disfrutando su programa favorito). Ricardo y Ana María lo ignoran en aras de ser ***buenos padres***. Continúan su exposición y luego preguntan a su hijo si los entendió. Sin dudar, el niño contesta que sí, para evitar lo que ha tomado como regaño. Está molesto con sus padres porque lo reprenden sin razón. Entonces ellos, sintiéndose molestos, le dejan prender el televisor y se marchan con la errónea idea de que intentaron hablar con él, pero el niño no quiso escucharlos. Al fin y al cabo, él será quien sufra las consecuencias pues cuando quisieron educarlo, no lo permitió. Se lavan las manos y salen huyendo.

Somos responsables de informarnos sobre la forma adecuada de educar a un niño. Educar con sermones no funciona. El niño no aprende puesto que es el padre quien necesita actuar de otro modo. Son muchos los padres sorprendidos de que sus hijos cuenten mentiras que incluso ponen en riesgo su vida. Aseguran haber "hablado" acerca de la importancia de la veracidad, así como de otros principios, y no entienden cómo es posible que sus hijos mientan. No comprenden que ellos mismos les enseñaron a hacerlo y a no responsabilizarse de sus acciones.

✓ Acciones de amor

- Nunca castigues a tu hijo cuando te diga la verdad. Aclárale que lo peor que puede hacer es contar mentiras y, así como te ve tranquilo cuando es sincero, puede verte decepcionado si miente. Es fundamental que aprenda que las consecuencias de mentir son graves, que si hubiera dicho la verdad, todo se habría solucionado mejor.

- No lo presiones preguntándole "por qué" ha hecho algo. Muchas veces el niño no tiene idea del porqué y lo único que ocasionarás es que pierda la comunicación contigo. Es como cuando le preguntas "¿qué estabas pensando?" Quizá no estaba "pensando"; si lo hubiera hecho, no habría provocado esa situación.

Lucero, mi compañera en el salón de clases

La mentira requiere corrección inmediata, un hijo mentiroso causa mucho dolor a un padre.

Cuando estudiaba la licenciatura conocí muchas jóvenes carentes de un hogar donde la educación sustentada en principios y el apoyo a sus metas fueran permanentes. Como siempre, los problemas de los adultos tienden a arrastrar a los hijos, víctimas de su desamor.

Te describiré una conversación que tuve con una compañera de 19 años:

—Lucero ¿por qué faltaste tantos días a clases? —le pregunté.

—¡Ay! Raquel —contestó ella—. Descubrí que estaba embarazada y decidí abortar.

—¿Cómo está eso? —pregunté.

—Fui a que me practicaran un aborto con una señora que se dedica a esto.

—¿Doctora, supongo?

—Por supuesto que no, solo tiene un cuarto donde practica los abortos. Creo que es enfermera.

—¿Qué te dijo tu mamá?

—Raquel, mi madre no se enteró de lo que sucedía.

—Pero ¿cómo es posible? ¿Acaso no se dio cuenta de lo que te pasaba?

—No, porque le dije que me iba a ir a quedar en casa de una amiga.

—¿Y con quién te quedaste?

—Con nadie, una amiga me prestó las llaves de una casa vacía y a punto de rentar. Me fui ahí tres días.

—Pero ¿quién te cuidó? ¿Dónde te quedabas? ¿Qué comías?

—Nadie me cuidó, estuve sola todo el tiempo. Me acosté en unas cajas de cartón y llevé latas de atún y galletas para no pasar hambre. No tienes idea del dolor que pasé y sin poder pedir ayuda.

Como mujer y madre de una mujer, esta situación me entristece al recordarla y también me mueve a la reflexión. Una muchacha de 19 años, apenas aprendiendo a vivir, se hace practicar un aborto y sufre en solitario por temor a contarles la verdad a sus papás. ¿Cómo es posible que nuestras hijas tengan que pasar por algo así? ¿Por qué las orillamos a hacerlo? ¿Qué nos está pasando?

MEDITACIÓN

Los padres necesitamos comprender la responsabilidad que significa tener un hijo. Por eso:

Acepta a tu hijo.

Ama a tu hijo.

Enséñale a decirte la verdad, siempre y bajo cualquier circunstancia.

Enseñar a tus hijos a decir la verdad puede salvarles la vida

Mi compañera es una hija más de las muchas que prefieren desangrarse en casas solitarias, sobre unos cartones, a permitir que sus padres se enteren de que estuvieron embarazadas y decidieron abortar. Chicos que toman el camino incorrecto para ocultar la verdad a sus padres. Hace unos años me enteré de un caso estremecedor.

Una joven menor de edad había bebido bastante en una fiesta en casa de unos amigos y llegó a un estado de ebriedad tan grave, que quiso evitar que la vieran así sus padres, quienes fueron por ella. Parece que cuando los vio, prefirió marcharse con unos jóvenes que habían estacionado su coche fuera de la fiesta y le pidió a una de sus amigas que informara a sus padres que ya se había ido.

> Pretendía llegar primero que ellos a su casa y quedarse dormida para evitar el regaño por haber bebido. Pero el conductor era un pervertido y de inmediato se percató del estado indefenso de la chica, así que entre él y un amigo planearon violarla. Ella iba dormida semiinconsciente en el asiento trasero y fue presa fácil. Cuando despertó, aterrorizada, salió gritando del auto, provocando el miedo de los agresores, quienes se lanzaron tras ella para golpearla hasta que murió.

Esta historia demuestra que si nuestros hijos no temen decirnos la verdad, pueden incluso salvar su vida. En cambio, mentir podría llevarlos a la muerte y no valdrán los reproches que uno mismo se haga después. Aunque es difícil controlar a la juventud, los hijos pueden comprender que la verdad los protege: hace tiempo escuché a un padre de familia decirle a su hijo adolescente "hijo, si algún día te embriagas, por favor no conduzcas. Llámame, iré por ti y prometo no hacerte reproches. El hecho de que me pidas ayuda borrará cualquier regaño que pudiera hacerte. Te lo ruego, no conduzcas en mal estado, llámame, por favor". Esta actitud al menos tranquiliza y evita que el hijo cometa alguna barbaridad que ponga en riesgo su vida. Además, transmite al joven la preocupación que sienten sus padres por su seguridad, lo cual lo hace sentirse amado y protegido. No se trata de no confiar en los hijos, sino de comprender que en cualquier momento, debido a su inmadurez o juventud, pueden cometer un error que les cueste caro. Claro que también habría que considerar por qué le prestas un coche cuando crees que tu hijo es capaz de beber y conducir ebrio.

MEDITACIÓN

¿Por qué enojarte si tus hijos mienten, si tú los enseñaste a hacerlo? La regla de oro es "no hagas lo que no quieras que hagan tus hijos".

✓ Acciones de amor

- No demuestres enojo ante la verdad. Mantén la calma, alaba la honestidad de tu hijo y dile que van a encontrar una solución. Asegúrale que cuenta contigo y agradece su confianza.

- Enséñale que las consecuencias de las mentiras serán graves. Puedes comprender la travesura, pero no aprobarás que sea mentiroso.
- No se trata de que ganes su confianza, dejándole ser confianzudo. Por el contrario, enséñale desde pequeño que confías en sus decisiones y puede cuidarse a sí mismo.
- Si demuestras confianza en sus actos, tu hijo confiará también en ti. Somos los padres quienes, al ser intransigentes, conseguimos que nuestros hijos nos mientan. Si lo respetas, él confiará en ti.

> Los hijos se convierten para los padres, según la educación que reciban, en una recompensa o en un castigo.
>
> J. Petit-Sean

❖ Trampa número 5: Presiones

Algunos padres toman demasiado en serio el realizarse a través de sus hijos como no pudieron hacerlo ellos mismos; por ello, presionan para que destaquen. Hacen un martirio de cada actividad extraescolar. Si juegan vóleibol o fútbol, van a los partidos y exigen el triunfo. Si no meten gol, se decepcionan y los regañan. Si van a karate, quieren cintas negras, si tocan piano o guitarra deben ser concertistas; se trata de destacar, no aceptan puntos medios o jugar para disfrutar, demandan primeros lugares con trofeos y honores.

Uno de los problemas que más afecta a los niños es la falta de autoestima. Irónicamente, carecen de ella porque han sido sus propios padres quienes se han encargado de quitárselas. Los padres actuales se han vuelto muy exigentes con sus hijos, requieren que empiecen a sobresalir desde pequeños en cualquier actividad que emprendan. Como están convencidos de que deben enfrentar un mundo competitivo, no les permiten perder el tiempo. El niño de hoy debe ser triunfador, líder, inteligente y creativo. Debe sacar las mejores notas en la escuela y ganar competencias deportivas, escolares o artísticas. El mensaje paterno es claro: "hijo, hazme sentir orgulloso de ti". ¿Las consecuencias? el amor propio del niño cae en picada.

Cuando Alberto, mi hijo mayor, tenía 10 años, fue a una competencia de matemáticas en la ciudad de México y yo lo acompañé. Iban también otros niños participantes y sus padres, quienes estudiaban con ellos durante horas, sin considerar su cansancio, obsesionados por el triunfo que su hijo podía obtener. Después, se ponían furiosos si los chicos no contestaban correctamente. Mostraban su desaprobación a pesar del esfuerzo realizado. Pero mi hijo sabía matemáticas, no por el estudio de un día de obsesión, sino porque le agradaban. Sus conocimientos no dependían de un repaso veloz, sino de un esfuerzo realizado por él desde mucho tiempo atrás. Por eso, sin desatender la prioridad que tenía para mi hijo su participación en el concurso, decidimos disfrutar la ciudad de México y pasear, encantados de estar juntos. Mientras ellos se quedaban en el hotel a repasar, dejando a los niños extenuados, nosotros queríamos disfrutar cada momento del viaje.

Aunque él estaba feliz, fui criticada porque no le exigía esforzarse como ellos lo hacían. Al terminar el concurso, mi hijo sacó segundo lugar y se sentía orgulloso y motivado para seguir estudiando.

Con el pasar de los años he visto crecer a estos niños que fueron presionados y ninguno ha mantenido una buena relación con sus padres. A fin de cuentas, el padre que no ama a su hijo por quien es, esto consigue. Mi hijo y yo no hemos tenido otra oportunidad de hacer un viaje semejante. Ahora me alegro de haber dejado en él un bello recuerdo. Por supuesto, al igual que a todos, la seducción de la palabra "campeón" me atrae, pero nunca al grado de evitar que mi hijo disfrute la vida; sobre todas las cosas deseo que sea feliz.

> La clave de la felicidad se encuentra en aprender a amarse a uno mismo.

Relájate, disfruta la vida y enseña a tus hijos a disfrutarla

Hace falta comprender que el mundo de los niños no es igual al de los adultos. El niño está disfrutando la vida, aprendiendo y conociendo cada faceta. Para él no es tan importante el triunfo como lo es para sus padres, solo está explorando y no debe ser maltratado por ello. Sin embargo, en nuestro afán de ser los mejores, confundimos los principios y exigimos lo contrario a lo que les beneficia.

Durante una charla con varios padres de familia tocábamos este punto y una señora interrumpió para preguntar qué debería hacer cuando sus hijos ya no quisieran participar en alguna actividad. Ella decía:

> "Estoy preocupada porque Lalito ya no quiere ir al tenis. No sé por qué me hace eso. Apenas le compré unos zapatos especiales y la raqueta más cara y ahora me dice que ya no quiere ir. ¿Por qué me hace eso? Si sabe todo lo que me ha costado, lo he apoyado para que gane y ahora me sale con que quiere tocar el piano." La señora fue escuchada por los padres que estaban ahí y varios mostraron su desacuerdo con la actitud del niño.

Si analizamos las palabras de la madre, sabremos que Lalito no "le" está haciendo, porque no es responsable de las expectativas que tiene su madre respecto a él, ni de que ella haya soñado verlo convertido en Rafael Nadal, Roger Federer o alguien parecido. La vida es para disfrutarse, el que salgas a dar un paseo no significa que debas caminar un maratón. Es igual con los niños. Pero los padres, cuando los llevamos a alguna actividad, tenemos muchas ambiciones revoloteando en la cabeza y les exigimos ganar.

MEDITACIÓN

¿Cuál es tu comida favorita? ¿Te gusta el cine? ¿Cuál música te gusta escuchar? ¿Cómo lo sabes? ¿Cómo sabes si prefieres el pescado al pollo o viceversa? ¿Por qué prefieres las películas románticas a las de acción o terror? Lo sabes porque has vivido cada experiencia por ti mismo. Conoces tus gustos porque te has permitido vivirlos.

> El más grande poder de cualquier ser humano inicia cuando aprende a ser responsable de sí mismo y a tomar sus propias decisiones.

Sin embargo, los padres martirizamos a nuestros hijos con cada actividad que emprenden y nos molestamos mucho si los hemos llevado al fútbol durante seis meses y ahora quieren ir a karate. Alegamos que no toman las actividades en serio, que no se dejan disciplinar, cuando en realidad, queremos campeones ¿acaso no los llamamos así? Queremos que triunfen y pavonearnos de orgullo, porque en cada hija gimnasta nos vemos padres de Nadia Comaneci y en cada equipo de fútbol somos padres de Maradona. No respetamos sus sueños, a veces ni siquiera les permitimos tenerlos. Les imponemos los nuestros aun a costa de su dolor.

✓ Acciones de amor

- ¿Quieres que tus hijos triunfen en la vida? Ayúdalos a conocer sus gustos.
- Hay una gran diferencia entre sentirse orgulloso y sentirse feliz por los logros de un hijo.
- No pretendas sentirte orgulloso de tu hijo, eso es vanidad y debilita tus principios. Comprende que lo importante es estar feliz porque tu hijo hace lo que le gusta mientras se va conociendo.
- Mantén claras tus prioridades. Mientras quieras sentirte orgulloso de lo que hace tu hijo, no lo amarás por quien es, sino por lo que puede lograr.
- Aprende a respetar a tu hijo aunque sea distinto a lo que deseabas. Tu hijo puede ser un verdadero campeón en la vida, si contó con tu apoyo para explorarla.
- Recuerda, lo de menos es el deporte que juegue, o la carrera que estudie, lo que importa es que sea feliz con sus decisiones.
- Un orgullo bien entendido es el que sentimos porque nuestro hijo crezca sano y feliz. Cuando lo veas realizado gracias a tu dedicación, sentirás mucho orgullo, pero de ti.
- Si vas a estar orgulloso, hazlo por los principios que manifiesta tu hijo: por su integridad, su conducta honesta y su esfuerzo para ser mejor.
- Y si alguna vez gana una medalla o saca un premio, disfruta con él la alegría de su logro. Pero no te vanaglories como si sus triunfos fueran lo único que te importa de él.

¿Cómo sabrá tu hijo qué es lo que le gusta, si no permites que explore? ¿Por qué crees que hay jóvenes que no saben qué estudiar? Se debe a que sus padres no los han orientado, ni les han permitido conocer las facetas que la vida ofrece. Al exigir ganadores, impiden que el niño se conozca a sí mismo y descubra lo que le gusta. ¿Cómo va a saber tu hijo qué prefiere si cuando te habló de sus preferencias te molestaste porque esos no eran tus planes? Tú querías un campeón; tu hijo, disfrutar la vida. Existen cientos de jóvenes con aspiraciones diferentes a los deseos de sus padres, pero tienen que reprimirlas por temor a hacerlos enfadar. ¡Cuántos de nosotros frustramos nuestros deseos por la incomprensión de nuestros padres.!

> El niño tenía todos los juguetes que su padre quería.
>
> Robert C. Whitten

MEDITACIÓN

¿De qué manera puede crecer mejor un hijo si no es siguiendo sus propios sueños?... pero cuando los padres impedimos soñar ¿estamos sembrando dolor en la humanidad?

✓ Acciones de amor

- Tu hijo necesita tu amor, no tu ayuda. No conoces su potencial, así que no hay manera de obligarlo a realizarlo. No lo presiones, ni siquiera porque creas que le estás ayudando. Cuando lo haces en realidad intervienes y le impides conocerse a sí mismo. Además, lo haces dependiente de ti. No hagas de tu ayuda una limitación.
- No le impongas tu criterio, mejor pregúntale qué desea, qué disfruta hacer. Que vea que tomas en cuenta su felicidad y respetas su opinión en cuanto a él concierne.
- Ámalo y déjalo explorar, sé valiente. No temas, apóyalo. Los padres confundimos disciplinar con presionar. Creemos que al obligarlos a destacar los disciplinamos cuando en realidad imponemos límites que no necesita.

- El niño necesita conocerse a través de las actividades que emprende, crear conciencia de sí. Déjalo que explore. Esto le dará felicidad.
- Si comprendes que todos los seres humanos nos transformamos gradualmente, te sorprenderás disfrutando los cambios de tu hijo.
- Conforme lo observes aprender, crecer y transformarse, te sentirás feliz de que explore y conozca, dejarás de creer que solo tú sabes lo que es mejor para él. Confiarás en que él está bien consigo mismo, porque tú se lo habrás enseñado.
- Concentrarse en una sola actividad produce soledad y cansancio. Esto despojará a tu hijo de sus deseos de aprender.
- Cuando quieras controlar a tu hijo, recuerda: la libertad es el elemento principal del amor. Si no hay libertad, entonces no es amor.

> Los que creen que el dinero lo hace todo, suelen hacer cualquier cosa por dinero.
>
> Voltaire

❖ Trampa número 6: Reemplazo del amor

Los padres trabajamos muchas horas para cubrir las necesidades de nuestros hijos, queremos darles lo mejor aunque esté más allá de nuestras posibilidades. Muchos padres compran a plazos y van pagando como pueden aquel juguete que el hijo pidió en la Navidad pasada, aunque se salga del presupuesto con el que contaban. Otros, tratan de hacerlo feliz y sacrifican incluso compras urgentes para que al pequeño no le falte el obsequio anhelado. Cada peso ahorrado es para hacer feliz a nuestro hijo, pero al cabo de los días, si este rompe por descuido el juguete carísimo, antes de que sufra por él, corremos a sustituir el regalo. En afán de evitarle dolor lo que hacemos es mandar mensajes inadecuados pues se convence de que las cosas son reemplazables y fáciles de obtener; con ello, impedimos que aprenda a valorar.

Con el paso del tiempo, vemos que algo no supimos enseñarle porque nuestro chico con facilidad rompe, presta o pierde sus cosas. Compramos útiles escolares, juegos y lo que haga falta, pero cuanto más le decimos que los cuide, menos lo hace.

> —¿Papá, por qué no me compras el robot que quiero?
> —Porque no tengo dinero, hijo.
> —¿Y por qué no vamos al cajero para que saques más?

Vivimos en un mundo material, compramos artículos de marca y sofisticados aparatos tecnológicos. Los créditos están a la orden del día. Hace unas semanas le otorgaron a mi hija un préstamo que no solicitó en una conocida tienda a nivel nacional. Cuando lo quiso cancelar, al decir que era estudiante y sus padres no le permiten tener deudas, le ofrecieron un 15 por ciento de descuento en las compras que realizara durante un mes. Sorprendente. El mundo actual con sus avances, nos acostumbra a la comodidad, pero puede volvernos consumistas y vanidosos.

Los padres, en el afán de evitar que nuestros hijos sufran, remplazamos cualquier cosa que haya destruido o perdido. Si muere su mascota, le damos otra antes de que tenga oportunidad de sufrir su pérdida. Le decimos que no sufra por romper con su novia, ya que es joven y puede tener muchas novias más. Saber que la vida es dura nos mueve a evitarle un sufrimiento que consideramos inútil, y también anhelamos su agradecimiento. Por desgracia, con esta actitud enviamos el mensaje equivocado. No somos conscientes de que, para que nuestro hijo nos agradezca tener una mascota, antes se necesita que la desee. Para que sienta nuestro cariño a través del obsequio del nuevo videojuego, antes tendrá que quererlo. Si no le das la oportunidad de que desee algo, no lo valorará.

> ¿De qué sirve brindar a los hijos todos los caprichos, si no les brindamos una verdadera familia?
>
> S. Bif

Un día recibí a unos agobiados padres, Benito y Queta. Su problema consistía en que Katy, su hija de 14 años, mostraba una conducta rebelde y desafiante. Los profesores señalaban que no se presentaba a clases por estar con un joven que había reprobado dos veces tercero de secundaria y citaron a la madre, pero Queta no acudió por su trabajo. Benito fue y encontró a Katy fuera de la escuela "besuqueándose" con el novio. Al verlo la joven le gritó que él no era su padre y que no se metiera. El señor dijo que le afligía la conducta de la niña. Los maestros fueron tajantes, de continuar así sería expulsada.

Cuando Benito enteró a Queta de la situación, le pidió que llamara la atención de la muchacha, pero la madre, presa de la culpa y buscando la aprobación de su hija, le exigió desentenderse de ella. Esto provocó dolor y resentimiento en el padrastro, pues siempre había visto a Katy como a una hija. Pero la madre dijo que quería darle gusto a su hija, así comprendería cuánto la amaba y cambiaría de actitud. Sobra decir que la joven no obedece a la madre; por el contrario, le exige que la deje vivir en paz. Queta dice sentirse confundida pues se ha esforzado mucho por darle ***todo*** a su hija, refiriéndose a cosas materiales, y por eso le había negado su compañía. Katy siempre ha estado en guarderías y escuelas de medio internado, ya que su madre trabaja la mayor parte del día. Si a su hija le había dado "todo" ¿qué ocurría, por qué esa conducta? La madre no quería comprender que a su hija le hacían falta muchas cosas (como una madre que le ofreciera amor y compañía). Queta llora al hablar; sin embargo, se niega a escuchar que Katy necesita su amor, se justifica asegurando que le ha dado "todo" y no entiende el porqué de su desagradecimiento.

MEDITACIÓN

Cuando pasas tanto tiempo trabajando fuera de casa para dar todo a tus hijos ¿lo haces por ellos o por ti?

> El hombre puede poner en los negocios todo su espíritu, pero si quiere ser dichoso es preciso que todo su corazón esté en su hogar.
>
> Samuel Smiles

No compres a tus hijos

Queta no ve las razones por las que Katy, a pesar de las frecuentes faltas a la escuela y de las materias que reprobó, parece decidida a seguir con su novio. Está resentida con su padrastro, Benito quien, aunque afirma que la ama, renunció a su lugar como padre para evitarse problemas. Cuando Katy le exigió no meterse en su vida, en vez de decirle que la amaba y estaría cerca de ella, le gustara o no, abandonó su función parental y se declaró derrotado ante su actitud y la petición de la esposa, quien lo excluyó como padre de su hija.

Queta niega que chantajee y compre a su hija, pero Katy afirma estar cansada de escucharla utilizar el trabajo como excusa. La señora, en un intento de "respetar" las decisiones de la hija, no es capaz de ponerle límites. ¿Quién le demuestra amor a Katy? Su novio. ¿Es necesario resaltar su inmensa falta de amor? Katy dice que siente como si su madre intentara comprarla cuando le recrimina su esfuerzo para que *nada le falte,* pero le niega su amor de madre.

✓ Acciones de amor

- Si quieres enseñar a tu hijo a valorar, empieza por ti. Darle su justo valor a los objetos, demuestra que no son más importantes que los seres humanos.
- Un niño pequeño no entiende el concepto de "caro", ni tampoco por qué te enojas si rompe el viejo jarrón heredado por la abuela. Él solo percibe que esa es tu prioridad. (En caso de que hubiera en tu casa algún objeto que quisieras conservar sano y salvo, guárdalo en un lugar seguro hasta que tus hijos hayan crecido.)
- Aprende para enseñar: hay muchas cosas que son únicas y merecen todo nuestro cuidado. A Fido, su mascota por 13 años, no lo va a sustituir Blaky, un cachorro alegre y despreocupado. Al querer evitarle el dolor de perder a su amigo de toda la vida, lo enseñamos a no respetar sus propios sentimientos. Creerá que hay emociones que es malo sentir y deben evitarse. Como resultado, el niño no aprende a valorar las cosas, solo a evadir lo que siente.
- Cuando sustituimos un objeto con otro, enseñamos que las cosas son reemplazables. No eduques así a tus hijos. Tampoco vivamos así nosotros, seamos firmes aunque estemos bombardeados con información acerca de la facilidad

con la que podemos sustituir objetos, una pareja, un amigo, una mascota y hasta un sentimiento por otro.

- Una situación que genera que los niños no valoren los objetos es que nosotros tampoco lo hagamos, incluso los que son valorados por ellos. Les decimos que la muñeca, para nosotros vieja y rota, que le regaló la abuela debe ser tirada a la basura y cambiada por la nueva y moderna que le hemos comprado. Si le exiges desprenderse de las cosas por viejas, feas y baratas, aun sin comprender el valor sentimental que tu hijo les haya podido dar, le enseñarás que los sentimientos no importan.
- Esto no significa que no puedas desprenderte de determinados objetos que han perdido su función, sino que cuides el modo como lo haces, respetando los sentimientos de tu hijo. No le digas que el oso Juan está roto y con el aserrín de fuera, y que si se anima a tirarlo a la basura tú le comprarás uno nuevo y más bonito, ¡cuidado con eso! Mejor enséñale cómo los objetos van perdiendo su utilidad y deja que por sí mismo se desprenda poco a poco de sus juguetes favoritos.
- Hagan una o dos veces al año una limpieza general, donde tú y tu familia saquen las cosas que ya no van a utilizar. Pueden donarlas a alguien que las necesite. Esto le ayudará a no darle demasiado valor a las cosas materiales.
- Equilibra tus compras para que evites saturarlo, no permitas que tenga más juguetes que aquellos con los que se va a entretener según su edad. Si tiene demasiados, no valorará ninguno.
- No le obligues a utilizar ropa que no le agrada, solo porque tiene que aprender a valorar las cosas. Lo único que aprenderá es que te gusta hacer tu voluntad sin respetar sus sentimientos y no entenderá por qué es más importante para ti la prenda aquella que lo que él siente al usarla. Solo causarás en él resentimiento y que valore menos las cosas.
- No des a tu hijo todo lo que te pida. Enséñale que en la vida no se puede tener todo, cuídate y reprime tus ansias de comprarle cuanto objeto esté de moda. Cuando le das la oportunidad de desear algo, y de ganárselo, lo valora mucho más. Recuerda que apreciar las cosas es una actitud sana que solo puedes enseñar si emana de ti.
- No reemplaces con obsequios tu compañía.

> Enseña a tus hijos que de forma natural, los adultos tienen problemas.

❖ Trampa número 7: Dolor y sufrimiento

Un error que cometemos es querer evitar que los niños sufran con nuestros problemas. En ocasiones estos pueden ser grandes y rebasarnos, pero callamos porque creemos que de esta manera dañaremos menos a nuestros hijos. Eso no es verdad.

> Hace algún tiempo una afligida viuda me comentó que poco después de la muerte de su esposo, su hijo Luis Manuel, alumno de sexto grado, empezó a mostrar un comportamiento hostil y reservado. Estaba preocupada por el niño, quien solía ser alegre, con excelentes calificaciones y gran cantidad de amigos. Ahora era taciturno, callado, había abandonado sus actividades favoritas y esquivaba a su mamá como si no quisiera tener contacto con ella. La señora nunca había llorado con su hijo o frente a él, la muerte del esposo. Se había guardado para sí su dolor, en un penoso afán de mostrarse fuerte frente al niño, y evitarle sufrimientos. Lo que ella no percibía era que lo único que consiguió con esta situación fue perjudicar la relación con su hijo. Luis Manuel evitaba llorar también y se sentía molesto por el poco amor que mostraba su madre hacia el padre fallecido, pues no expresaba sus sentimientos ni su dolor llorando. Por miedo a hacerle daño, ella tampoco permitía al hijo expresar el dolor que sentía y ambos vivían reprimiéndose. Meses después de engañarse mutuamente la relación se había deteriorado. Por fin, cuando la señora mostró su dolor frente al niño y pudo hablar con él de sus sentimientos, el chico se sintió conmovido, aliviado y comprendido, y la madre volvió a ser el eje principal de su confianza.

No temas al sufrimiento de tus hijos

Todos los días muchos padres y madres cometen excesos con tal de proteger a sus hijos del sufrimiento. Los niños permanecen en colegios carísimos, fuera de presupuesto, con tal de ahorrarles el despedirse de sus amiguitos. Existe remordimiento en la madre que se compra un par de merecidos zapatos y no adquiere algo para sus niños. Estos exigen los juguetes más caros, usan ropa de moda y viven en un mundo irreal, con el deseo natural de los padres de darles el máximo de felicidad posible. Con esta actitud lo único que logramos es hacerlos creer que merecen todo, aun a costa del sacrificio que ello represente.

Deseosos de evitar *traumar* a nuestros hijos, llegamos a lastimarlos más. Los padres desean convertir a sus hijos en personas autosuficientes y con gran capacidad de respuesta. Anhelan un gran futuro para ellos, pero temen al presente y viven impidiéndoles comprender que la vida conlleva alegrías y tristezas como parte de la realidad. Hay padres de familia que deciden impedir que su hijo sufra y le dan cualquier cosa que pida, escondiendo la situación económica real de la familia. Realizan proezas para brindarles una vida fabulosa, a un precio demasiado alto. Las compras a crédito de los artículos de moda entre niños y jóvenes van en aumento. Los padres no se limitan a comprar los zapatos deportivos adecuados a su presupuesto, tienen que ser de determinadas marcas y si no los compran, se corre el riesgo de *traumar* a los hijos. Sintiéndose culpables por no saber decir "no", se justifican quejándose de que "son los niños quienes exigen zapatos de marca". El padre hará cualquier sacrificio para pagar el capricho del niño, aunque se esté engañando a sí mismo. Es cierto que los niños pueden pedir algo de marca, pero es nuestra vanidad de padres la que se afana en dárselos. Si los enseñamos a que no hay presupuesto para eso que piden, los niños comprenderán y apoyarán a unos padres que los aman y se preocupan por su bienestar. Aquí convendría preguntarnos por qué los educamos para tener la autoridad de exigirnos objetos de marca o nada. Nuevamente, somos nosotros quienes les permitimos tal conducta y ellos quienes pagarán las consecuencias de nuestra vanidad e insensatez.

Otra forma inútil de pretender evitar dolor a un hijo sucede cuando alguien de la familia enferma de gravedad o muere. Los días pasan y el niño presiente que algo ocurre que cambia la dinámica familiar. Cuando lo descubre siente decepción y enojo por no haber sido informado al respecto. Los padres temían infligirle un dolor innecesario y ahora este es doble. El niño siente que no es importante para su familia y será difícil sacarlo de su error.

Los problemas familiares no deben ocultarse. Por el contrario, lo ideal es tratarlos con madurez y tranquilidad, teniendo claro que todos conoceremos el dolor en algún momento de la vida. No es la situación en sí la que marcará a tu hijo, sino el cómo la enfrentes.

Por ejemplo, es mejor que comprenda que estás triste porque su abuelita está enferma, a que desquites tu impotencia con él. Tal vez pueda excusar tu falta de paciencia por la preocupación ante la enfermedad de tu madre, pero si ignora cómo te sientes creerá que abusas, que agredes. Cuando queremos ocultarles a nuestros hijos los problemas pensando que les hacemos un bien, en realidad nos volvemos aún más exigentes con ellos. Los rechazamos, los apartamos de nuestro lado, nos volvemos irascibles y les pedimos que "no molesten". No parecemos comprender que, en vez de hacerles un bien, nuestra conducta acaba haciéndoles más daño.

No se trata de hablar abiertamente con ellos, tampoco de exponerles las cosas desde la gravedad de nuestra perspectiva. Pero sí, de hacerles saber que "estamos preocupados porque la salud de tu abuelita no ha estado bien estos días", "vamos a tener que limitar un poco nuestros gastos", "papá y mamá han tenido problemas de comunicación y están trabajando para superarlos, pero no es por algo que tú, mi hijo, hayas hecho", incluso "parece que hay algo que afecta la salud de tu hermanito, pero los médicos lo están ayudando para que mejore". En estas situaciones, los niños observan tus actitudes y respuestas y aprenden de ti. Por eso, este momento es importante y necesario para ellos, pues les enseñarás fortaleza y capacidad para enfrentar los problemas normales que implica el vivir.

✓ Acciones de amor

- Para evitar temer al sufrimiento, acepta que existe como parte implícita de la vida.
- No hay algo malo en los momentos difíciles, sufres porque deseas no sufrir, pero es inevitable.
- Acepta que la vida tiene todo tipo de momentos.
- No te quejes, cuando lo haces generas sufrimiento y te apegas a él.

- No tengas actitudes hostiles hacia los problemas de tu hijo. Si tiene problemas, enfrenta la realidad con madurez.
- No evites el sufrimiento ni lo frenes, déjalo fluir.
- Aceptar que existe sufrimiento te hará más fuerte.
- No le asignes más valor a los objetos que a las personas. Los principios, la buena comunicación y el amor son los ingredientes que nunca deben faltar en tu hogar. No permitas que el alto valor de un objeto te arranque esto.
- Si tu hijo rompe, pierde o destruye sus cosas con mayor frecuencia de lo que consideras normal, quizá te esté mostrando un problema; acude con un especialista.
- Recuerda: la felicidad no es algo que puedas comprar, ni otorgar con objetos. Un objeto puede causar una alegría momentánea. En cambio, la felicidad llega cuando das tiempo de calidad a tus hijos.

El deseo de dar felicidad se lleva a extremos innecesarios, cuando sería mejor tomar medidas más efectivas y basadas en la realidad. Por ejemplo, hay padres que fingen que su matrimonio va de maravilla y cuando al cabo del tiempo no pueden evitar el divorcio, el asunto toma a los niños por sorpresa, pues no imaginaban nada al respecto, con el sufrimiento consecuente. Cada día son más los padres que no corrigen a sus hijos cuando estos realizan alguna travesura con el pretexto de que son niños y no saben lo que hacen. Cuando estos niños crecen y se envuelven en actividades poco adecuadas, los padres, en vez de alertarlos del peligro, evitan regañarlos porque "son jóvenes y todos los jóvenes son iguales". Incluso resuelven los problemas en que pudieran haberse metido, para evitar que sufran pagando las consecuencias. Los ejemplos son abundantes, valdría la pena considerar si deja un aprendizaje el evitar que los hijos sufran.

✓ Acciones de amor

- Un regalo que puedes hacerle a tu hijo es enseñarle a solucionar problemas cotidianos, de este modo podrá cuidar de sí mismo dondequiera que se encuentre.

Cierta ocasión, siendo una niña, mi madre había salido de casa y mis hermanitas y yo teníamos hambre así que decidimos prepararnos algo de cenar. Recuerdo que pusimos agua a calentar y le agregamos sendas cucharadas de consomé. Después de dejarlo hervir por unos minutos obtuvimos un "rico caldo de pollo". No puedo evitar sentir ternura al recordar lo emocionadas que estábamos por lo bien que nos había quedado, nos sentíamos orgullosas de "saber cocinar".

> Educar a los hijos es, en esencia, enseñarles a valerse sin nosotros.
>
> Mario Sarmiento V.

Esta experiencia me dejó un gran aprendizaje. Yo quería que mis hijos aprendieran a ser autosuficientes en su hogar, pues en ese lugar estarán gran parte de su vida, por eso desde que eran pequeños puse manos a la obra. Un día, después de disfrutar una deliciosa comida, les pregunté cuál era su platillo favorito. Recuerdo haberles dicho "Quiero que me digan qué es lo que más les gusta comer porque voy a enseñarles a prepararlo; así, si algún día no estoy en casa ustedes podrán cocinar". Pronto los tres aprendieron a guisar desde un huevo hasta platillos más complicados.

Años después, en la preparatoria donde estudiaba Alberto, organizaron una salida de dos días y una noche a una casa en la sierra cercana. Los chicos estaban emocionados con la excursión. Todo iba bien, hasta que trataron el asunto de la comida. En ese entonces, la mayoría de los compañeros de mi hijo tenía una buena situación económica, habían sido proveídos de cuanto necesitaban y conocían poco de las artes de la cocina. Entre ellos comentaban: "Hay que llevar sartenes para preparar huevos con jamón, ¿alguien sabe cómo se hacen? También hay que cocinar carne asada, ¿quién sabe prender la lumbre del asador? Es muy difícil, mejor nos llevamos sopas de vaso, para echarles agua hirviendo, ¿alguien sabe poner el agua a hervir? ¿Y si nada más nos llevamos cereal y papas fritas?" Alberto les dijo que sabía cocinar y durante el viaje, los sorprendió preparando diferentes platillos, no solo carne asada o huevos con jamón, dirigió las labores y ellos aprendieron a prender fuego, guisar huevos, papas, carne, hacer quesadillas y café. Después, todos cooperaron en la limpieza de la cocina y se divirtieron mucho. Cuando esos jóvenes venían a casa solían comentarme lo sorprendidos que estaban de lo buen cocinero que era (y sigue siendo) Alberto. Entonces mi hijo tenía 16 años y esa vivencia, aunada a saberse poseedor de tal conocimiento, aumentó de manera considerable su confianza en sí mismo.

Pronto, haber aprendido a cocinar le permitió vivir una experiencia muy especial en la cual pasó de niño a hombre. En ese tiempo, tuvo la fortuna de hacerse de un grupo de amigos entrañables, amistad cuyos padres veíamos con alegría. Todos eran excelentes muchachos, sanos y con firmes propósitos en la vida; en la actualidad la mayoría de ellos tiene ya la licenciatura concluida. Cuando Alberto terminó la preparatoria estudió un curso de un semestre para entrar a ingeniería y su horario era de dos a cinco de la tarde. Uno de sus grandes amigos, Roberto, salía de la escuela a las 10 de la mañana y visitaba a mi hijo, quien lo esperaba y cocinaba para los dos. Luego jugaban fútbol mientras llegaba la hora de que Alberto se marchara a la escuela. Los fines de semana todos se reunían para jugar fútbol y convivir un rato. Así pasaron varios meses de la vida de mi hijo, cocinando todos los días el desayuno para Roberto, su amigo querido.

Un día de diciembre, mientras jugaban, Roberto se cayó y sufrió una fractura en su pierna izquierda. Debido a esto, los deportes tuvieron que suspenderse, aunque continuaban viéndose casi todos los días.

Al llegar febrero, le quitaron el yeso y volvió a jugar fútbol con sus amigos, sufriendo otra caída y con ello, otra fractura en la misma pierna. Esta situación no mejoró y en menos de un mes le fue diagnosticado cáncer de huesos, a los 18 años de edad, con metástasis en los pulmones. El cáncer empezó a consumir al chico, pero Alberto continuó visitándolo, al igual que sus amigos, hasta que Roberto les pidió dejar de hacerlo debido al cansancio que le provocaban sus visitas. Aun así, no se retiraron hasta que este hermoso jovencito falleció en octubre, sin nada que pudiera evitarlo. Esta situación devastó a mi hijo, que lo amaba profundamente; sin embargo, quedan en él esos meses en que tuvieron oportunidad de convivir y el haberle dado lo mejor de su atención y cariño.

Mi hijo me dio una lección de amor entre amigos. Recuerdo que, cuando nos enteramos de la gravedad de la enfermedad de Roberto, intenté explicarle que la situación se veía difícil y que debía estar preparado para cualquier cosa que pudiera acontecer. Pero mi hijo siempre me contestaba "mamá, ahora mi amigo está conmigo y eso es lo único que importa. Quiero disfrutarlo cada momento". No tengo palabras para mencionar el impacto tan fuerte que me hizo escucharlo hablar de esta forma; a pesar de estar desesperado por la situación, disfrutaba cada segundo junto a su amigo.

MEDITACIÓN

Vivir momentos de adversidad o de dificultad es mejor de lo que parece. Disraelí decía que no hay mejor educación que la adversidad y así es. El ser humano aprende cuando conoce el dolor o sufrimiento.

Nadie sabe cuánto durará su vida. Qué terrible es que alguien muera demasiado joven. Pareciera que lo arrancaron de este mundo cuando aún comenzaba a vivir, sin tener tiempo de lograr sus sueños, de gozar la vida.

El dolor ajeno genera compasión en el niño. Pongo como ejemplo al niño que es amigo del compañerito que nunca lleva "lonche" a la escuela porque su mamá no tiene dinero para ello. El niño que sí lleva se vuelve compasivo y comparte con su amigo sus cosas, incluyendo comida y dinero. Pero algunos padres desaprueban esta actitud y la critican deseando que el niño tenga amigos "que le convengan más" (hasta en eso somos controladores). Entonces, censuran a su hijo y evitan su amistad con el compañero desafortunado, temen que pueda abrirle los ojos a la vida. Sin embargo, este nuevo amigo le mostrará lo que es carecer de muchas cosas que tal vez nuestro hijo no ha valorado. Cuando vuelva a casa comprenderá lo afortunado que es, valorará cuanto poseen él y su familia. Podrá hacer preguntas, quizá quiera saber por qué algunos tienen más que otros, su aprendizaje será grande y su corazón, más compasivo.

No engañes a tus hijos

Un hijo necesita sentir que es parte de su familia. El dolor que causa saber que se enfrentan problemas graves y no le fueron comunicados crea un fuerte impacto en él. Considera que no se le toma en cuenta, porque no es importante su opinión o presencia. Un joven quiere sentir que es tan primordial como los demás. Pero los adultos no consideramos los sentimientos de nuestros hijos y queremos mantenerlos alejados de la realidad.

Fredy, de 11 años, acudió a terapia por problemas de conducta y aprendizaje. Alfredo, su padre, lo llevó el primer día, y dijo que su madre siempre estaba ocupada con las labores del hogar, por eso sería difícil que acudiera al consultorio. Fue amable y se comprometió a ser constante con la terapia. Como no contestó algunas preguntas, dijo que la siguiente semana acudiría Elisa, su esposa, a hablar conmigo. El día que ella se presentó me contó de la grave violencia psicológica y física que vivía junto a Alfredo. Llorando, dijo que tenía que hacer un gran esfuerzo para evitar que sus dos hijos se percataran de la situación. Me enseñó las marcas que le dejó su esposo en el cuello cuando trató de ahorcarla con los cordones de las cortinas. Apretó con tanta fuerza que dejó su cuello amoratado; sin embargo, en ese momento había entrado Fredy al cuarto y ambos fingieron hablar de otras cosas. Elisa se sentía orgullosa de su comportamiento frente a sus hijos. Decía que se esforzaba mucho con tal de que nunca se enteraran de lo que en realidad ocurría en casa. Nunca volví a ver a Fredy. Tiempo después salieron en las noticias: el señor lanzó a su esposa de un puente, causándole la muerte frente a sus hijos. Dos semanas más tarde Freddy se suicidó.

MEDITACIÓN

Nada más noble y sincero que el amor de nuestros hijos. Ellos creen en nosotros, nos defienden cuando alguien nos ataca y sufren si nos ven sufrir. De forma errónea los adultos creemos que los niños son más débiles de lo que son y consideramos que la realidad puede dañarlos; ¡como si no se enteraran de situaciones terribles a través de sus amigos o los medios electrónicos! En estos tiempos, los niños han escuchado que la vida tiene un lado amargo. No están encerrados en una burbuja, tienen amplio acceso a la información; además, con sus amigos de la escuela hablan de enfermedades, drogadicción, crímenes y muchas situaciones más, aunque no las conozcan de manera particular. No ignoran que sufrimos, somos ilusos si pretendemos ocultarlo, pues han aprendido a distinguir nuestras emociones.

✓ Acciones de amor

- Plantéate cómo enseñar a tu hijo a afrontar todo lo que tendrá que enfrentar más tarde que temprano; es mejor que mantenerlo engañado.
- No le hagas creer en una riqueza inexistente, no le mientas respecto a una enfermedad o una falsa tranquilidad porque, cuando descubra la realidad, perderás su confianza, habrás herido sus sentimientos, le harás creer que no cuentas con su apoyo.
- No dudes en consultar a un especialista si tienes fuertes dudas acerca de la situación en que vives.
- Analiza las razones por las que eliges vivir en una situación que pone en riesgo a tu familia. Plantéate la posibilidad de cambiar y vivir con honestidad antes que preferir dañarlos.
- Pierde tus miedos respecto a cómo dañará a los niños la realidad. Permíteles ser parte de tu vida y conocer un poco más allá, pero de tu mano, guiados por tu sentido común. Pronto entenderán el valor de una comida, un abrazo y una buena salud.
- Lo importante es hacer lo mejor para tu familia, actuar con la seguridad de prepararlos para vivir a plenitud y con los pies plantados en la realidad.
- El dolor es parte de la vida humana. Más allá, solo sufre quien está con vida. Eso siempre, bajo cualquier circunstancia, hay que agradecerlo. No temas al dolor, enseña a tus hijos a reconocerlo y aprender a través de él.

> No les evitéis a vuestros hijos las dificultades de la vida, enseñadles más bien a superarlas.
>
> Louis Pasteur

No les evites tomar decisiones

No decidas por tus hijos ni les resuelvas sus problemas. Cuando los padres evitan que sus hijos sean responsables, causan dolor y provocan confusiones. Un hijo necesita que sus padres le enseñen a tomar buenas decisiones, también que le permitan hacerse responsable del resultado de las mismas; este aprendizaje es fundamental para ser feliz.

Conversando con unas amigas, una de ellas, Liliana, nos contó que su hija Paola, bailarina del grupo de danza folklórica de la ciudad, quería acudir ese día a una fiesta. El problema era que la maestra del grupo no les permitía faltar a los ensayos, menos aún para acudir a fiestas. La joven había faltado el día anterior y pensaba también faltar al día siguiente, pues era febrero y se celebraba el día del amor y la amistad con fiestas. Mi amiga nos pedía ayudarla a inventar un pretexto que fuera creíble para que su hija se lo diera a la maestra y evitar su enojo. Escuché las excusas que inventaban y a Liliana descartarlas por no considerarlas creíbles. Conversamos durante un rato, al final mi amiga eligió una excusa y habló con Paola para explicarle lo que tenía que decir. Liliana se negaba a comprender que no debía involucrarse en esta situación y, por el contrario, juzgaba a la maestra como estricta y abusiva.

Horas más tarde Liliana llamó para comentarme lo molesta que estaba debido a que la maestra había condicionado a su hija. Mi amiga la llamó desconsiderada, exigente y poco comprensiva con la vida de las alumnas. Le pregunté la razón por la que su hija bailaba, a lo que dijo que le gustaba mucho y tenía deseos de destacar en ello. Le pregunté por qué no permitía a Paola asumir su responsabilidad y prefería resolverle la vida en vez de motivarla a que decidiera por sí misma lo que deseaba hacer. La joven sabía que no estaba permitido faltar a los ensayos, aunque lo había hecho tres veces en la misma semana, con la anuencia de la madre. Si todas las compañeras procedían igual, me imagino lo difícil que serán los ensayos, pues no faltará alguna que tenga compromisos más importantes que mantener la disciplina dentro del grupo. Tal vez la maestra se vea obligada a tomar medidas severas para evitar las faltas. Vale la pena resaltar el papel de mi amiga, como madre. Al evitar que su hija asuma su responsabilidad y decida por sí misma le impide madurar.

> Podemos aspirar a dejar a nuestros hijos solamente dos legados duraderos: uno, raíces y el otro, alas.
>
> Modding Carter

¿Por qué en ocasiones los padres tomamos decisiones por nuestros hijos, evitándoles hacerse responsables y asumir las consecuencias de sus actos?

Distinto habría sido si Liliana le hubiera dicho a su hija que pensara ella misma lo que debía hacer y lo resolviera conforme a su responsabilidad y deseo de comprometerse con algo. Quizá Paola habría pensado mejor las cosas antes de faltar a los ensayos al comprender que cumplir con sus compromisos la hace más feliz que acudir a fiestas. Tal vez habría decidido acudir por su deseo de ser una buena bailarina. Sin embargo, al intervenir la madre y juzgar como demasiado estricta a la profesora, evitó el crecimiento de la niña y que se hiciera responsable. Le enseñó que como madre la respaldaba cuando deseara faltar a sus compromisos, haciéndose cómplice y causante de la pena cometida en perjuicio del grupo.

Pensemos por un momento ¿qué aprendió la niña? No aprendió responsabilidad, no meditó las consecuencias de sus actos y no asumió un compromiso formal hacia lo que desea hacer. Aprendió a no enfrentar a la gente que le exige dar lo mejor de sí misma, a encontrar excusas para salirse con la suya y a no tomar en serio los compromisos que asume, pues a su lado hay una madre que no le permite madurar y le enseña a no comprometerse con sus sueños. Tal vez esta madre lo hizo con la mejor intención de ayudarla, pero al justificar su deseo de faltar, la volvió irresponsable.

MEDITACIÓN

Cuando evitas que tus hijos se hagan responsables de sus compromisos, les niegas la posibilidad de adquirir la madurez que se adquiere mediante la reflexión y la responsabilidad. Con ello, la toma de decisiones se verá marginada a algún lugar remoto en un futuro lejano.

Por ello, al educar, siempre debemos pensar a largo plazo y entrever el alcance de nuestras acciones.

Tu hijo no es un cheque en blanco.

❖ Trampa número 8: Cheque en blanco

La competitividad actual lleva a los padres a angustiarse por el futuro de sus hijos. De hecho, en algunas ciudades, apenas una pareja descubre el embarazo, corre a apartar un lugar en el colegio donde estudiará su hijo. Los padres queremos que nuestros hijos sean exitosos, en ocasiones en demasía. Convendría preguntarse las razones para proceder como lo hacemos: ¿será amor de padre o vanidad?

¿Es por dar un mejor futuro a nuestros hijos, o por el deseo de sentir que hemos sido buenos padres a través del éxito que pudieran tener? Conforme el niño crece, toman fuerza nuestros deseos de concretar lo soñado. Anhelamos que destaque para que corrobore nuestros anhelos y expectativas, que triunfe para sentirnos orgullosos. Cualquier logro es bienvenido con tal de que tenga un futuro exitoso que nos alcance, porque hemos sido los mejores padres. Pero nuestro hijo no es un cheque en blanco y tiene derecho a vivir su vida como mejor le parezca, su vida le pertenece solo a él.

Qué tristeza me dan esos programas de televisión donde se inicia a las niñas pequeñas a concursar por su belleza. Vestidas, maquilladas y adornadas como muñequitas, son convertidas en objetos a través de los cuales sus padres quieren sobresalir. Por vanidad, pretenden llevar a sus hijas a la corona universal, aunque hagan trizas al ser humano que vive dentro de ese pequeño cuerpo emperifollado.

Y la niña ataviada como objeto vistoso ¿está adquiriendo una sana autoestima? Por supuesto que no. El padre ha visto en ella un cheque en blanco y está listo para cobrarlo, aunque haga pedazos la relación padre-hija y distorsione su visión de la realidad. Disfraza la situación como algo "divertido", cuando ¿qué tiene de divertido educar a un hijo bajo premisas tan irreales que solo lo harán sufrir?

MEDITACIÓN

Si nos analizamos con honestidad distinguiremos cuándo queremos realizarnos a través de nuestros hijos, forzándolos a ser como les imponemos y cuándo actuamos desinteresadamente a su favor. Nuestro hijo no es un cheque en blanco. Desde que nace tiene de-

recho a decidir, a no ser obligado a realizar actividades impuestas por nuestra vanidad e inconsciencia.

El cheque por cien mil afanes

Hijo: Si quieres amarme bien puedes hacerlo,
tu cariño es oro que nunca desdeño.

Mas quiero comprendas que nada me debes,
soy ahora el padre, tengo los deberes.

Nunca en las angustias por verte contento,
he trazado signos de tanto por ciento.

Ahora, pequeño, quisiera orientarte:
mi agente viajero llegará a cobrarte.

Será un niño tuyo: gota de tu sangre,
presentará un cheque de cien mil afanes...

Llegará a cobrarte y entonces, mi niño,
como un hombre honrado a tu propio
hijo deberás pagarle.

Rudyard Kipling

Cuando un padre ve en su hijo el signo de pesos (y con esto me refiero a las pretensiones de reconocimiento y triunfo), lo convierte en un ser inseguro, ansioso de ser amado por los logros que puede obtener y no por ser quien es. El niño comprende qué es lo que sus padres requieren para amarlo y busca complacerlos a costa de sí mismo. Como resultado encontramos un hijo que ignora la importancia de los principios y se vuelve un ser deseoso de complacer a través de los logros personales. Un hijo que deja la aprobación que debería provenir de sí mismo en manos de los demás aprende a sentirse amado por lo que hace y no por ser quien es. Entonces, busca relacionarse con alguien que lo valore por sus actos. Se convierte en una persona que puede dar bienes económicos, pero muy poco amor a su familia y cuando se le reclama su falta de interés, se defiende argumentando proveer de cuanto se necesita, sin comprender que se le necesita a él. Este adulto no sabe vivir con principios y pisotea con tal de lograr reconocimiento, ¿cuántas personas no conocemos así? Son aquellos que pareciera que venderían su alma en su afán de lograr sus propósitos. En su infancia se esconde el anhelo de complacer a sus padres, pero sin la enseñanza de los principios que dan felicidad.

Lo peor de esta situación es que los padres manipulan al hijo con su aprobación para que siga así. De este modo, surge la rivalidad entre hermanos, ya que el niño que no logra los anhelos de los padres es rechazado y comparado con el hermano que sí lo hace. No hay enseñanzas positivas, ni un aprendizaje sensato; el niño entiende que la única manera de ser amado y aprobado es a través del triunfo y va tras él aunque deje su tranquilidad emocional en el camino.

El padre se siente complacido y el niño, valorado, pero ¿es esta una forma sana y responsable de educar?

> El que no sabe gobernarse a sí, ¿cómo podrá gobernar a otros?
>
> Cervantes

Los padres provocan la rivalidad entre hermanos cuando demuestran amor y aprobación únicamente al que va mejor en la escuela o al que sobresale en música y deportes, mientras rechazan al que tiene dificultades. Se justifican pretextando que de este modo el niño se esforzará por salir adelante. Lo que no ven es que así dañan a ambos hijos, pues les muestran que "solo vales por lo que hagas y logres". Que se "te puede rechazar si eres feo, tonto, o das poco resultado ante la exigencia social". Es necesario comprender la influencia del padre para que el niño piense de esta manera. Al crecer será una persona infeliz, a quien la vida pareciera negarle el apoyo incondicional de su familia. Cómo lograrlo, si repite la fórmula enseñada por sus padres y exige a sus propios hijos adquirir bienes materiales mientras la vida emocional va quedando olvidada.

MEDITACIÓN

Un hijo no es un cheque en blanco, tampoco un objeto de exhibición. No viene al mundo para hacernos ricos, famosos o reconocidos

por la sociedad. Sin embargo, debido a la fuerte competitividad del mundo moderno, hay una necesidad alarmante de tener hijos que se vuelvan millonarios antes de lograr siquiera pensar en qué desean estudiar.

✓ Acciones de amor

- Respeta la vida de tu hijo. No se trata de negarle su vocación, porque hay niñas y niños talentosos cuyo deseo real es cantar, bailar o destacar en algún deporte. Apóyalo para que explore cuanta actividad quiera. Pero reprime ese ímpetu de transcender a través de él. Evita sentir cada vez que emprenda una nueva actividad que ese es el lugar donde descubrirán a tu hijo. Ten calma, déjalo vivir.
- Tampoco se vale cobrarle lo que has hecho por él, viéndolo como una inversión a largo plazo. Ni se te ocurra que, porque tú le compraste solo lo mejor, él deberá corresponderte. Comprende que cuanto haces por él, tus obsequios, tu ternura, el único fin que tienen es darle amor a tu hijo, enseñarlo a amar. Cuando llegue el día en que siga su rumbo, tu conciencia estará tranquila porque formaste una persona digna y no alguien a quien decepcionaste. Sin embargo, el hijo que aprende a recibir amor mantendrá comunicación constante con sus padres, no se olvidará de ellos, tratará de corresponderles.
- Haz a un lado el orgullo que sientes cuando miras que tu hijo ha destacado en algo, mantén los pies en la tierra y dirige sus pasos adecuadamente. Opta por sentirte feliz por su vida.
- No lo exhibas, aunque desees hacerlo. Procura que tus comentarios sean de alegría porque te sientes feliz de que disfrute lo que hace, que no piense que eres feliz con sus logros y desdichado si pierde.
- Piensa: si te enorgulleces de él cuando obtiene algún triunfo, ¿cómo se sentirá cuando no lo logre?
- Además, no siempre todos tus hijos obtienen triunfos ¿qué le transmites a aquel que no los logra?
- Tampoco permitas que la gente lo desubique, recuérdale que está aprendiendo lo que le gusta hacer, para que el día de mañana se convierta en una persona feliz con sus decisiones.

- Guíalo sin dejarte llevar por tus sueños o tu sed de triunfo, contén tus pensamientos y encamínalo a ser una persona feliz.
- Deja de lado esa necesidad de trascender a través de tus hijos. Enfócate en tu deseo de verlos felices. No destruyas su autoestima.
- Recuerda, no te sientas orgulloso de sus logros. Siéntete feliz de que disfrute la vida.

> La soberbia y el egoísmo, son los padres de la soledad.
>
> Francisco Rubio Bermejo

❖ Trampa número 9: Incongruencia

Nos quejamos de que nuestro hijo no aprende, pero recibe de regalo el videojuego más reciente en el mercado; si el vecino lo tiene ¿por qué nuestro hijo va a ser menos? Nos molesta el tiempo que pasa sentado embebido ante el televisor y lo regañamos, pero somos incapaces de sacar el aparato de casa (o al menos de su habitación) y sentarnos a leer con él; permitimos que pierda ociosamente el tiempo.

La falta de responsabilidad y atención tienen consecuencias, por más que queramos atribuirlas al entretenimiento electrónico.

No hemos considerado que para nuestro hijo, somos sus héroes. Cree en nosotros; si nos ve actuar con principios nos admira, desea imitarnos. Gran desilusión sufrirá cuando comprenda que nos rehusamos a superarnos, que preferimos repetir errores a tener dignidad. Hace falta fortaleza para dar un buen ejemplo.

> Josep es un niño de carácter explosivo, se exalta con facilidad y acusa a todos de hacerlo enojar. Lety, su madre, acudió al consultorio para tratar los enojos del niño, quien parecía no tener control, se exasperaba tanto que le costaba largo rato calmarse. Sus compañeros de la escuela se divertían al verlo sulfurado y por ello, lo ofendían más. La madre me contó que su esposo vivía en otra ciudad y se veían dos o tres veces al año, así que ella era responsable de

la educación de Josep. Pero Lety dijo que estaba enojada con su propia madre, quien, debido a problemas personales, abandonó a su esposo y abuelo de Josep y fue a vivir con otro hombre. Lety estaba furiosa por lo que había hecho su madre y desquitaba su enojo con su hijo. Cada día tenía menos paciencia con él y ante cualquier evento, lo regañaba y le pegaba. El niño no contestaba, pero ya sabemos cómo se comportaba en la escuela, donde reaccionaba con furia ante los juegos de otros niños.

> Pocos se atreven a intervenir en la educación de un padre, aunque no pasen inadvertidos la inconsciencia y el desamor con que educa.

En la rutina diaria externamos flaquezas y mostramos a nuestra familia lo menos imitable de nosotros. Olvidamos que nuestro hijo está aprendiendo a ser como nosotros, y que, como es imposible mantener algo que no es real, no comprende por qué decimos una cosa y hacemos otra. El padre incongruente es juzgado por el hijo. Sin embargo, es sencillo acusar a nuestros hijos de los propios errores.

MEDITACIÓN

1. En tus conversaciones, ¿te quejas de su conducta, para justificarte y evitar quedar mal ante los demás?
2. ¿Ignoras los sentimientos de tu hijo, te agrada que se sienta mal? ¿Pretendes educarlo haciéndolo sentir culpable?
3. ¿Con frecuencia afirmas que te esfuerzas en ser buen padre, pero tu hijo "no entiende"?
4. ¿Llegas incluso a pedirle a otros que "hablen con él" a ver si recapacita con sus palabras (por ejemplo, el padrino o la tía favorita)?

Como es obvio, una conducta aprendida durante años no se modificará porque *"el padrino"* hable con él; sin embargo, servirá de excusa para calmar tu conciencia, pues "trataste por todos los medios de hablarle, pero tu hijo se negó a entender". Quizá te falta reconocer que ese hijo reacciona así porque así lo has enseñado. Él aprendió de ti y reproduce lo que vive. Esa conducta desentendida se debe a la incongruencia que hay en su hogar.

El padre incongruente habla así:	
• Tú tienes la culpa de que yo me moleste. • Si no quieres que me enoje, hazme caso. • Sigue haciendo eso, ya sabes cómo te va a ir. • Andas buscando un castigo. • Vas a hacer que te pegue. • No me busques, porque me encuentras. • Por eso quiero más a tu hermano. • Eres un latoso, por eso no te quiero. • Prefiero a tu primo, él se porta bien. • Siempre me decepcionas. • Eres un fastidio.	• No te quiero, vete. • Mientras te portes así, yo no voy a quererte. • No te me acerques, estoy enojado contigo. • Cómo no voy a estar molesto, si no entiendes. • Me tienes harto. • Ya ves cómo siempre lo haces mal. • Yo no quiero ser malo contigo, pero tú me obligas. • Si fueras buen hijo, otra cosa sería. • No sabes hacer algo bien. • No quiero verte. • Contigo no se puede.

MEDITACIÓN

Hemos aprendido a tolerar las conductas negativas, empezando por las nuestras, ya que al ser adultos no hay quien nos reclame o regañe, nadie… excepto la desdicha que causamos y somos incapaces de ver. Es fácil regañar a nuestro hijo por no aprender en la escuela, exigirle poner atención, pero qué difícil es para nosotros cambiar esos hábitos de vida que originan sus problemas.

✓ Acciones de amor

- Antes de relegar tus principios, analiza las consecuencias de tu incongruencia.
- ¿Sabes qué es lo que ocurre en el pensamiento del hijo de un padre congruente? Hay compromiso de ser una gran persona, porque un padre no solo educa con palabras, lo hace también con el ejemplo.

> Los temas relacionados con la prevención de la soledad en adolescentes y adultos, deben también tomarse en cuenta en los niños pequeños. Si permitimos que los niños crezcan en un ambiente de soledad, habrá graves consecuencias negativas tanto inmediatas como a largo plazo. Es crucial detectarla e intervenir a tiempo.

❖ Trampa número 10: Soledad

Los adultos solemos preocuparnos por la soledad de nuestros ancianos, pues la vemos como un estado terrible de agresión hacia la sensibilidad humana. Un ser solitario está desvalido y carente de afectos. La soledad impone, le huimos, muchos matrimonios fracasados se mantienen con el único propósito de evitar una vida en soledad, considerada peor que un matrimonio desafortunado. Sin embargo, los adultos no somos conscientes de que hay más de una forma de soledad. Ignoramos que nuestro hijo puede vivir sintiéndose solo y desconocemos las consecuencias que acarreará esto en su formación. Los niños sufren por soledad más de lo que los adultos podemos concebir, incluso en mayor grado de lo que puede dañar a un adulto.

> **Los niños que miran demasiada televisión:**
>
> - Sacan malas notas en la escuela.
> - Leen menos libros.
> - Hacen poco ejercicio físico.
> - Tienen problemas de sobrepeso.
> - Se convierten en niños pasivos.

Cuando dejamos solos a nuestros hijos, ellos recurren al medio de entretenimiento presente en todo hogar: la televisión. Pasan horas sentados frente al aparato recibiendo cualquier información, sin ningún adulto que lo controle. Al escribir esto le pedí a Cynthia que me ayudara a contar el número de escenas que pudieran deformar la visión de la realidad de un niño, con el simple cambio de canal a las 12 del mediodía. En una vuelta de 40 canales encontramos tres alusivos al sexo, seis de criminalidad, cuatro comerciales de sustancias o aparatos prodigiosos que prometían cambiar el cuerpo y curar cualquier enfermedad. En tres, vimos personas envueltas en actos que ponían en riesgo la vida, y en 12, escenas de películas o telenovelas que hablaban de situaciones críticas que requerían la supervisión (y explicación) de un adulto. Buscamos algún canal con mensajes positivos y no lo encontramos. Hasta en los canales religiosos encontramos alusiones a la maldad de las personas, al pecado y a las pocas almas que van a salvarse del infierno eterno. Para la inocencia de un niño esto es terrorífico.

¿Qué aprende mi hijo al ver televisión?

Aprende que:

- Hay gente que daña con facilidad y es más listo quien se sale con la suya.
- La comida chatarra nos hace felices y si usamos las zapatillas mágicas seremos fuertes toda la vida.
- Los adultos roban objetos y cónyuges con la misma facilidad.
- La vida de los famosos es ejemplo a seguir y nos incumbe a todos.
- Nadie puede detener a las personas que dañan a otros.
- Debemos vestir y comportarnos como hacen los que salen en televisión.
- Ser delgado y hermoso es lo esencial para ser alguien en la vida.
- El mundo es un lugar lleno de gente mala, capaz de hacer mucho daño.

Palabras como muerte, violencia, drogas, crímenes, accidentes, secuestros, entre otras, inundan a nuestros niños. Nos preguntamos por qué hay niños de seis años con gastritis o ansiedad, cuando el mundo que les mostramos es aterrador. Papá y mamá se marchan todo el día y no están para platicar de las cosas que les asustan. Cuando vuelven a casa están cansados y, aunque el pequeño ha olvidado la palabra que lo atormentaba, sí recuerda la acción, la imagen que vio en su compañera "televisión". A través de esta, los niños conciben el amor como algo que se obtiene al apuntar el dedo, o mediante un concurso para eliminar a 10 competidores. Si se duermen casi a medianoche verán jóvenes besarse mientras se desnudan y bailan en forma frenética con vasos de alcohol en las manos, gritando lo divertido que es vivir. Verán escenas de sexo y violencia y escucharán a las parejas quejarse de su vida mientras aparece un ser mágico que resolverá sus problemas en menos de siete días, volviendo a enamorar parejas y convirtiendo en bella a la mujer más fea al tronar los dedos.

MEDITACIÓN

Nosotros mismos ¿cuántas veces hemos visto por televisión escenas que por su exceso de crueldad y morbo, nos perturban intensamente? Para los niños es mucho peor, dado que no logran comprender que se trata solo de una escena de película y no de algo que ocurre en la vida real.

Entonces, cuestiónate ¿es bueno que mi hijo vea esto? Si no lo es ¿por qué permito que lo vea y lo crea? ¿Cómo evitarlo?

✓ Acciones de amor

- No vivas tan ocupado que no puedas mostrarle tu verdad. Evita que cuando tu hijo entre al mundo real carezca de bases firmes para conducirse y que sea uno de esos niños que han crecido solitarios, alejados de sus padres, con una visión deformada de la realidad. Niños que después enfrenten problemas como depresión, ansiedad y falta de autoestima.

Los niños solitarios

Aunque un niño sea pequeño, sabe lo que es estar solo y se siente triste por ello. Hace poco se realizó una investigación acerca de los sentimientos del niño solitario. Se encontró que el concepto de soledad tiene para los niños un significado similar al que tiene para los adultos. Al medir la soledad en los niños de cinco años con una serie de preguntas como "¿estás solo en la escuela?", "¿cómo se llaman tus amigos de la escuela?" y "¿estás triste en el colegio?", se encontró que los niños de cinco o seis años definieron soledad como "estar tristes y solos", "nadie quiere jugar conmigo" y "necesito un amigo". Los niños, aunque sean pequeños, reportan sentimientos de soledad.

Características de soledad en los niños

- Tienen pocos amigos o ninguno.
- Tienen incapacidad para relacionarse pues carecen de habilidades sociales.
- Sus compañeros los rechazan.
- Pueden ser tímidos, inhibidos, ansiosos, carentes de confianza en sí mismos.
- Tienen sentimientos de exclusión, tristeza, desgano y aburrimiento.
- Su autoestima es baja, lo cual puede repercutir en su vida de adulto.
- Manifiestan agresividad, timidez, ansiedad, se enojan o frustran fácilmente.
- Sus compañeros los tratan con burlas y agresiones físicas o verbales.
- Son víctimas fáciles de la violencia escolar.
- Demuestran soledad, depresión y sentimientos negativos hacia la escuela.
- Conciben la escuela como un lugar inseguro y amenazador y se niegan a acudir a ella.
- A veces informan de sentimientos de soledad e insatisfacción social.

Soledad y violencia

Analicemos de nuevo las razones por las que la violencia en los niños ha aumentado hasta convertirse en un problema considerable. El daño nace de la irresponsabilidad con que los educamos, negándoles nuestra compañía y con ello, nuestras enseñanzas. No comprendemos que el tiempo que pasan con nosotros es irremplazable. Luego, los dejamos mucho tiempo en soledad, o con los ejemplos menos adecuados para aprender lo que es la vida: programas de televisión y videojuegos. Es en los medios electrónicos donde el niño observa diversas situaciones violentas y aprende a considerarlas normales. Los padres no están ahí para controlar lo que sus hijos ven; de forma ingenua, piensan que solo miran caricaturas, pero ¿y lo que ven mientras cambian de canal? Es cierto que muchos canales avisan sobre la clasificación de cada programa, pero un niño pequeño no suele respetar eso. Cuando menos lo espera, ya vio, por ejemplo, un asesinato, o una escena de angustia dramatizada y pronto se acostumbrará a pensar que esto es normal. Por su edad, aún no comprende que muchas personas no nos conducimos por la violencia, sino que nuestras conductas se basan en principios como el respeto y la integridad. Los niños requieren la compañía de un adulto que se los explique y enseñe; incluso tus hijos, aunque creas que al ver televisión o jugar en su tableta electrónica están a salvo.

MEDITACIÓN

Los niños también tienen problemas, algunos debidos a que la constante ausencia de sus padres los hace sentir abandonados y solos. Esta soledad tendrá efectos permanentes en su vida.

Parte 3.

PLANIFICANDO

CAPÍTULO 4. PLAN DE ACCIÓN

Inicia tu plan de acción

Desde ahora dirigiremos nuestros pasos para convertirnos en los mejores padres que podemos ser. Hasta ahora, nos hemos analizado para detectar errores, aceptarlos y corregirnos. Es necesario también establecer una dirección concreta hacia la cual llevar a los hijos. Algunos vislumbran un camino, pero son pocos los que pueden sostenerse y avanzar congruentemente por él; evitemos que eso pase. Para educar a los hijos no basta con intentar ser buen padre, es necesario tener principios y defenderlos. Así que nos centraremos en trazar un plan de acción, que prevea a futuro, con los siguientes 11 pasos. Lo haremos fundándonos en los principios que defendemos en nuestra vida, pero valorando y respetando también los principios de nuestro cónyuge.

MEDITACIÓN

¿Sabes en qué confía un niño, respecto a su padre o madre? En que esté seguro de que su amor hacia sus hijos lo guiará al educarlos, esto lo hace sentir protegido y amado.

❖ Paso 1. Hijos modernos: padres modernos

Cada persona es única, tiene su manera de pensar y, al convertirse en padre, tendrá fortalezas y puntos débiles, que mejor podríamos llamarlas áreas de oportunidad. Habrá cosas que pasará por alto en sus hijos y otras en las que será muy estricto. Cada quien se exigirá a sí mismo, esforzándose en enseñar solo lo mejor. Pero, aunque tememos mostrar nuestras debilidades, deberíamos aceptar que, junto con nuestras fortalezas, son lo que nos hace únicos. No debería preocuparnos demostrar a nuestros hijos que todos los seres humanos del mundo tendremos buenos momentos y otros no tan agradables. Hagamos conciencia de que, como ejemplo que somos, podemos enseñar a nuestros hijos a reaccionar a las circunstancias adversas, apoyándonos en nuestras fortalezas, y enfrentándonos a nuestras debilidades.

Si somos decididos, apacibles, cautos, generosos, amables, aprensivos o temerosos, nuestros hijos lo van a imitar algún día.

MEDITACIÓN

> Un hijo es alegría y crecimiento al mismo tiempo. Porque queremos ser buenos padres y ganarnos el amor de nuestros hijos, educar como nos gustaría, es el mayor reto de nuestra vida.

Los problemas de niños y jóvenes han aumentado mucho. Hace poco, en un programa de televisión hablábamos de las madres adolescentes y surgió el tema de la necesidad de impartirles educación sexual. Alguien comentó que "muchos problemas se frenarían si le pidiéramos a los jóvenes cuidarse".

Siempre que queremos corregir un problema hablamos de corregir a los demás, cuando en realidad nosotros somos quienes haremos el cambio. Somos los adultos quienes deberíamos aprender a educar a los niños. Si hay muchas adolescentes embarazadas, quizá se debe a que los adultos algo dejamos de hacer; en algún lado perdimos el rumbo. De nada sirve llevarles condones a las escuelas y darles charlas educativas sobre sexo, si los padres no los orientamos y enseñamos a amarse.

Los tiempos han cambiado. Los niños de ahora requieren "padres de hoy". Al permitirnos educar a la ligera, tendremos niños y adolescentes que se comportarán a la ligera. ¿Por qué nos sorprende tanto que actúen como lo hacen? Si nosotros mismos no somos sensatos ni mostramos congruencia entre lo que pensamos, decimos y hacemos. Ser padres modernos no significa ser permisivos, sino comprometerse con la educación de calidad y la formación congruente. Los tiempos han cambiado, pero para bien. Tú también puedes ser mejor desde este momento. Tu hijo confía en ti.

Los padres modernos

- Son congruentes.
- Conocen sus principios y los defienden.
- Piensan antes de actuar.
- No son manipulables.
- No negocian su autoridad.
- Son humildes y saben reconocer un error.
- Si cometen un error, saben hacerse responsables y lo reparan.
- Jamás están demasiado cansados para educar a sus hijos.
- Saben detectar los chantajes y los frenan en seguida.
- Muestran con frecuencia amor y aprobación a sus hijos.
- Consideran que la salud de sus hijos es lo primero.
- Actúan con firmeza.
- Tienen seguridad en lo que hacen.
- No se sienten superiores a sus hijos.
- Ayudan a sus hijos a encontrar lo que los hará felices en la vida.
- Valoran la educación como la mejor herencia que pueden dejar a sus hijos.
- Aprenden a valorar y disfrutar de sus hijos.
- Saben que ser un buen padre o una buena madre es actuar con más amor durante toda su vida.
- Respetan sobre todas las cosas al ser humano que es su hijo.

✓ Acciones de amor

- Para no decepcionar a tu hijo, es importante que observes tus acciones. Conócelas y enfréntate a ellas, eso es lo que él verá e imitará de ti.
- Revisa con frecuencia si actúas de forma congruente con tus principios; si ignoras qué enseñarle, ¿cómo podrás ser su guía y educarlo?
- Procura detectar tus contradicciones. Vive atento a ellas. No temas superarte.
- No seas duro contigo. Aprende a reconocer también tus aspectos positivos.
- La falta de confianza y previsión, aunada a nuestras inseguridades, ocasiona que los padres fallemos en la educación de los hijos. Por tanto, confía en ti mismo y trázate un plan de acción para actuar con seguridad.

> Quien tiene la misión de decir cosas grandes, está obligado igualmente a practicarlas.
>
> San Gregorio Magno

❖ Paso 2. Solo darás lo que tienes

Cuando tienes un hijo, es importante que tomes en cuenta que tus hijos serán como tú. No podrás evitarlo. No importa qué les digas, las veces que los corrijas, o la influencia de otras personas. Tu hijo se parecerá a ti y reproducirá muchas de tus conductas. Pasará lo mismo con tu cónyuge, tu hijo lo imitará. Esto incluye tanto las actitudes que no te agradan, como las que sí te agradan. Como consecuencia de esta realidad, y para el adecuado desarrollo emocional de tus hijos, necesitas ser consciente y aceptarlo, lo que permitirá que saques el mejor partido a tus principios.

Los padres somos maravillosos, dotados de una serie de principios, pero con defectos también. Eso es lo que somos. Gozamos de oportunidades internas para convertirnos en quien nosotros deseamos ser.

En nosotros está ser buenos padres. Por ello, comprendamos que la falta de firmeza y amor tiene consecuencias. Esto permitirá superarnos sin pretender que sean nuestros seres queridos quienes tienen que aceptarnos y acoplarse a nosotros. Si quieren estar con nosotros, que sea por amor. Trabajemos para ser padres a quienes los hijos puedan fácilmente amar y admirar. Seamos conscientes de la admiración que sienten por nosotros, nos consideran su héroe. Serán ellos a quienes más duela descubrir que sus padres cometieron muchos errores por no pensar con amor en su familia.

Según la Biblia, serán varias generaciones, hasta siete, las que pagarán los errores cometidos y es un hecho que los hijos repiten los errores de los padres cuando crecen. Un hijo que fue tratado con amor, dará amor a sus hijos. Pero, así como el amor se hereda, también se heredan la impaciencia, la arrogancia y muchas actitudes más.

El daño que se hace a un hijo no solo consiste en pegarle, gritarle o maltratarlo. También, en evadir la responsabilidad de ser un padre digno, que evita comprometerse con su familia. Cuando nos aferramos a nuestros defectos, no formamos hijos felices.

✓ Acciones de amor

- Procura reconocer tus principios y sostenerte con ellos, no con tus defectos.
- Es cierto que podemos caer en algunos defectos con facilidad; por eso, procura ser más comprensivo, para dar lo mejor de ti mismo.
- No juzgues, aprende a valorar lo bueno que hay en ti y en los demás.
- Piensa que el mayor crecimiento del ser humano empieza cuando libremente decide dejar de juzgar a los demás y se enfoca en sí mismo.

> La mayor sabiduría que existe es conocerse a uno mismo.
>
> Galileo Galilei

❖ Paso 3. Profundiza en tu interior

Dentro de ti se encuentra todo lo que necesita tu hijo para ser feliz y crecer emocionalmente saludable. No tienes que buscar afuera. Tus principios están vivos dentro de ti, solo que los desconoces y no te has preparado para transmitirlos.

Para educar a tus hijos es necesario conocerte, empieza a hacerlo. Conocerse es un cimiento fuerte, porque te hace ser consciente de que cuanto hagas, será imitado por tus hijos. Ese momento en que descubras que tu hijo reproduce tus principios será hermoso para ti. Por ese momento, empieza hoy este conocimiento personal. Sé paciente contigo, no te derrumbes ante la menor dificultad, avanza lento, pero a paso firme. No es tarea de un día, sino una labor continua que logra hacernos volvernos a nuestro interior y actuar con congruencia y convicción. Cuando un padre se basa en sus principios, sabe cuáles son los caminos para educar. Así como no atravesarías un lugar desconocido sin un mapa que te guiara, no puedes educar a un niño sin conocer tus principios, las fortalezas en las que te basarás. Ellos serán como una brújula que apunta hacia el norte y cuando te desvías te indica que has errado el camino.

✓ Acciones de amor

- Ten claro hacia dónde vas, qué deseas obtener y enseñar, pero con bases realistas.
- Un padre que comprende que sus hijos van a imitar sus acciones, se esfuerza por ser un buen ejemplo, vive sus principios y aprende a utilizar el tiempo de calidad. Practícalo.
- Mantente atento a tus acciones, pensamientos, palabras, inercias y omisiones. Solo así conocerás tus principios.
- Procura sentirte cómodo según te descubras a ti mismo. Esto te dará seguridad en lo que transmites.

> El secreto al educar a tus hijos consiste en saber qué quieres enseñarles, prever tus acciones y hacerlo.

❖ Paso 4. Enfócate en prever a largo plazo

Prever a largo plazo significa corregir la situación no solo basándote en los sucesos del día, sino preguntándote cómo afectará a la larga a tu hijo lo que sucede hoy. Quizá no parezca tan grave que cuente alguna mentira inocente, como que la maestra le pidió una cooperación de 20 pesos, cuando en realidad desea ganar algunos amigos comprándoles dulces. A corto plazo, puede que hasta sea gracioso. Pero a largo plazo hay que advertir el daño que le hará a tu hijo solucionar sus problemas, como intentar hacerse popular, a base de contar mentiras. Esta situación no le deja enseñanzas y tu obligación es estar atento. Si solo observas la mentira del día de hoy, quizá no lo verás tan grave. Si no ves más lejos, permitirás que tu hijo se haga daño.

Cuando educamos a nuestros hijos, por lo general los regañamos por lo que recién han hecho, pero no vemos las consecuencias de nuestras palabras a largo plazo.

Una amiga, madre de una nena de tres años, me decía lo difícil que le parecía corregirla. Le dije "supongamos que Isabel toma tus esmaltes de uñas y los vacía sobre tu cama, echando a perder tu ropa. Tú, enojada por el desastre, le preguntas quién lo hizo. Si la niña admite haber sido ella y tú la regañas o la castigas, corriges el daño inmediato y ella sabrá que no debe jugar con tus cosas. Pero no te diste cuenta de que no acertaste en lo que le enseñaste. La siguiente vez que le preguntes quién hizo alguna travesura, no reconocerá haber sido ella pues sabe que te enojarás. Por eso, procura estar atenta a lo que dices y mantener una visión a largo plazo. Si cuando dice que fue ella, la felicitas por su sinceridad, le hablas con amabilidad y le indicas cómo te afecta lo que hizo, la niña aprende de otra manera. Sabrá que no debe jugar con tus cosas, pero no te mentirá. Será honesta porque puede confiar en que a ti te interesa educarla, y aunque lo echado a perder ya no se recupera, tu prioridad es educarla, no depositar en ella tu furia y tu pobre control emocional. Si insiste en jugar con los esmaltes, será mejor que los guardes; ella comprenderá y querrá obedecerte".

MEDITACIÓN

Cuando corrijas a tu hijo por lo que hizo hoy, prevé también las consecuencias a largo plazo, tenlas en mente.

Acostúmbrate a mirar hacia el futuro ¿cómo le afectará mañana lo que le dices hoy?

Así como hay que prever a largo plazo, disfruta el presente, agradece la presencia de tus hijos y trátalos con amor.

❖ Paso 5. Tus actos tienen consecuencias

El efecto de tus palabras y la forma en que educas a tus hijos debe influir en ellos toda la vida. No es lo que hicieron lo que se corrige, sino el significado de lo que hacen hoy y las consecuencias *a posteriori*. Imagina que posees un pequeño arbolito; si quieres que crezca hermoso, piensa en su forma, sus ramas, incluso el lugar donde lo plantarás para que crezca bellísimo. Si cortas las ramas sin ton ni son, crecerá sin forma, sin un plan concreto que le dé solidez. Lo mismo sucede con tus hijos; si no sabes cómo guiarlos, perderás el rumbo. Cuando los corrijas, no olvides hablarles con respeto y cariño. Un error frecuente es tratar a los niños como si no entendieran, esto los confunde y exacerba las consecuencias de nuestras exigencias.

Vigila tus pensamientos

Ten cuidado con tus pensamientos; que se volverán palabra.
Ten cuidado con tus palabras; que se volverán actos.
Ten cuidado con tus actos; que se volverán costumbres.
Cuidado con tus costumbres; que será tu carácter.
Cuida tu carácter, que será tu destino, será tu vida....

Frank Outlaw

✓ Acciones de amor

- No hay técnica mejor que hablarle a tu hijo con madurez, porque entiende; condúcete con él como lo harías con cualquier persona, como le hablarías a quien más respetas.
- Cuando lo corrijas, nunca le digas que como es pequeño no entiende tus razones. Mejor trata de explicarte dentro de términos que pueda comprender.
- Sé respetuoso con tu hijo. Siempre y en todo lugar, tu principio más firme es el respeto hacia él.

Cuando eres agresivo o le faltas al respeto, le enseñas que es correcto conducirse así. Si lo tratas como si no entendiera, no entenderá. En cambio, si le hablas con amabilidad, esperando una buena conducta, responderá positivamente. Con cierta frecuencia llegan al consultorio niños diagnosticados con hiperactividad y problemas graves de conducta, cuando en realidad han sido sus padres quienes, al repetirles constantemente lo "mal que se portan", esperando la peor actitud, los motivaron a comportarse así.

✓ Acciones de amor

- Aprovecha el poder de cada instante, convive, habla y escucha con frecuencia a tus hijos, eso te ayudará a ser escuchado.

- Comprométete a sentirte orgulloso de tus principios, a ser digno ante tus ojos y los de tu familia.
- El tiempo que inviertas en conocer tus principios es tiempo que habrás ganado. Luego podrás transmitirlos a través del tiempo de calidad.
- Mantener una actitud que te impide ser buen padre no hace que tengas razón. A la larga, no te sentirás mejor por haberte aferrado a ella.
- Cada minuto cuenta, así que debes estar orgulloso de lo que haces, siempre.
- Revisa lo que haces y dices, busca acciones que no vayan de acuerdo con lo que piensas. No te aferres a ellas. La superación empieza cuando dejas ir lo que no te agrada de ti.

> Cuando los que mandan pierden la vergüenza, los que obedecen, pierden el respeto.
>
> Georg Christoph Lichtenberg

❖ Paso 6. Sé congruente

Uno de los principios que causarán un fuerte impacto en la educación de tus hijos es la congruencia. Antes de ser padres, fuimos seres humanos y al igual que muchos buscamos ser mejores. Nos gustaría que los demás disfrutaran estar con nosotros. Esta senda no es fácil, porque arrastramos defectos y heridas acumulados por años. Algunos llegan a la paternidad con una vida difícil a cuestas, pocos escapan de conocer el dolor. Todos hemos sufrido de alguna manera.

Sin embargo, un ser humano demuestra su crecimiento cuando tiene congruencia, esto es, equilibrio entre sus pensamientos, palabras y actos.

Muchos padres acuden al consultorio y detallan compungidos el dolor que sienten por no ser mejores padres; se exigen demasiado. Si su hijo no es como desearon, se sienten fracasados y malos padres. Yo les explico que ningún hijo será como soñamos, pero eso no nos hace fracasar. Les digo también que los hijos no nos reclaman perfección y cuando somos comprensivos con ellos, recibimos comprensión de su parte. Lo que sí necesitan es ver que nuestras palabras y actos sean congruentes, nada les causa mayor decepción que digamos algo y hagamos lo contrario.

✓ Acciones de amor

- Utiliza tu energía en adquirir congruencia porque así te harás fuerte ante tus hijos, creerán en ti y tus palabras surtirán el efecto que necesitas.
- Si tus palabras surgen para manifestar amor y no el deseo de controlarlos, te escucharán atentos si los prevengas de alguna situación. En cambio, si captan otros motivos para actuar como lo haces, además del desamor y falta de congruencia, te desoirán.
- Un padre incongruente educará un hijo que se sentirá con derecho a juzgarlo y faltarle al respeto. Evítalo.

Mantener un ambiente de amor en familia es difícil si no somos congruentes. Conforme crecen, nuestros hijos suelen observar nuestros actos, comprobando que cuanto hemos dicho corresponda a lo que hacemos. Por más que te esfuerces en educarlos con palabras, si haces lo contrario a lo que dices, no aprenderán. Sé el mejor ejemplo para tus hijos. Que cada día te vean levantarte con alegría, agradecido por vivir, mostrando fortaleza para superar las dificultades. Tu hijo se sentirá orgulloso de tus principios; aunque te sientas el más sencillo de los hombres, te observará y querrá ser como tú. No dudes en convertirte en un mejor ser humano.

Un joven estudiante compartió conmigo el dolor que sentía ver a su padre avergonzado por el trabajo que desempeña pues es recolector de basura. Antes era un padre alegre, quería que su hijo saliera adelante y se esforzó por darle estudios. Un día, de pronto, comprendió que mientras su hijo iba a ser ingeniero él solo sería un humilde recolector; esta idea lo ha hecho desmoronarse. Su hijo saca las mejores calificaciones y no sabe cómo expresarle a su padre lo orgulloso que se siente de él y de los esfuerzos que hace por darle educación. Por desgracia, el señor considera su trabajo poco digno y se siente avergonzado y con mínimos deseos de salir adelante. No imagina que su hijo lo comprende, por eso se esfuerza en estudiar con ahínco. No obstante, la decepción que muestra por su vida, algún día, si su hijo no aprende a hacerle frente, la va a reproducir también.

MEDITACIÓN

¿Por qué perdemos la credibilidad ante nuestros hijos? Porque los padres no somos congruentes entre lo que decimos y lo que hacemos. Nuestros hijos observan que a gritos les pedimos que no griten. Somos groseros fuera de nuestra casa y nos molestamos cuando ellos son groseros en ella. Sin embargo, hay un lugar donde el niño no ocultará lo que está aprendiendo y reproducirá tus conductas: su propia vida. Ahí, expondrá lo que le has enseñado. Tus groserías, tu gentileza y amabilidad y hasta tu forma de resolver los problemas.

En algún momento repetirá todas tus actitudes. Según el ser humano que tú seas, estarás dando el ejemplo a tus hijos y ellos reproducirán tus actos. Así que no te esfuerces en decirles que no hagan esto o aquello, mejor actúa con congruencia.

> El oficio de padres debe aprenderse. Amar a los hijos es más que un simple sentimiento; es una toma de conciencia sobre ciertas responsabilidades que conduzcan a la felicidad del ser amado.
>
> L. Serrat

❖ Paso 7. Escucha a tus hijos

Habla con frecuencia con tus hijos, demuestra alegría al conversar con ellos. Mantén abierto ese canal para que la influencia de tus palabras pueda trascender en ellos. Empieza hoy, cualquier situación sirve para comentar acerca de la vida y sus retos, explícales que nadie es igual a nadie pues todos viviremos circunstancias distintas. Que las personas con quienes convivimos tienen, como nosotros, defectos y cualidades.

Algunos son mentirosos, soberbios o enojones y otros atentos, trabajadores y bien intencionados. Es esencial que tu hijo aprenda a convivir sin juzgar ni permitir que alguien malintencionado influya en sus principios. Además, debe adquirir fortaleza para aprender a darle su justo valor al triunfo y al "fracaso". Enséñale que el fracaso no existe, es solo otra oportunidad de hacer mejor las cosas. Llegar en segundo lugar o ser el tercero en la fila son simples connotaciones de un valor dado por nuestra competitividad. No tiene por qué afligirse, sino sentirse orgulloso de ser un luchador, que quiere seguir superándose.

> Sin lugar a dudas, es importante desarrollar la mente de los hijos. No obstante, el regalo más valioso que se les puede dar, es desarrollar su conciencia.
>
> John Gray

La comprensión empieza al escuchar a tus hijos

Hace tiempo se creía que los padres deberían ser reverenciados por los hijos. Como si fueran semidioses, imponían el uso de la fuerza física y con una mirada furiosa controlaban a los niños. Ni pensar que se pudiera cuestionar ni mucho menos contradecir lo que decían. Durante años, aquellos adultos dijeron que el "respeto" (más bien terror) era lo primero que se les debía enseñar a los niños. Sin embargo, estos niños crecieron resentidos con la tiranía de sus padres y quizá de ahí provengan esos ancianos sin familia. No se enseñaba a amar a los hijos, se les mostraba a los padres como seres superiores con derecho a hacer cuanto les viniera en gana, y hubo muchos que abusaron de este aparente poder. Padres arbitrarios siempre han existido, pero sería absurdo considerar que quien se impone por la fuerza pueda inspirar amor, solo siembra el miedo.

Las relaciones entre padres e hijos han evolucionando con los años. Los niños ya no permiten un trato injusto. Se defienden, los más precoces hasta amenazan con demandarnos. El padre de familia congruente y con principios sabe cómo detener al niño que le falta al respeto. En cambio, carecer de firmeza genera incertidumbre en los niños y los hace vulnerables e inseguros.

No se requiere llegar al límite para detectar nuestros errores y aceptarlos. Si nuestra hija nos dice que nunca la atendemos, si nos tienen que repetir que hay reunión en su escuela, si olvidamos sus encargos, sentirán que no son importantes para nosotros.

Cuando un hijo se convence de que sus padres jamás lo escuchan, dejará de hablar y contarles sus actividades. A los niños pequeños les encanta conversar; cuando vamos por ellos a la escuela nos platican de sus compañeros, si su maestra les dio una estrellita o tuvieron problemas con el niño "rudo" del salón. Nos van haciendo partícipes de su vida y hasta aprendemos a disfrutar sus experiencias, pareciera que las viviéramos junto a ellos. Pero si no los escuchamos, de pronto nos encontramos ante el adolescente rebelde y enojado que desafía la autoridad y se enreda en problemas. Si no nos acostumbramos a escuchar, algún día nuestra hermosa hija llegará llorando a casa, se encerrará en su habitación y no querrá dirigirnos la palabra, por más que le roguemos que lo haga y es que durante su infancia no trabajamos para merecer su confianza, poniendo atención.

MEDITACIÓN

Escuchar con amor para ser comprensivo. Nos interesa adquirir ese principio indispensable para ser buenos padres.

✓ Acciones de amor

- Si aprendes a escuchar a tu hijo, tendrás mejor perspectiva de las situaciones que se presenten a lo largo de su vida.
- Si escuchas a tu hijo, lo conocerás, sabrás cómo piensa y lo que es capaz de hacer.
- Si tu hijo se sabe escuchado, confiará en ti, te buscará ante cualquier problema, sin temor a tus reacciones. Sabrá que no lo censurarás, sino que entenderás por qué salieron así las cosas.
- Al hablar con tus hijos, utiliza la razón y ayúdalos a moldear sus principios, hasta que crezcan por completo.
- No impongas tus ideas, no es necesario.

- Al escuchar a tu hijo, en esas interacciones, aunque sean breves, lo ayudarás a conocerse.
- A través del diálogo, fomentarás la reflexión y el análisis de situaciones.
- Si escuchas, enseñarás a tu hijo a amar y a respetar, a sí mismo y a los demás.
- Si tu hijo se sabe escuchado, también aprenderá a escuchar.

> Es más fácil escribir diez volúmenes de principios filosóficos que poner en práctica uno solo de sus principios.
>
> León Tolstoi

❖ Paso 8. La pareja unida es una fortaleza

He conocido muchos sistemas para educar a los niños. Pero ninguno se compara al que cada padre construye con su cónyuge en pareja, poniéndose de acuerdo en los principios que quieren transmitir a los hijos. El problema es que son realmente pocas las parejas que le dedican tiempo a ponerse de acuerdo. No es un tema común, la educación de los hijos se deja al momento en que se presenta algún conflicto, el padre que corrige es aquel a quien los hijos aprenden a obedecer. Con frecuencia los padres se asignan roles entre ellos. Uno es el estricto, el otro, el flexible. Uno regaña y es disciplinario. El otro es relajado y le cuesta poner reglas a los hijos. Es tan común esta situación, que parece aceptable. El padre bueno y el malo, el duro y el blando. A uno hay que temerle, el otro consiente demasiado.

Tampoco es inusual escuchar a uno de los padres quejándose de que el otro no ayuda con los hijos: "Si no te digo, no lo haces". "Nunca los corriges". "Me dejas todo a mí". "Por eso a mí no me hacen caso". La lista es interminable.

En vez de hacer unidos una fortaleza de sus principios, parecieran dos bandos opuestos en los que cada uno simplemente tomó el rol que más le acomodaba sin preocuparse demasiado de la imagen que dará a su hijo.

Los padres no se ponen de acuerdo, no hablan de cómo educar a sus hijos. No mencionan lo que ambos quisieran enseñar, ni los principios que quieren transmitirles. Pocos son los que se fijan un objetivo, la formación de los hijos se deja al "ahí se va". Resuelven cada situación conforme se presenta el problema, sin prever las consecuencias a largo plazo. Esto ocasiona que los niños crezcan sin conocer los límites, sin saber cómo actuar y resolver conflictos. La realidad es que, cuando educamos sin un plan, los niños no comprenden por qué a veces decimos sí y otras no. Por qué los padres reflejan no estar de acuerdo, como si no tuvieran idea de lo que es necesario enseñar.

Pasa lo mismo cuando el hijo carece de uno de sus padres. Son muy raros aquellos que pueden implementar planes de acción adecuados, dado que tienen que dividirse en padre y madre a la vez. El hecho de que su hijo carezca de alguna figura paterna les genera una inmensa culpa, así que se vuelven todavía más condescendientes, para, según esto, compensar la carencia que tiene su hijo en la vida. Además, estos padres trabajan mucho tiempo fuera de casa, así que por lo regular, dejan a los hijos con alguien que ni siquiera ha pensado en un plan de acción que fortalezca el carácter de esos niños.

✓ Acciones de amor

- Siéntete orgulloso de tus principios y prepárate para transmitirlos a tus hijos.
- Reconoce los defectos que te desagradan, que no querrías que tus hijos tuvieran.
- Analízate y acéptate, conoce a tu pareja, entérate de cómo piensa educar a sus hijos.
- Aquí está tu fortaleza: los problemas de los padres serían más pequeños si hiciéramos de enseñar nuestros principios, una forma de vida. Es momento de que ambos se unan y hablen de ustedes.
- Un hijo se forma a cada minuto. Aunque para educarlo hace falta planeación y acuerdo por parte de los padres, si comprendes que cada instante es un aprendizaje, podrás sacarle provecho al máximo.

MEDITACIÓN

Educar con principios sería mucho más sencillo si cada pareja dedicara algo de tiempo para hablar de sus hijos. No tiene que ser un momento especial. Solo se requiere la conciencia de que la educa-

ción de los hijos no es un tema que se deja a lo que vaya surgiendo. Si los padres hablaran entre ellos, serían más congruentes y evitarían esas penosas divisiones del padre bueno y el padre malo.

A Iván le había dado por contar mentiras en la escuela. Decía haber hecho la tarea pero solo contestaba lo que se le ocurría. Si eran problemas de matemáticas, ponía números sin ton ni son. No prestaba atención a las instrucciones ni hacía lo que le pedía la maestra. Lucy y Juan, sus padres, preocupados y molestos, discutían bastante a raíz de la situación. Lucy decía que Juan era demasiado estricto con el niño; le exigía y le reprochaba su desempeño escolar. En cambio, ella se sentaba con él a repasar las tareas y le ayudaba a mantener orden en sus trabajos. Lucy estaba muy resentida por la impaciencia de su esposo. Juan, enfadado, decía que Lucy debería ser más rígida con su hijo, pues era su paciencia la que generaba la actitud del niño.

Resultó que Iván tenía problemas de aprendizaje que requerían una estrategia firme de parte de los padres. No se trataba de que el niño tuviera a Juan como padre exigente y estricto y a Lucy como considerada y dedicada. Los padres necesitaban ponerse de acuerdo y ofrecer los mismos parámetros y guías de comportamiento sin desacreditarse entre ellos.

Lo primero que hicieron fue hablar de sus principios; cada uno expuso los que consideraba como propios. Luego, mutuamente se reconocieron los principios que admiraban en su pareja. Este ejercicio generó, además de la renovación del afecto entre ambos, el que se sintieran valorados. Una vez que conocieron y hablaron de algunos de sus principios, pusieron énfasis en los que manifestaban ambos y en los que cada quien consideraba que era indispensable transmitir.

Lucy reconoció la energía y fortaleza de Juan. Él explicó que le parecía fundamental que su hijo luchara por sí mismo, por eso lo presionaba tanto. Quería que aprendiera a hacerse responsable, sin necesidad de que sus padres tuvieran que recordarle sus obligaciones escolares con frecuencia.

A su vez, reconoció la paciencia de Lucy. Ella explicó que consideraba muy importante que el niño repasara los conceptos que aprendía en la escuela. No quería que sufriera por quedarse rezagado respecto al aprendizaje de sus compañeros.

Una vez que ambos comprendieron lo que el otro padre pretendía transmitir al hijo, decidieron fortalecer los mismos principios. En vez de pelear contra ellos, se unieron. En lugar de desacreditarse, hicieron un acuerdo. Cada quien comprendió las razones del otro.

Desde ese momento, Lucy siguió apoyando a su hijo con sus deberes escolares, pero le recordaba la necesidad de hacerse responsable de sí mismo. Por ello, mientras Iván hacía la tarea, la madre realizaba otras labores cerca de él. Cuando el niño se atoraba con algún problema, le apoyaba, pero en cuanto quedaba claro, volvía a su labor. Juan hizo lo mismo. Si el niño acudía a él en busca de ayuda se la brindaba, pero siempre lo felicitaba por lo bien que se desempeñaba haciendo sus tareas, tratando de depender cada vez menos de sus padres. Los conflictos terminaron y el niño, a pesar de sus problemas de aprendizaje, hizo un esfuerzo por mejorar y esto pronto se vio reflejado en su confianza y autoestima.

> Un adulto siempre piensa antes de actuar.

A los niños les afecta la lucha de poderes de sus padres cuando pelean por su propio interés y razones, sin pensar en el efecto que causan. La pareja necesita unirse para llevar una dirección. Sin embargo, los padres no lo hacemos. Rivalizamos con nuestro cónyuge por el afecto de nuestros hijos, y sin percatarnos, los dividimos al pretender convertirlos en jueces que elijan la eficacia de nuestras decisiones. Les damos la sensación de competir entre padres.

Los hijos aprenden a imitar esta falta de sentido común y a manipularnos con nuestras inseguridades. Lo mismo ocurre con los padres solteros. Si desconocen sus principios y se dejan guiar por el estado de ánimo del momento, pierden el rumbo.

Los padres enfrentamos cada día la necesidad de educar con dirección. El problema es que, al no saber cómo hacerlo, decimos cosas que no tienen sentido para nuestros hijos y solo logramos que nos pierdan la confianza. Los amenazamos, en vez de ser congruentes. Queremos que se sientan seguros con nosotros, pero decimos “mientras vivas en mi casa obedecerás mis reglas”.

Convertimos un hogar que deberían disfrutar, en el último lugar donde desean estar. No nos engañemos, ellos observan nuestra falta de congruencia. He conocido muchachos que prevén a tal grado la volubilidad de sus padres que conocen el momento perfecto para sacar un permiso y el momento en que no deben acercárseles. Con esto, lo que les transmitimos es que no actuamos por principios, sino que cambiamos de idea según el estado emocional en que nos encontremos.

✓ Acciones de amor

- No cometas el error de no planear la forma en que educarás a tus hijos. Aplícate. Empieza ya a conocer los principios que quieres transmitirles y cómo inculcárselos.
- Evita que, al no prever una dirección, solo corrijas la situación momentánea pero no a largo plazo.
- Mantén siempre muy claro el aprendizaje que obtienen cuando los guías.
- Dedícate a ser congruente. No puedes pedirles que no mientan si te enojas cuando dicen la verdad.

A continuación te presento una serie de preguntas para que las medites. No te enfrasques demasiado en la respuesta de cada una, se trata de que reconozcas hasta qué punto has reflexionado acerca de la importancia de inculcar tus principios, manteniendo tu objetivo de prever a largo plazo.

¿Qué vas a dar a tus hijos?

- ¿Cuáles son los principios que consideras indispensables en un padre comprometido?
- ¿Cuáles son los principios que quieres transmitir a tus hijos?
- ¿Qué principios son parte de ti? ¿Cuáles son los de tu cónyuge?
- ¿Cuál consideras que es tu forma de enseñarlos? ¿Y la de tu cónyuge?
- ¿Has platicado con tu cónyuge acerca de su forma de transmitirlos?
- ¿Qué principios te enseñaron tus padres, solo con el ejemplo?
- ¿Qué principios admiras de los padres de tu cónyuge?
- ¿Se han puesto de acuerdo tú y tu cónyuge acerca de cómo van a educar a sus hijos?

- ¿Cuál consideras que es el mejor método para educar a los hijos? ¿Y tu cónyuge?¿Cuánto tiempo estás cada día con tus hijos?
- ¿Cuáles son las principales características en la personalidad de tus hijos?
- ¿Tratas de moldearlos como consideras que deberían ser?
- ¿Los aceptas tal y como son?
- ¿Qué tipo de padres son cada uno de ustedes?
- ¿Hay alguno más condescendiente y otro más rígido?
- ¿Qué considera cada uno que nunca debería hacer un padre?
- ¿Te has sorprendido compitiendo con tu cónyuge en su trato con los hijos?
- ¿Alguno de los dos deja al otro la corrección de los hijos?
- ¿Eres de los padres que prevén a largo plazo, o de aquellos que resuelven los problemas según se presenten?
- ¿Alguna vez has intentado eludir tu responsabilidad como padre?

> Algún día, en cualquier parte, en cualquier lugar, indefectiblemente te encontrarás a ti mismo, y esa, solo esa, puede ser la más feliz o la más amarga de tus horas.
>
> Pablo Neruda

❖ Paso 9. Principios de vida

Algunos padres, al educar a su hijo, creen que pueden "programarlo" para que sea como soñaron. No educan con base en principios, ni reconocen la importancia de cada día. Son insensibles ante la niñez de su hijo, no comprenden que está aprendiendo, le dicen lo que esperan de él, pero sin enseñarlo. Las frases "ya sabes cómo quiero que te portes", "te he dicho muchas veces lo que quiero que hagas", no tienen sentido para el niño, solo lo presionan y provocan ansiedad y problemas de autoestima, entre otros. Es ilógico que los adultos exijamos a los niños que entiendan con palabras, sin darles el ejemplo. Si fuera posible educar a un hijo solo con decirle las cosas ¿por qué esto no funciona igual en los adultos, quienes sabemos lo que tenemos que hacer y, sin embargo, no lo hacemos?

No obstante, en los padres resuena la frase "por sus frutos los conocerás" y queremos que nuestros *frutos* hablen bien de nosotros. Deseamos dar buena impresión como padres, por ello exigimos en vez de enseñar, como si los niños fueran computadoras y pudiéramos programar en su disco duro lo que necesitamos para sentirnos buenos padres. Cuando llega un niño nuevo al consultorio a veces sus padres me preguntan "¿y como en cuántas sesiones lo saca?", refiriéndose al tiempo que durará en terapia. Como si fuera motor de un vehículo y yo fuera a responder "pues parece que anda mal en las operaciones básicas, aún no conoce algunas consonantes, trae algo de ansiedad y no articula la /r/. Así como está el caso, dentro de unas 10 o 12 sesiones, siempre y cuando no surjan más detalles que no se ven. Déjenlo para checárselo y más tarde le hago el presupuesto". Absurdo ¿no?

> El niño no aprende lo que los mayores dicen, sino lo que hacen.
>
> Baden Powell

Los niños son seres humanos, no muñequitos programables; al educarlos hay que seguir una guía y prescindir de la palabrería insustancial. Si no somos conscientes de ello, seremos padres al vapor, de esos que reaccionan según las circunstancias y actúan sin congruencia. Alguien que exige lo que no tiene para ocultar su incapacidad de ser buen padre. Conozco señores "muy machos" que no ocultan su satisfacción cuando una nena besa a su pequeño de cinco años; comentan henchidos que "ha empezado igualito a su padre". Con semejantes ideas perdemos el norte. El padre que se dedica a cultivar principios, no tiene tiempo para elucubrar barbaridades respecto al futuro de sus hijos, está ocupado en el presente formándolos adecuadamente.

MEDITACIÓN

Un ser humano no puede realizarse a través de otro ser humano. Puedes sentirte feliz por los logros de tu hijo, mas no realizarte a través de él; la única forma de hacerlo es con base en tus propios logros. Un hijo no es un logro tuyo, es un regalo de Dios depositado en tus manos para que lo enseñes a vivir.

> Las cualidades sublimes infunden respeto. Las bellas, amor.
>
> Emmanuel Kant

❖ Paso 10. Conoce tus principios de vida

Principios son aquellos valores que estás dispuesto a enseñar y defender. Son las convicciones que ejerces y dirigen tus conductas, que te ayudan a ser feliz, a superarte y a salir avante ante los problemas de la vida. Son distintos de tus acciones, aunque en esencia no funcionan los unos sin las otras. Tus principios no pueden ser observados por tus hijos, ellos solo pueden ver tus acciones e imitarlas. Sin embargo, al observar tu conducta comprenden que tienes principios y son las razones que te impulsan a actuar como lo haces. Todas las personas tenemos principios, aunque no es fácil vivir de acuerdo con ellos y mucho menos transmitirlos. Lo ideal sería que tuviéramos principios firmes, pero a veces nos alejamos por razones y circunstancias diversas. Por eso, se requiere el valor de ser realistas. Comprender y aceptar al ser humano que somos y partir de ahí. Cuando unes tus principios a tus acciones te vuelves un padre sensato, congruente, alguien en quien confiar e imitar. ¿Qué te parece si a continuación los repasamos? En el siguiente cuadro vienen algunos principios, agrega los que consideres que faltan.

Principios de vida			
Encuentro en mí:			
Respeto	Congruencia	Razonamiento	Derecho a decidir
Trabajo honrado	Confianza	Cuidado de la salud	Derecho ajeno
Amor	Amor a Dios	Amor por mi familia	Amor propio
Amor por la vida	Amor al prójimo	Amor por el medio ambiente	Derecho a ser como soy
Dignidad	Tolerancia	Alegría	Valor
Humildad	Responsabilidad	Amistad	Generosidad
Paz	Educación	Sensatez	Bondad

Honradez	Justicia	Honestidad	Verdad
Libertad	Educación	Fidelidad	Igualdad
Dedicación	Dignidad	Sinceridad	Nobleza
Perseverancia	Independencia	Disciplina	Determinación
Discreción	Empatía	Amabilidad	Tenacidad

Al analizar cada recuadro vas a reconocer tus principios y los que no lo son. No importa si no has practicado alguno. Lo que sí es necesario es que reconozcas los principios que defiendes, pues esos son los que te hacen la persona y el padre que eres. Es necesario que reconozcas cómo defiendes cada valor, esto es importante porque ahí reside la parte que tus hijos ven en ti. Por ejemplo, yo defiendo la honestidad de tal manera que nunca apruebo el que mis hijos digan mentiras. En cambio, cuando dicen la verdad, aunque sea reconociendo haber hecho alguna travesura, de ningún modo los regaño; hablo con ellos, les sugiero opciones para modificar su conducta y les agradezco haber sido sinceros conmigo. Del mismo modo, trato de decir siempre la verdad yo también. Mis hijos pueden reconocer en mí a una persona que se niega a decir mentiras. Así es como defiendo la honestidad, la verdad. Pero recuerda, no es lo que les digo: es cómo se los digo y la forma en que reacciono lo que deja huella en ellos.

> Los hijos aprenden poco de las palabras; solo sirven tus actos y la coherencia de estos con las palabras.
>
> Joan Manuel Serrat

❖ Paso 11. Observa tus actos

Si bien tus principios son importantes para guiar la educación de tus hijos, recuerda que los niños aprenden por lo que te ven hacer. Tus acciones deben ser congruentes con tus enseñanzas, porque ellos aprenden de lo que haces, te imitan, no debe haber incongruencia entre tus palabras y acciones. Si actúas conforme a lo que piensas y dices, educarás a tus hijos con principios. La congruencia es la actitud que te permite mantener el control de tu conducta, la responsabilidad de tus actos y la capacidad de decidir.

La congruencia consiste en mantener la actitud deseada a pesar de cualquier circunstancia por la que estés pasando, porque tus reacciones funcionan de acuerdo con tus principios, aquellos que decidiste desde antes, evitando el daño de una reacción momentánea. Se sostiene de la libertad de decidir cómo reaccionarás ante los sucesos de la vida. El cuadro que presento a continuación es una guía donde podrás revisar cómo se relacionan principios, pensamientos y actos. Si gustas, puedes señalar cuanto reconozcas tuyo y agregar lo que consideras que falta. Incluso puedes repasar lo que consideras agregar a tu vida.

Conoce cómo vives tus principios			
	Principios	Pensamientos	Acciones congruentes
Mi relaciones con:	Soy	Pienso	Actúo
Mi familia	• Dedicado • Sincero • Pacífico • Tolerante • Noble • Tranquilo • Paciente • Razonable • Comprensivo • Honesto • Valiente • Alegre • Ecuánime • Optimista • Justo	• Demuestro amor a mi familia • Analizo mis acciones • Apoyo a mi familia • Quiero ser un buen ejemplo • Me gusta estar en casa • Soy feliz con mi familia • Quiero conocer cómo piensan • Soluciono conflictos	• Atiendo a mis padres • Escucho a mi familia • Respeto a los ancianos • Respeto a los niños • Paso tiempo con mi familia • Soy juguetón • Soy fiel • Ayudo a mis hijos • No impongo a mi familia mi criterio

Mi familia	• Fuerte • Generoso • Razonable • Bondadoso • Asertivo	• Respeto las decisiones de mi familia • No intento imponer mi criterio • Es esencial para mí tener una familia sana en lo físico y lo emocional	• Tengo buen sentido del humor • No exagero • No hablo por hablar • Hablo con claridad • Busco soluciones reales y funcionales • No agredo • No hablo con sarcasmo • Estoy pendiente de la educación de mis hijos • No soy violento • Me informo de cómo puedo dar una mejor educación
Amor propio	También soy: • Perseverante • Pacífico • Autosuficiente • Independiente	• Estoy aprendiendo a conocerme • Me acepto como soy • Me gusta cómo soy • Estoy motivado • Enfrento mis temores • Confío en mí • Pienso antes de actuar • Quiero superarme • No temo a la soledad	• Disfruto la música • Me gusta cultivarme • Cuido mi salud • Acudo al médico • Cuido mi cuerpo • Me alimento sanamente • Hago ejercicio • Me gusta leer • Me gusta ahorrar • Soy precavido • No me desanimo con facilidad • Me adapto • Soy una persona de fe

Amor propio	• Realista • Comprometido • Realista	• Utilizo mi inteligencia • Tengo sueños por realizar • Disfruto la soledad • Elijo mis respuestas • Tengo dignidad • Creo en Dios	• Me mantengo sereno • Me gusta aprender • Doy su justo lugar a las cosas
Medio laboral	También soy: • Respetuoso • Disciplinado • Eficiente • Profesional • Responsable • Tenaz • Determinado • Empeñoso • Activo • Honesto • Creativo • Decidido • Leal • Honrado	• No me frustran mis errores • Sé tomar la iniciativa • No me desespero con facilidad • Mi nivel de estrés es bajo • Puedo ser líder • Sé afrontar los cambios • Tengo metas claras • No me gusta perder el tiempo • Conozco mis límites • Sé asumir retos • Me gusta estar preparado • Tengo metas firmes	• Trabajo para salir adelante • Sé tomar decisiones • Aprovecho el tiempo • Termino lo que empiezo • Soy bueno en mi trabajo • Doy mi mejor esfuerzo • Me gusta colaborar • Hago buenos negocios • Me gusta estar presentable • Demuestro iniciativa • Me gusta crear oportunidades • No me vencen los obstáculos • Lucho por mis objetivos • Soy puntual • No soy conflictivo • Sé trabajar en equipo • Soy servicial

Medio social, amigos	También soy: • Respetuoso • Discreto • Buena persona • Honrado • Empático • Atento También soy: • Amable • Educado • Divertido	• Me gusta tener amigos • Soy sensible ante el dolor ajeno • Soy buen amigo • Soy sociable • Soy digno de confianza	• Respeto las decisiones ajenas • Cumplo lo que prometo • Cumplo mis compromisos • Se puede contar conmigo • No soy derrochador • Soy compartido • No juzgo a los demás • Puedo guardar un secreto • No soy aprovechado • Me gusta relacionarme • No hablo mal de las personas • No me gusta criticar • Disfruto de la gente • He atendido a un enfermo
Medio ambiente	También soy • Limpio • Cuidadoso • Responsable	• Amo la naturaleza • Soy buen ciudadano • Me interesa mi mundo • Soy ecológico	• Mantengo limpio mi entorno • Cuido a mis mascotas • Me comprometo con causas justas • Cuido el medio ambiente • No destruyo • Cuido la naturaleza

✓ Acciones de amor

- Puedes agregar muchos principios, pensamientos y actos sin duda igual de importantes.
- Observa cómo tus actos son la consecuencia de tus pensamientos, lo que da la base a tus principios.

- Las acciones hacen de ti la persona que eres, aquella que miran tus hijos y aprenden a imitar. Son la parte de tu vida que te hace sentir orgulloso de ser quien eres.
- Pide a tu cónyuge que señale sus principios y acciones. Luego ambos pueden conversar acerca de qué desean transmitir a sus hijos y la forma en que habrán de hacerlo.
- Mantén un plan de acción en comunicación con tu cónyuge. Esto impedirá que se lleven la contraria.
- Ten suficiente confianza en ti, por el bien de tu hijo; ser firme requiere fortaleza.
- Serán muchas las circunstancias difíciles, que te harán dudar. Al resolver, sostente en tus principios, no veas solo el problema inmediato, analiza también el resultado a largo plazo y resuelve con seguridad.
- No te sientas presionado a resolver de inmediato; cuando se trata de la vida de nuestros hijos, es necesario meditar nuestras acciones y palabras con cuidado.
- Por lo mismo, prevé con tiempo tu conducta, para que no te agarre desprevenido ninguna situación.

Una vez que has dedicado un tiempo a conocer tus acciones responde estas preguntas:

- ¿De cuáles estás orgulloso?
- ¿Cómo llegaste a ellas, cómo las aprendiste?
- ¿Cuál será la forma en que podrás transmitirlas a tus hijos?
- ¿Cuáles quisieras enseñarles?
- ¿Cuáles admiras en tu cónyuge? ¿Y tu cónyuge en ti?
- ¿Cómo piensan educar en conjunto a sus hijos para que ellos las aprendan?

CAPÍTULO 5. TIEMPO DE CALIDAD

> El ejemplo no es la cosa más importante que influye sobre otros. Es la única cosa.
>
> Albert Schweitzer

Aprende a educar con el ejemplo

Un sábado, mientras desayunaba con una amiga, llegó al restaurante una joven hablando por teléfono, acompañada por sus dos pequeños hijos. Había un bufet delicioso que con seguridad disfrutarían. Cuando se acercó el mesero la joven pidió leche para sus hijos y jugo para ella y continuó en el teléfono. Los niños querían jugo pero ella los ignoró, aunque les ordenó permanecer quietos mientras los atendían. Minutos más tarde una señora se sentó con ellos y conversó con la joven mientras permanecieron en el lugar. Cuando se levantaron por la comida, la joven sirvió a sus hijos sin mostrarles la variedad de alimentos que había y sin permitirles elegir (y nos quejamos porque los niños solo quieren comer determinados alimentos). Al volver a la mesa el chiquito se quejaba porque no deseaba "huevito", pero la madre lo silenció con un "cállate y cómete todo". No sé cuáles serían las razones para ir a desayunar en "familia", porque más tarde llegó y se fue casi enseguida el ¿esposo? de la joven. Parecía que celebraban algo, pero no observé una bonita relación entre la madre y los niños.

Ella podría haber aprovechado esos momentos para complacerlos y hacer tiempo de calidad. Podría haberles mostrado los alimentos y dejarlos tomar su decisión, al fin de cuentas no se va diario a un bufet. Si la madre hubiera optado por convivir con sus hijos, habría dejado un bello recuerdo de amor materno. Pero se comportó como si el tiempo de calidad fuera en otro momento, no ese en que trató a sus niños como una molestia. Los sentó alejados de ella y los ignoró todo el tiempo.

En contraste, hoy acudí con Cynthia, mi hija, al centro de la ciudad. Andábamos de compras y desayunamos en un lugar que vende unos deliciosos baguetes. Mientras comíamos llegó una familia compuesta de padre, madre y dos pequeños niños. Como coincidencia, los niños eran semejantes en edad a los del bufet. El padre sentó a los pequeños a la mesa, mientras la señora se encaminó a ordenar la comida. A los niños les habían comprado unas hamburguesas de esas que llevan un regalo y mientras comían, el padre les ayudaba a abrir sus juguetes. Cuando el más pequeño le gritó a su madre "gracias, mamita", observé lo que sucedía y me encontré con esa escena. Los niños estaban felices. El padre los atendía mientras la madre compraba la comida. Luego, todos convivieron tranquilos, mientras los niños platicaban con sus padres derrochando ternura y alegría.

> Hagamos que el niño que fuimos, se sienta orgulloso de lo que somos en la actualidad.
>
> Anónimo

❖ El tiempo de calidad sí existe

Todos los días escuchamos la famosa frase "dale tiempo de calidad a tus hijos". La gente la menciona como la panacea en la educación infantil, el arte de los padres exitosos. Esas personas que corren del trabajo a la casa, atendiendo mil cosas en perfecto funcionamiento. Casa limpia, trabajo en orden, familia feliz. Hijos maravillosos y con excelente desempeño escolar. Familia bajo control. Complicado ¿verdad? La realidad es que llegamos a casa a resolver los problemas acumulados del día. En el trabajo a veces las cosas se nos complican. Para colmo, nuestros hijos se rebelan ante nosotros de formas que ni siquiera imaginábamos. Contravienen cada palabra nuestra y hasta nuestro cónyuge muestra su desacuerdo, agravando la situación. Con tantas dudas sobre lo que es mejor para los hijos, ni siquiera estamos unidos; mientras uno dice una cosa, el otro opina lo contrario. El resultado es más confusión para todos. El deseo de ser buen padre es inmenso y la solución parece encontrarse en el "tiempo de calidad". El problema radica en conocer "cómo pasar tiempo de calidad, cómo aprovechar cada instante". Aquí la cuestión sería de dónde vamos a sacar el dichoso tiempo de calidad si apenas completamos con el que tenemos.

> Ximena comentó lo insatisfecha que se siente porque, aunque puede pasar los sábados con sus hijos, pareciera como si no lograra acercarse a ellos. Cuando le pedí que se explicara, avergonzada confesó que cada fin de semana se pone de acuerdo con alguna amiga y van a cualquier restaurante que tenga juegos, así charlan durante la tarde mientras ven a los niños jugar y pasar el rato. Pero en la noche, al volver a casa, se siente intranquila porque, aunque proveyó diversión a sus hijos, siente como si su conciencia le murmurara que así no se hacen las cosas y que algo no está resultando. Ximena dice que no quiere actuar mal con sus hijos, asegura que su problema no es querer hacer las cosas, el problema es que ignora cómo se hacen.

MEDITACIÓN

El tiempo de calidad no puede sustituirse. Tus hijos sufren cuando no inviertes parte de tu tiempo en ellos, o cuando pretendes engañarlos dándoles falso tiempo de calidad.

> Porque tú siempre existes dondequiera, pero existes mejor donde te quiero.
>
> Mario Benedetti

❖ Definir tiempo de calidad

Cuando era niña tocaron a la puerta de mi casa, justo a la hora de la comida. Abrí y me encontré con un señor que, ante mis ojos de niña, me dio desconfianza y temor; sus ropas estaban rotas, se veía desaseado y olía desagradable. Esto me puso a la defensiva y por poco le cierro la puerta en la cara. Él habló de forma educada y me preguntó si tenía "un taquito" para compartirle. Era la primera vez que veía a un señor pidiendo comida y me asusté ante su presencia. Me sobrepuse y le respondí que esperara un momento, mientras informaba a mi mamá. La verdad, creí que ella se molestaría ante la intromisión y me pediría que lo corriera, pero, cuando supo de qué se trataba, le preparó algo de comida y me ordenó que se la llevara.

Me quedé pasmada. Al preguntarle por qué lo hacía, me contestó: "Dios quiere que seamos buenos con aquellos que menos tienen y no debemos permitir que alguien que nos pide un *taco* se vaya con las manos vacías".

¡Qué enorme lección! ¿Necesitó mi madre pasar largas horas explicándome la importancia de ser buena con los demás? Por supuesto que no. De hecho, jamás tuvo que repetirlo. A partir de ese momento yo había aprendido a ser comprensiva y sensible ante las necesidades de los menos privilegiados. Sin discursos, aprendí a través de la conducta de mi madre.

Una amiga me dijo que el tiempo de calidad es el que pasas con tus hijos haciendo algo que a ellos les agrade. Esto no es verdad, porque si así fuera, estarías supeditado a los deseos e incluso caprichos del niño. Hacer solo lo que a este le gusta generaría un tirano en potencia y te haría sentir inmensamente culpable. Tiempo de calidad tampoco es cuando los llevamos de paseo o a divertirse, porque con la necesidad de trabajar, a veces es imposible hacerlo.

Tiempo de calidad es el tiempo que permites que tus hijos, al convivir contigo, te observen y aprendan de ti. Quizá seas solidario con la gente, pero si tus hijos no lo ven ¿cómo quieres que lo aprendan? Si eres decente, honrado, trabajador y caritativo, permite que tus hijos te observen, porque así es como los niños aprenden. Además, mientras te observan se fortalece la relación entre ustedes. Insisto en que los niños aprenden con nuestro ejemplo; todo lo que hacemos, lo harán también. Si cuidas las cosas, ellos serán cuidadosos; si actúas con respeto, ellos se comportarán igual. En cambio, si te asusta que sientan dolor al ver morir a su mascota y corres a reemplazarla por otra, les enseñarás que todo es reemplazable, incluso el amor y no es necesario el compromiso. Tiempo de calidad es poner la muestra con tu actitud y dejar que ellos te observen y aprendan. Cuando se presenten momentos de dolor y tristeza, muestra tu entereza y así aprenderán con tu ejemplo a reaccionar en momentos difíciles. Regala a tus hijos la oportunidad de observarte con frecuencia. Sé que es imposible llevarlos al trabajo, pero aun en el recorrido del supermercado a casa puedes enseñarles muchas cosas. Eso es tiempo de calidad.

MEDITACIÓN

No te pierdas del tiempo de calidad. Llevar a tus hijos de paseo debería ser una experiencia increíble, plena de conciencia, de agradecimiento y paz. Pero te la pierdes por estar en otro lugar mentalmente. Si juzgas esta actividad como una pérdida de tiempo y la realizas solo porque ellos necesitan salir pero no te involucras, dejas pasar el momento, hasta que es imposible recuperarlo.

✓ Acciones de amor

- Encuentra momentos para compartir con tus hijos; no les impidas hacerte compañía, eso les permitirá observarte ser un buen ejemplo.
- Cuando realices algo que quieres que tus hijos aprendan, llévalos contigo y deja que te vean hacerlo.
- Si les dices que dolor, enfermedad y muerte son parte de la vida, aceptarlo los hará fuertes.
- Si vas a visitar a alguna persona enferma, no creas que les hará daño si les permites acompañarte; por el contrario, puedes aprovechar para enseñarles que en la vida se goza pero también se sufre.
- Aprenderán si te acompañan, no si solo les platicas. Si se quedan en casa viendo televisión, verán el dolor como algo lejano a ellos y no como una parte real de la vida.
- Convivir con tus hijos no tiene por qué ser costoso y si esperas a llevarlos al carísimo parque de atracciones, habrás perdido un tiempo valioso mientras tanto.
- El tiempo de calidad solo requiere de buena disposición, pues desde el momento en que los despiertas empieza esta emocionante parte de tu vida. Muestra tú esa disposición y verás los resultados.

- Creemos que el tiempo de calidad es para realizar actividades fuera de lo ordinario, pero no es así. Cualquier momento lo podemos hacer de calidad: proponte orar unidos mientras vamos a la escuela, conversar con ellos, tomarlos de las manos, abrazarlos cuando pasan a tu lado, escuchar sobre sus aventuras cuando vuelven a casa.
- Es importante mantener las vías de comunicación abiertas, hacerles saber que estás con ellos, observándolos crecer mientras les enseñas a vivir. No los apartes de ti, mantente cerca y pendiente de lo que hacen.
- El tiempo de calidad permite enseñarles a valorar y agradecer sin condiciones. Muéstrales cuán afortunados son por tener vida y salud.
- No esperes los momentos especiales, todos los son. Si buscas la situación perfecta para darles alguna enseñanza, nunca llegará y al cabo del tiempo tendrás hijos desordenados y rebeldes porque no supiste educarlos cuando les hizo falta.

Cada día crece el sentimiento de frustración de Gisela y Fernando, padres de los gemelos Alan y Dante. Al volver cansados a casa, lo último que desean es encontrar problemas. Pero hay tareas escolares para realizar y quejas de la escuela y de los cuidadores de los niños. Quieren amar a sus gemelos y hacer lo mejor para ellos, pero en esta época no hay una idea generalizada sobre la mejor educación para los niños. Mientras unos opinan que es mejor consentirlos y darles todo, otros alegan lo contrario. Aunque Gisela y Fernando hacen lo que pueden y como pueden, con frecuencia sienten que se están equivocando.

> Que el principal sermón de tu vida lo predique tu conducta.
>
> C.H. Spurgeon

Vive tiempo de calidad con tus hijos

Hablar de la pérdida de valores no significa que estemos rodeados de gente mala, todo lo contrario. Seguimos siendo valiosos, trabajadores, comprometidos. La pérdida de valores no significa que no los tengamos, sino que no hay tiempo para transmitirlos. Casi no pasamos tiempo con nuestros hijos y cuando lo hacemos, lo desperdiciamos con reclamos, exigencias y gritos, ignorando la importancia del "tiempo de calidad".

¿Cómo enseñarles la honradez o la lealtad si no tienen oportunidad de vernos actuar de ese modo? La honradez se enseña cuando nos ven devolver algo que encontramos en la calle, o el cambio que nos dan de más.

No hay que ser ilusos y creer que con palabras vamos a educar a nuestro hijo, porque en muchas ocasiones este ni siquiera comprende los conceptos de los que hablamos. Únicamente nos ve actuar, se siente orgulloso y desea ser como nosotros. O al contrario, la conducta que observa en nosotros le causa un enorme pesar.

Empieza a vivir ya con tus hijos tiempo de calidad. Mantenlos cerca de ti, verás que en cualquier momento surge la oportunidad de aprender a hacer algo bueno.

Llévalos contigo a hacer las compras, a poner gasolina, a lavar el automóvil, y háblales de la vida. Hagan muchas actividades juntos y mientras tanto, cuéntales de tu niñez, lo que admiraste de tus padres o tus abuelos. Háblales de tus sueños, comparte con ellos tu forma de ver la vida, háblales de las situaciones que te han convertido en mejor persona, de tus triunfos y derrotas. Cuéntales como sufriste con tus malas notas en la escuela, o con el amigo que te traicionó, aprovecha para compartirles lo que aprendiste de ello. Habla de experiencias que te hayan hecho cambiar, no te quedes callado porque este es el tiempo de calidad y nada puede sustituirlo. Apaga el aparato y acércate a tus hijos, abrázalos, incúlcales amor por la vida.

Aprovecha y aclara sus dudas de lo que ven o escuchan en la escuela. Llévalos contigo a regar el jardín, a lavar los platos, a limpiar la casa, a visitar a los abuelos o al amigo enfermo. En esos momentos de calidad, el niño está feliz en tu compañía y anhela seguir contigo.

MEDITACIÓN

Vuelve consciente cada instante de tu vida. Repite con frecuencia el lugar donde te encuentras, lo que haces y la razón por la que estás ahí. Entonces, siéntete feliz y agradecido por estar ahí.

❖ Tu hijo aprende al observarte vivir tus principios

La bondad de mi madre hacia las personas que pedían algo de comer, me enseñó a ser considerada con los menos favorecidos. Cuando pregunté a mi hijo mayor qué había aprendido observando a sus padres, contestó "aprendí a leer". Un niño aprende a leer si observa a sus padres disfrutar la lectura. ¿Te gustaría que tus hijos leyeran? Deja que te vean hacerlo. Un joven me dijo que se siente orgulloso cuando, pese a su precaria situación económica, su madre encuentra la manera de ayudar a sus familiares pobres. Así, él ha aprendido a ser caritativo. Una amiga me dijo que, como su madre es atenta y educada, ella se conduce con mucha educación y su hijo de seis años actúa de la misma manera. Otro joven me contó que aprendió a ser servicial porque su padre se comportó así siempre.

Tú también aprendiste los principios de tus padres, sin que ellos trataran de imponértelos. Los padres educamos a través del ejemplo que damos a nuestros hijos. Es absurdo pretender "programar" a un niño con principios, solo con decirle: "no cuentes mentiras, sé justo con los demás, cuida tu salud y cuida de tu persona. Graba en tu mente lo que te he dicho y sigue con tu juego de video que tengo que ir a trabajar. No olvides que hablé contigo, porque algún día diré que te eduqué lo mejor que pude y a ti no te dio la gana de hacer caso". Tu hijo no obedecerá sermones, porque no es una computadora programable, es un niño y la manera más efectiva de enseñarle es con el ejemplo.

En la actualidad tenemos menos oportunidades de dar buenos ejemplos a nuestros hijos, procura generar las tuyas.

❖ El padre es guía para la vida

Un hijo necesita más que un padre chofer y proveedor de bienes. De nada sirve colmarlo de obsequios si no observa y aprende de ti los principios que requiere para enfrentar la vida. Es absurdo suponer que si le decimos con frecuencia que no mienta, él obedecerá y dejará de hacerlo. Para muestra, observa a tu alrededor: los padres decimos con frecuencia que las drogas son malas y algunos jóvenes parece que van derecho a consumirlas. ¿Cómo puede suceder esto si tú hablaste con ellos y les explicaste claramente el mal que hacen a la salud? No seamos ingenuos. Un hijo no se educa con palabras, porque toma el exceso de palabrería como regaño y cierra sus oídos. Se educa con actos: si estuvo alejado de ti durante su infancia, si los medios electrónicos fueron su ventana a la vida, si la mujer de la limpieza fue su mejor amiga, si los videojuegos se convirtieron en sus compañeros ¿cómo esperas que de pronto te escuche y te crea? Educaste así a tu hijo, pero él no recuerda tus palabras, tan solo recuerda cómo se hacía pequeño el tamaño de tu espalda mientras te alejabas y está enojado por eso.

Los niños necesitan de ambos padres educación, amor, compañía, respeto y libertad de expresión. Es esencial que los escuchen, les informen según su edad, les provean atención médica, un trato digno y un ambiente saludable. Este cuidado corresponde a papá y a mamá, no es válido dejarle la responsabilidad a uno solo. La excusa de no tener tiempo o tener mucho trabajo hace tiempo dejó de ser válida. A los niños modernos no es fácil engañarlos. Comprenden cuando no hay dinero y oportunidad para darles más, pero distinguen la diferencia entre un padre que no quiere darles compañía, amor y cuidados de uno que no dispone de los recursos suficientes, pero que encuentra la manera de darles lo indispensable para que su vida sea plena y feliz.

MEDITACIÓN

La única razón por la que nuestros hijos no conviven más con nosotros, es porque no reservamos tiempo para ellos.

✓ Acciones de amor

- Permite que tus hijos te conozcan y se sientan orgullosos de ti. Si eres limpio, sencillo, buen conversador, amigable, gentil, servicial y cariñoso, deja que lo vean; ellos te admiran y quieren aprender de ti.
- No importa si crees que tu trabajo es humilde, los principios no se miden por el dinero que obtenemos. La belleza del ser humano radica en su capacidad de amar y agradecer la vida.
- Si les muestras la felicidad que te sientes por ser quien eres y por estar vivo, ellos aprenderán a sentir la alegría de vivir que les transmites, y todo niño necesita aprender esto.

- Muéstrales lo afortunado que te sientes de ser su padre. Diles con frecuencia lo mucho que los amas. Un primer paso sería contarles su historia de bebés, desde el embarazo hasta que aprendieron a caminar. A los niños les encanta, ninguno se resiste a escuchar cómo fueron de pequeños y cuán ilusionado te sentías por ello. Mis hijos son adultos, pero cuando empiezo a contarles de su época de bebés, escuchan con atención; haz la prueba.
- Cuando dedicas a tu hijo parte de tu tiempo, le enseñas y le hablas, le muestras lo mucho que te importa, y abres la puerta para que un día cuente contigo.
- No te quedes callado, así impedirás que otro muestre a tu hijo sus ideas y lo eduque como a ti no te gustaría. Porque algún día, alguien más puede influir negativamente en él y hacerle daño. No permitas que cometa errores por tu irresponsabilidad.
- Habla con tus hijos, no permitas que sea otro quien responda sus preguntas.

Parte 4.

ACTUANDO POSITIVAMENTE

LOS TRES PILARES DE LA DIGNIDAD HUMANA

Los seres humanos tenemos algunas necesidades indispensables para funcionar adecuadamente. Algunas tan básicas como la casa, el vestido y la alimentación son la primeras a solventar en la búsqueda de la supervivencia. Nuestro cuerpo necesita alimentarse y cubrirse todos los días de su vida. No hacerlo nos causará sufrimiento. Desde el aspecto biológico, también venimos programados para cubrir algunas necesidades, como la sexualidad, el descanso o el esparcimiento. Pasar una de ellas por alto puede causar problemas emocionales a largo plazo.

Para ser felices las personas necesitamos recibir, durante nuestros primeros años de vida, tres principios que nos darán dignidad y autoestima; estos se convierten en los tres pilares de la dignidad humana:

- Aprobación
- Respeto
- Amor

Son la única base segura para construir un mundo de hombres y mujeres felices. La persona que no los recibe y devuelve, tendrá serios problemas para relacionarse con los demás. En la medida en que los reciba, será capaz de devolverlos. A pesar de ser distintos, amor, aprobación y respeto van de la mano. No podemos educar hijos felices si no somos conscientes de que su primer alimento debe comenzar por esto.

Ningún ser humano debe sentirse presionado al convertirse en padre. Solo necesita sentirlo, gozarlo, vivirlo. No tienes que buscar fuera lo que se encuentra dentro de ti; si comprendes que eres único, maravilloso, lo mejor que pudo pasarle a tus hijos, podrás comunicar tu amor.

No busques fuera, deja emerger la belleza de tus sentimientos. Vive el amor, siente el respeto por tus hijos, dales tu aprobación. Guíate por tus principios, ahora que los has enriquecido con tu plan de acción. Siéntete vivo, esta es tu oportunidad de hacer algo que te hará feliz, algo que te hará sentir digno y orgulloso de ti.

Dentro de ti se encuentra la maravilla de la vida, con toda su sabiduría. Esa que se transmite a través de todos los padres del mundo. No podríamos convertirnos en padres si no la tuviéramos dentro de nosotros. Solo ten confianza en ti y deja que tu amor te guíe. Mira tus principios y siéntete orgulloso de ser quien eres. Ese ser que tus hijos van a admirar incondicionalmente.

CAPÍTULO 6. APROBACIÓN

Chely, una de mis amigas, es madre de un jovencito de 14 años que juega tenis. El chico es buen jugador, pero su madre me contó que estaba frustrada, pues, aunque le ha pagado entrenamientos muy caros, cuando va ganando su hijo reacciona como si temiera ganar, como si creyera que los otros competidores son mejores y deja ir el triunfo. Este muchacho es muy servicial, es tan solícito que da gusto pedirle un favor, pues lo hace con amabilidad.

Pero sucede que por esto también se mete en problemas, dado que le es difícil decir que no, así que termina haciendo favores que no desea ante su imposibilidad de negarse. Mi amiga está consciente de que su hijo tiene baja autoestima y no sabe qué hacer para ayudarlo. Le dije que le diera aprobación, pero respondió que ese no era el problema, pues constantemente le dice lo bueno que es para el deporte.

> Deje caminar a su hijo por donde la estrella le llama.
>
> Miguel de Cervantes Saavedra

Le expliqué que la aprobación no se brinda cuando el hijo hace algo en lo que uno tiene interés que destaque. Tampoco cuando nos quejamos de haberle comprado los zapatos más caros, la mejor raqueta y, a pesar de cuanto invertimos, el niño "nos" sale con que ya no desea jugar. Confundidos, le preguntamos por qué "nos" hace eso.

Así que cuando, según nosotros, le decimos lo buen jugador que es y nos enojamos si no demuestra todo su potencial, en realidad no mostramos aprobación, más bien lo manipulamos para que triunfe. Queremos que demuestre que puede ser ya o hacer algo que eso nos dará estatus y nos hará sentir orgullo como padres.

MEDITACIÓN

La aprobación no se basa en lo que quieres que tu hijo haga sino en lo que tu hijo ama hacer.

Pon atención al mensaje de tus palabras, porque lo que para nosotros es aprobación, para nuestro hijo es presión. Es forzarlo a hacer algo que empezó como diversión.

No tenemos interés en que aprenda, explore y se divierta, queremos que gane. Por eso, cuando nos quejamos decimos "¿por qué 'me' hace eso?" Pero ¿qué "te" está haciendo él y qué "le" haces tú a él? Porque te convenció de llevarlo a clases de piano y ahí el maestro te dijo que era bueno y tenía potencial (lo que tal vez dice de muchos otros niños, si no ¿de qué viviría?). Al tú saberlo, todo cambió.

Había que invertirle para que destacara. Las clases dejaron de ser una diversión, las convertiste en una obligación para tu hijo. Pagarías e invertirías en sus estudios extracurriculares, pero a cambio querías que te hiciera sentir orgulloso, que demostrara su potencial (y de pasada el tuyo). Y cuando no responde y satisface "tus" expectativas, te frustras y no haces más que repetirle lo bueno que es para convencerlo, pero él interpreta tus palabras de modo distinto, lo estás presionando para enorgullecerte.

> Educar no es dar carrera para vivir, sino templar el alma para las dificultades de la vida.
>
> Pitágoras

Como el hijo de Chely carece de autoestima, se vuelve demasiado servicial. Sabe que la gente lo felicita por ello y como necesita aprobación, es cada vez más complaciente.

Esto genera más y más dependencia emocional. El jovencito requiere que lo aprueben y la única forma que conoce es acatar peticiones. Sufre por el abuso, pero es incapaz de salir de la situación. Si deseo ayudarlo y le digo lo servicial que me parece, provoco aún más dependencia en él y su autoestima sigue a la baja.

MEDITACIÓN

Los padres nos confundimos cuando se trata de proveer aprobación a los hijos. Y es que mencionamos las cosas que nos gusta que hagan, aquellas en las que vemos mejor futuro o éxito, pero se nos olvida aprobar lo que ama hacer. No olvides la felicidad que causa tener un hijo. Un hijo es para amarse por quien es él, no por lo que hace; disfruta su compañía, su presencia.

Chely cree que si le menciona constantemente a su hijo lo buen tenista que es, un día de pronto él dirá: "mi mamá dice que soy buen tenista, cree que puedo ganar, así que voy a hacerlo". Pero no sucederá así. El niño nunca pensará eso, porque las palabras de su madre le suenan a chantaje, no a amor. Si fuera amor, no habría presión para que jugara ni le exigiría que hiciera algo que no desea hacer.

Con sus palabras la madre lo manipula para que la haga sentirse orgullosa de su triunfo, no de quién es él. Así que cada vez que ella se enoja porque él no gana, no le demuestra aprobación ni confianza, sino coacción. No lo aprueba por quien es, sino por lo que hace.

La aprobación honesta y positiva nace del amor que sentimos por nuestro hijo. Amar es sentir alegría porque el otro exista. Y este amor lo demostramos a nuestro hijo ayudándolo a ser feliz. No es presionarlo para que se convierta en el hijo que soñamos en el embarazo. Tampoco es vivir molestos porque no logra nuestras expectativas ni presionarlo para que demuestre que "soy buen padre".

La alegría porque exista mi hijo es amor y así se lo expreso cuando le ayudo a conocerse a sí mismo y a lograr sus sueños, no los míos. Es importante que sepa que si triunfa en tenis es por él, no por mí. A mí me dará mucha alegría que triunfe en lo que le guste hacer y si mi hijo es feliz limpiando zapatos, no tengo por qué intervenir en ello y pretender convertirlo en el gran ejecutivo que sueño.

Mientras alimento su felicidad y lo ayudo a explorar la vida, mi hijo se irá conociendo y sabrá lo que necesita. Si me siento alegre cuando él es feliz, querrá salir adelante por sí mismo, no porque yo lo presione.

✓ Acciones de amor

- Para alimentar su autoestima, disfruta su compañía y regocíjate cuando descubras lo que le hace feliz.
- No lo manipules diciéndole que es bueno en algún deporte, para volverlo campeón y ufanarte de ello. Mejor, apoya cuanta actividad quiera explorar; esto le dará tanto conocimiento de sí mismo que lo llevará al éxito.
- Si quieres aumentar su autoestima, dile cuánto lo amas, demuestra tu felicidad por estar junto a él, bésalo, ponle atención, que sepa que es importante para ti. Esto le brindará la seguridad de que sus padres le aman por quien es él, se sentirá confiado, sabrá que no hay nada que perder si compite o deja de hacerlo, porque ya es amado y se está divirtiendo.
- Ámalo, se cariñoso, muéstrale tu aprobación, dale la confianza de que "él" es un lugar seguro para sí mismo.
- Es entonces cuando lo verás convertirse en el campeón que deseas, en el triunfador, sí, pero de la vida. Lo demás vendrá por sí solo.
- Ayúdalo a conocerse a sí mismo, goza en su compañía y siéntete feliz de tenerlo a tu lado.

Empieza a disfrutar a tus hijos hoy. Los niños también enferman, sufren accidentes y mueren; después ya no hay vuelta atrás. Danielito tenía cuatro años de edad cuando se enamoró de Marianita, una compañera de su salón de clases. Todos los días iba a casa con alguna nueva noticia de la chiquilla, el romance iba viento en popa. El niño se animó a llevarle unas galletitas y a invitarla a su fiesta de cumpleaños.

Un día, de súbito la nena dejó de acudir a clases, porque estaba enferma. Pasaron varios días y de Marianita no se sabía gran cosa, solo que seguía enferma. Por la maestra supe la verdad, habían detectado en esa pequeña un raro tipo de cáncer. Falleció en menos de dos meses. Danielito nunca volvió a verla.

> ¿´Cúal es la mayor hambre del ser humano?
> muy sencillo,
> carecer de amor y aprobación.

No puedo imaginar dolor más grande que perder un hijo. Los padres quedan devastados, la vida familiar se desequilibra. Si se pudiera pausar el momento anterior a la pérdida, lo haríamos, pero es imposible. Una niña que conocí falleció atropellada y en brazos de su madre mientras le rogaba que no la dejara morir. Imagina el dolor y la impotencia de esa madre.

Cuando esto pasa, no hay vuelta atrás. Todos morimos. Pero mientras vivimos nos sentimos indestructibles. Olvidamos enseñar a nuestros hijos a vivir. Queremos darles la mejor educación y no sabemos cómo educarlos para que gocen y aprovechen cada momento de su vida. Nosotros mismos, no los valoramos; les exigimos y vivimos junto a ellos sin gozar su presencia. Mi hijo puede salir a la escuela o a hacer deporte, y ese puede ser el último día que lo vea. O él a mí, como le pasó a la mejor amiga de una de mis hermanas que salió a hacer ejercicio y falleció atropellada de camino a casa.

MEDITACIÓN

Recuerda, la vida de tus hijos no gira en torno a ti, es para ellos. Tienen derecho a decidir qué desean hacer y en quién desean convertirse. Disfruta a tus hijos hoy mientras les enseñas a descubrirlo. Ayúdalos a ser felices, enséñalos a conocerse y disfrutarse. Esos son los cimientos del amor propio, de la autoestima,el primer paso para triunfar en la vida.

Cada ser humano tiene sus propios sueños, sus metas en la vida, su forma de ser. Beto, un tranquilo niño de tres años de edad, nació en una familia en constante actividad y parecía no encajar. Sus padres manejan varios negocios, donde pasan casi todo el día y tienen muy buena posición económica.

Desde que nació, Beto llevaba un desarrollo satisfactorio, aunque no mantenía el grado de actividad que sus padres deseaban. Estaban preocupados por lo que consideraban "problemas de carácter" e intentaban motivarlo llevándolo a muchas fiestas. Lo presionaban para que conviviera aunque no quisiera hacerlo. El niño empezó a tartamudear y a mostrarse inseguro. Entonces lo llevaron al psicólogo para descartar algún trauma. No veían que Beto era distinto a ellos y que al pretender transformar su carácter, le generaban conflictos.

> Sin lugar a duda, es importante desarrollar la mente de los hijos. No obstante, el regalo más valioso que se les puede dar, es desarrollar su conciencia.
>
> John Gray

Lo que tu hijo necesita de ti

Un hijo necesita, además del amor de sus padres, su aprobación. Hay hijos adultos, con cargos de poder y un cúmulo de éxitos, que llevan a cuestas el dolor de no ser aprobados por sus padres. Esta decepción acarrea la tristeza de tener que esforzarse para ser aprobado, no por quien es sino por lo que hace. Cuántos de nosotros estudiamos carreras universitarias y nos casamos para dar gusto a nuestros padres. Buscamos su aprobación para que demuestren que nos aman. Pero no lo hacen y nos sentimos decepcionados. Sucede lo mismo cuando los padres imponemos actividades y diversos aprendizajes, pasando por encima de los deseos del niño. Aunque este quiere aprender pintura, el padre no lo permite y lo lleva a clases de *taekwondo,* pues "le servirá más".

MEDITACIÓN

De forma insensible, un hijo se convierte en objeto del padre, cuando este vuelca en él sus anhelos de éxito, sin permitirle expresarse y mostrar su personalidad. Este afán impide que el niño desarrolle su curiosidad, ese sentido de exploración tan necesario en la vida.

> Un hombre no puede dejar mejor legado al mundo que una familia bien educada.
>
> Thomas Scott

❖ Palabras de aprobación

Los seres humanos aprendimos a necesitar la aprobación de los demás. Pero lo sano es educar a los hijos para no necesitarla, por eso es indispensable proporcionarla durante el desarrollo del carácter del niño. Tanto si no la ofrecemos desinteresadamente como si la negamos, generaremos dependencia en ellos. Quien sabe dar aprobación de forma sana, educa a su hijo para ser su propia fuente de aprobación. Lo enseña a buscar lo mejor para sí mismo y a tomar decisiones de manera más eficaz, pues al conocerse logra resolver los problemas con calma y dominio de sí.

La aprobación es necesaria, incluso antes de corregir. No es igual criticar su persona a decir que alguna situación no nos agrada del todo. Por eso, es necesario aprender a comunicarnos de forma asertiva con nuestros hijos. Hablarles de ellos mismos en términos negativos es sencillo, pero es un error. Incluso, en cualquier ámbito en el que nos desenvolvamos, es necesario aprender a no juzgar y criticar a los demás si queremos mantener relaciones sanas. Es fácil denigrar a los hijos. Los padres utilizamos las palabras como látigos, no les hablamos con amor cuando estamos molestos. Justificamos nuestra actitud arguyendo que merecen estos regaños. Debemos ser conscientes de que despreciar su dignidad traerá consecuencias graves para su autoestima.

✓ Acciones de amor

- La aprobación germina en confianza en uno mismo. Cuando apruebas a tu hijo, le ayudas a conocerse y a amarse.
- Cada vez que le mencionas lo que hace bien, va aprendiendo a descubrirse. Si observas que siempre saca buenas notas en matemáticas y se lo dices, sabrá que es bueno para ello. Esto lo hará motivarse.
- Pregúntale también qué cosas disfruta hacer y ayúdalo a que las realice. No le pongas trabas, tiende puentes entre él y su autoestima.
- Mientras tú le ayudas a descubrir las cosas que le agradan, lo enseñas a enfocarse en el adulto que desea ser al crecer.
- Cuando tu hijo aprenda a aprobarse, buscará realizarse en lo que puede lograr. No lo hará por complacerte, ni será como esos jóvenes que estudian sin conocerse, intentando encontrar, casi por casualidad, una carrera que les haga feliz, pero ignorando dónde buscar.
- Si enseñas a tu hijo a conocerse y aprobarse a sí mismo, no necesitará de otra persona para que lo alimente. Él será su propia fuente de amor.

- Un ser humano que se conoce y aprueba es feliz. Esta es la mayor alegría, educar hijos felices ¿o no?

> Si quieres educar hijos independientes y seguros, dales tu aprobación con frecuencia.

❖ El error de no dar aprobación

El secreto para dañar a un ser humano es no darle aprobación: si no le hablas bien de sí mismo, si te quejas de él, si no agradeces su presencia en tu vida y no le brindas amor, pronto lo tendrás en el camino de la infelicidad, directo a un infierno de sufrimiento. Cuando amamos ofrecemos con alegría una buena dosis de palabras de aprobación.

MEDITACIÓN

Durante su infancia el ser humano empieza a formar su carácter y a adquirir el respeto por su persona. En esta etapa aprenderá que las relaciones alegran pero también causan problemas si no estamos emocionalmente sanos. El niño descubre que hay personas que dondequiera son bienvenidas y otros que no gozan de respeto y aceptación.

La aprobación honesta y desinteresada es necesaria, si pretendes educar con amor. Te ayudará a formar felices a tus niños. Quien recibe aprobación de sus padres toma mejores decisiones y se relaciona con facilidad. Si no recibe aprobación, el niño tiene baja autoestima y problemas para ser aceptado. Además, quien no recibe aprobación en casa la busca fuera, y entrega su tranquilidad a quien le hable bien de sí.

Las consecuencias de este tipo de relaciones pueden ser fatales, el que busca aprobación se convierte en el perro danzarín del otro a quien desea agradarle, en ocasiones rebasa los límites del respeto propio y encuentra, más que amor, desprecio por la falta de dignidad.

✓ Acciones de amor

- Tu hijo necesita escuchar con frecuencia lo feliz que te hace su compañía.
- Enséñalo a confiar en él dándole muchas oportunidades para que tome decisiones, enséñalo a conocerse y a descubrir en quién anhela convertirse para ser feliz.
- Motívalo a decidir el sabor de su helado, el color de su ropa, sus zapatos deportivos y luego felicítalo por lo guapo que luce con la ropa que eligió.
- Aunque puedes guiarlo en lo que le conviene, evita manipularlo para que haga lo que te más agradaría; sé lo más imparcial que puedas, evita decidir por él.
- Descubre sus principios y virtudes y menciónalos. Dile que lo viste ayudar a su abuelita, o que evitó pelear con su hermanito. Encuentra qué admirar y comunícaselo.
- También dile que es guapo, que se ve hermosa en su vestido favorito y con el que no se siente segura.
- Exprésale con admiración lo precioso que está recién bañado, cuando sonríe, o come con corrección.
- Háblale positivamente de sí mismo, no te quedes callado cuando intente ser feliz o cuando se esfuerce, necesita saber que gozas cuando disfruta su vida.
- Asegúrale que si no puede hoy, mañana tendrá una nueva oportunidad, pero que tú no te sientes decepcionado, porque ya es maravilloso.
- Sé su fan número uno. Que nadie te quite ese lugar, mantente firme en él.

Nada hace sentir mejor a un ser humano que saberse amado por sus padres. Yo soy feliz con mis hijos, todos los días les digo lo maravillada que me siento por ellos, lo hermosos que son, lo mucho que los quiero y lo feliz que soy porque han llegado a mi vida. Quiero que sientan mi apoyo y el esfuerzo que hago para darles lo que puede ayudarlos a ser felices. Tus hijos necesitan estar completamente seguros de lo mucho que los amas.

Saber que son extraordinarios, los mejores hijos que pudiste haber tenido, tus compañeros de vida, y que estarán unidos en las buenas y en las malas. De este modo, los habrás enseñado a amarse y respetarse, a enfrentar la vida sin necesidad de ser aprobados por los demás.

✓ Acciones de amor

- Para que tus hijos aprendan a aprobarse, enséñales que es difícil que nuestros afanes fructifiquen al primer intento y que todos aprendemos a fuerza de caernos y volver a levantarnos.
- Diles que cada vez que nos enderezamos y seguimos luchando sin rendirnos, sentimos un orgullo inmenso por el esfuerzo realizado.
- Explícales que para triunfar en cualquier actividad es necesario ser trabajadores, poco conformistas y amar lo que hacemos.
- Si caemos, nos levantamos pero seguimos andando hasta aprender y quedar satisfechos. Esto nos hace sentir bien con nosotros mismos.
- Recuerda, tu hijo saber mejor que tú qué clase de ser humano desea ser.
- Sin duda se convertirá en alguien mucho mejor si lo apruebas, que si lo obligas a convertirse en quien tú soñaste.

> Porque el amor crece dentro de uno, la belleza también crece. Por eso el amor es la belleza del alma.
>
> San Agustín

❖ Tus hijas necesitan aprobación

La aprobación aflora cuando dejas a tu hija ser quien es y admiras el resultado. Mi hija Cynthia es sumamente creativa, no deja de inventar cosas para ser feliz. La ayudo y me sorprendo de lo que aprende. Por sí misma ha entrado a clases de cocina y la apoyé cuando lo decidió. Para sorpresa de todos, una semana después participó en un concurso de chocolate y lo ganó. No diré que me sentía orgullosa, porque no es verdad. Me sentía feliz, disfruté ver a mi hija confiar en sí misma. Cómo se planta en una escuela de chefs y enseña lo que sabe hacer. Duró pocos meses ahí.

Terminó y ahora acude a clases de *pole dance*. Me sorprendió, pero tampoco censuré su decisión, la dejé ser y ahora hace ejercicio, llega cansada a casa y es muy feliz.

Cada niña debe escuchar palabras de aprobación de sus padres y con ello, aprenderá a aprobarse. No obstante, cuando no le hablan bien de ella misma y en vez de mostrar alegría porque ella exista dejan de valorarla, la vuelven una mujer necesitada. Ellos creen que así la enseñan a no necesitar aprobación, cuando en realidad ella está tan ansiosa de oír que es amada e importante para alguien, que se volverá vulnerable ante las palabras de "cualquiera" que se acerque a decirlas. Y ese cualquiera puede ser la persona con quien menos desearíamos que nuestra princesa se involucrara. Para que aprenda a gustar de sí misma es necesario que la enseñes tú: háblale bien de ella misma, muéstrale el valor de cuanto hace, disfruta su alegría. Si canta, ríe, sueña, es dulce, amable y educada, si luce hermosa este día (al igual que todos los días), deberás decírselo ya.

Una mujer que no se aprueba es presa fácil de un maltratador y con ello, de la violencia. Las niñas que necesitan aprobación llegan a límites insospechados en su afán de sentirse amadas por el compañero o de retener su cariño. Exageran sus cuidados, intentan mantener una unión más que por sí mismas, por la dependencia que genera la aprobación del hombre; esto provoca una relación de terror. Cuando una mujer permite que se le maltrate de forma física o psicológica, tras ella hay una vida vacía de ternura, de padres que no la enseñaron a amarse ni le dieron aprobación.

La mujer que ha sido amada por sus padres no se permitirá estar con alguien que no la valore. En cambio, aquella hambrienta de aprobación irá directo a los brazos de quien se la procure; no pensará, solo buscará desesperada llenar ese vacío que durante años ha tenido. Este no es el futuro que deseamos para nuestras hijas. Ellas necesitan escuchar de ti que son maravillosas, ¡empieza ya!

✓ Acciones de amor

- Para que tu niña no viva deseando escuchar cuánto vale, necesita oírlo con frecuencia de tus labios. Aplícate, haz el esfuerzo y comunícaselo.
- Ella merece saber que es la niña más linda del mundo ¿o no? Dile con frecuencia lo bella que te parece.
- Si enseñas a tu hija a amarse a sí misma, será difícil que la veas rebajarse ante alguien para obtener cariño.

He tenido la bendición de traer al mundo tres hijos hermosos y la segunda es mi princesa amada, la dueña de mi corazón. Todos los días, sin dejar pasar uno, le he dicho cuánto la amo, lo importante que es para mí. Un día creció y los muchachos empezaron a pretenderla. Ella había crecido sintiéndose y sabiéndose amada, así que, cuando se decidió a tener novio, no eligió al primero que la pretendió y le habló bonito. Por el contrario, no estaba desesperada, tomó las cosas con calma y se decidió por un chico que le ofrecía algo más que palabras.

Ha pasado el tiempo y son una pareja tranquila y feliz. Ignoro qué será de su relación mañana, pero hasta hoy, mi hija es una joven segura de sí misma que sabe amar y ser amada y está convencida de que sus padres la aman.

CAPÍTULO 7. RESPETO

> Respetar significa preocuparse por que la otra persona crezca y se desarrolle tal como es. De ese modo, el respeto implica la ausencia de explotación.
>
> Erich Fromm

La mejor educación se proporciona con hechos, no palabras. Un padre que se respeta a sí mismo, respeta a sus hijos como base principal de la relación. Nadie puede dar lo que no tiene, no se puede inculcar respeto en un hijo si no se le trata así. A veces el padre, desesperado, ofende al hijo, pero esa falta de respeto demuestra impotencia y debilidad de carácter. Quien se respeta a sí mismo, da e inculca respeto. Esto aplica desde el nacimiento, porque un bebé también necesita ser respetado; de lo contrario, su pequeño mundo entra en confusión y caos.

Al igual que todos, desde el más joven hasta el anciano, tu hijo es un ser humano digno de respeto. ¡Cuántos viejos conocemos que sufren al ser olvidados, como consecuencia de no haber respetado a sus hijos! Aunque un padre jamás debe ser irrespetuoso con sus hijos, tal pareciera que el más elemental respeto que nos debemos entre personas aplica de otra manera con nuestros hijos. Somos groseros con ellos, los dañamos y no hay quien nos ponga un alto. Como si tuviéramos cartilla de inmunidad, los menospreciamos y herimos. Nunca vamos a reparar el daño hecho a su autoestima, por no comprender que están aprendiendo.

Nuestro pequeño ha vuelto a ensuciar su ropa limpia, a perder sus útiles escolares, o quizá, a tirar la leche de su vaso, y de pronto reaccionamos de forma exagerada ante sus pequeños errores. Y por más que nos censuramos y nos proponemos actuar con respeto hacia él, nos vuelve a pasar lo mismo.

Le faltamos al respeto. Nos quejamos de lo "latoso" que es y le llamamos de cuanta manera ofensiva se nos ocurra, sin detenernos a pensar cómo pueden sonar estas palabras a sus tiernos oídos. Le faltamos continuamente al respeto, porque, al ser tan pequeño, no nos sentimos obligados a ponernos límites. De esta manera se nos pueden ir días, meses o años, y de pronto, el tiempo para hacer las cosas de otra forma se ha ido. Más que recuerdos dulces, dejamos el recuerdo del padre o madre continuamente enojado y exigente.

Sin embargo, también tenemos momentos de sinceridad y arrepentimiento. Pueden suceder por las noches cuando vemos su tranquilo respirar; entonces, sentimos en el corazón la punzada del remordimiento y nos prometemos hacer las cosas de otro modo, ser más tolerantes hacia sus pequeños errores y no descargar en nuestro hijo, por su fragilidad, el cansancio y estrés acumulados durante el día.

¿Por qué faltamos al respeto a nuestros hijos?

Entre otras cosas, esta respuesta implica muchos anhelos de los padres, algunos concebidos desde que el pequeño estaba aún en el vientre de mamá. Cuando queremos ser triunfadores en la vida, en nuestro trabajo y en cualquier empresa que implique algo de esfuerzo, no queremos aceptar "mediocridad". Muchas veces, cuando nuestro hijo se equivoca, al ser un fiel reflejo de nosotros y la educación recibida, de manera inconsciente, y muchas veces consciente, creemos que sus errores descubrirán nuestras propias equivocaciones, lo "buenos o malos" que hemos sido como padres y como personas. Además, si internamente creemos que en verdad hemos sido "malos" padres, el asunto puede empeorar. Necesitamos que nuestros hijos reflejen con su conducta solo lo mejor de nosotros mismos, ¡grave error!

Comprendamos que nuestros hijos son seres humanos, unidos a nosotros, sí, pero con sus propios problemas y alegrías. Ellos no son nosotros en pequeño, no harán las mismas cosas que hacíamos a su edad. Por lo general harán cosas muy distintas, sobre todo en esta época de conocimientos y evolución continua. No los comparemos ni con nosotros, ni entre hermanos, ni siquiera con otros niños. Si nuestro hijo es torpe o requiere más tiempo para hacer algo, la primera medida debe ser respetarlo y no desear que sea de otra manera. Si percibimos que sufre por sus limitaciones, más que rechazarlo, tenemos la obligación de apoyarlo. El hecho de que nuestro hijo sea pequeño no quiere decir que merezca menos respeto que otra persona. Tampoco será posible para él vivir en un ambiente tenso de exigencia, donde sobra la rigurosidad y hace falta comprensión. Nos debemos a nuestros hijos, somos de ellos y estamos para ellos. No hay satisfacción más grande que haber aprendido a controlar nuestros impulsos y haber corregido nuestros defectos, cualesquiera que sean, para regalarles el tener los mejores padres del mundo.

El respeto hacia los hijos es la más grande prueba de amor de un padre. Es una virtud tratarlos con integridad. Así, aprenderán a respetar a los demás. Al crecer, podrá desenvolverse con seguridad, no permitirá un trato poco digno. Por ello, aunque a veces caigamos en contradicciones al ser demasiado permisivos o duros, aunque nos equivoquemos, recordemos que el cimiento en la relación con nuestros hijos es el respeto.

Les faltamos al respeto cuando:	
• Los corregimos frente a otras personas. • Hablamos mal de ellos. • Justificamos nuestros actos culpándolos. • No tenemos orden en nuestro hogar. • Nos burlamos de sus sentimientos. • Les señalamos sus errores con menosprecio. • Les decimos que hacen todo mal. • Les decimos que no pueden. • No les tenemos confianza. • Los comparamos con otros. • Los ignoramos.	• Nos decepcionamos de ellos. • Los menospreciamos. • Somos irónicos. • Los agredimos verbalmente. • Descargamos en ellos nuestros enojos. • No queremos escuchar sus razones. • Nos burlamos de sus decisiones. • No nos interesamos por su conversación, ni por lo que les sucede. • Ponemos límites a sus sueños. • No nos disculpamos si cometemos un error. • Minimizamos sus necesidades y deseos. • Criticamos agresivamente sus gustos, amigos, ropa, y otros. • No creemos en ellos.

• Mostramos preferencia por otros. • Los culpamos de nuestras desgracias. • Afirmamos que merecen nuestra violencia. • Nos comportamos como si fuéramos superiores. • No permitimos que nos muestren lo que han aprendido.	• Nos mofamos de sus sueños. • Mostramos decepción porque no son los hijos que deseábamos. • Nos sentimos superiores a ellos.

Enséñalo a respetar

El respeto es la consideración con que tratamos cuanto nos rodea. Es el interés que manifestamos por los sentimientos y la dignidad del otro. Ningún niño es grosero al nacer, poco a poco le enseñamos a serlo. ¿Cómo? Permitiéndoselo. No porque trabajemos gran parte del día merecemos su enojo. No obstante, nos sentimos culpables hasta por regañarlos o llamarles la atención, creemos que nuestra ausencia les da derecho a reclamarnos y faltarnos al respeto. No permitas a tu hijo ser irrespetuoso. Si observa comportamientos inadecuados en otros –por ejemplo, si visitamos a una amiga y la hija le grita–, puede imitarlos para ponernos a prueba.

No lo permitas. Aunque te sientas incómodo, sé amable, pero señálale que te está faltando al respeto. Tampoco tiene derecho a ser grosero con sus hermanos, abuelos, maestros ni con nadie. Insístele en que sea atento y considerado con las personas.

Enséñalo a respetar sus sentimientos; por ejemplo, el sufrimiento. Contrario a lo que creemos, el dolor ayuda a fortalecer al ser humano, nos enseña a valorar lo que tenemos y a ir detrás de lo que necesitamos para estar mejor. Si, por ejemplo, pelea con un amiguito, no cometas el error de señalarle que tiene otros amigos y no debe sentirse triste. El cariño hacia un amigo no se cambia por otro. No te asustes si tu hijo sufre un poco; por el contrario, ayúdalo a conocer y respetar el proceso del dolor, pues todos tendremos que vivirlo algún día.

Respetar a los hijos

Aunque es más sencillo "obligar" a los hijos a respetarnos que enseñarlos a hacerlo con nuestra conducta, el respeto no puede imponerse, porque entonces sería temor, tiranía. Tampoco se consigue imponiendo que nos idolatren, exigiéndoles hacer cuanto deseamos sin chistar. Quien trata así a sus hijos no los respeta, se impone a sí mismo como un dictador. El respeto es la forma esencial de vida entre todos los seres vivos. Si desean hacer felices a sus hijos, los padres necesitan amarlos y respetarlos. El respeto no se impone, se brinda como muestra de amor.

MEDITACIÓN

¿Qué es respeto? Respeto no es control, no es supervisar personas, sentimientos, habitaciones, celulares, cajones, amigos, u otros. Respeto es respaldar el derecho a decidir sobre la propia vida.

> Nada hay más hermoso que un padre se convierta en amigo de sus hijos, cuando estos llegan a perderle el temor, pero no el respeto.
>
> José Ingenieros

Respetamos a nuestro hijo cuando comprendemos que tiene derecho a aprender, a explorar la vida y a equivocarse. Sin dejar de guiarlo, lo dejamos caer y levantarse, permitiéndole que aprenda a vivir. Algún día, deberá tomar sus decisiones y nosotros las respetaremos, confiaremos en la vida. Confiaremos en él. No nos impondremos. No lo obligaremos a ser como quisiéramos, no intervendremos con nuestros anhelos y expectativas, pretendiendo que nos haga felices; aunque deseemos verlo como "campeón", le permitiremos avanzar.

No hablo de que dejes de guiarlo y de participar activamente en su vida, porque tu hijo siempre necesitará tus palabras y tu amor. Hablo de no apropiarnos de él como si, por ser sus padres, debiera enorgullecernos ante los demás. Hablo de caminar junto a él, pero darle la libertad que necesita para crecer y ser él mismo. Confiar en que nuestro hijo buscará lo que lo hará feliz. Porque la vida se trata de confiar en el ser humano, nadie es superior. Un padre no es mejor que sus hijos, es solo el recurso de quien se apropia la vida para seguir trascendiendo. Aprendamos a confiar en nuestro hijo. Asombrémonos cada día de sus avances, enseñémosle a caminar, pero no queramos avanzar por su senda.

Apoyemos todas sus exploraciones por la vida. Demostremos nuestro amor dejándolo volar libre, alentemos sus sueños y luego, ayudémoslo a convertirse en quien soñó. Ayudémoslo a ser feliz, a luchar por sus ideales, siendo él mismo su ideal principal. ¿Para qué queremos hijos infelices con nuestras imposiciones?

✓ Acciones de amor

- Aunque tu trabajo te aparte, dedica siempre un momento al día a tu hijo, comprende lo importante de tu responsabilidad hacia él.
- Edúcalo para ser respetuoso, siendo tú el ejemplo.
- Al educar a un hijo, el respeto es el cimiento esencial. No permitas lo contrario ni una sola vez.
- Cuando respetas a tu hijo, él te respeta, te comprende, aprende de tus flaquezas y te ve como el ser humano que eres. No se convierte en tu juez y te defiende aun de ti mismo.
- Te amará más allá de tus errores y tus aciertos, porque tú le habrás enseñado a amarse y a respetarse a sí mismo, y él lo manifestará amando y respetando a los demás.
- Enséñale también a respetar la vida, la naturaleza y los objetos que usamos.
- Nuestro planeta es muy bello, enséñale a amarlo y disfrutarlo, pero sin causar daño. ¿Cómo? Haciéndolo tú, poniendo el ejemplo le enseñarás a respetar su entorno; no debe maltratarlo, sino amarlo, o al menos, protegerlo. Asegúrate de que cada hijo sea mejor ser humano.
- Cada vez que permites que tu hijo te falte al respeto, le manifiestas lo poco que te importa su futuro.
- Respeta a tu hijo. No te impongas, no quieras que él realice lo que tú no lograste, déjalo crecer.

- Ten confianza en él, hay ocasiones en que los adultos le damos demasiada importancia a situaciones que no la tienen.

Dedícate a descubrir el ser humano que es tu hijo, ayúdalo a plasmar sus anhelos. Enséñalo a confiar en sí mismo. Triunfar en la vida no es tener dinero, es ser feliz. El ser humano que confía en sí mismo y se respeta va encaminado en la búsqueda de su felicidad. Esto le da seguridad para adquirir cuanto necesita, amor por su gente, un trabajo remunerado, un cuerpo sano, paz emocional.

Cuando los hijos toman decisiones hay que confiar en ellos y no temerle a la vida. Cuando Ernesto, el menor de mis hijos, estaba en tercero de secundaria, justo a la mitad del año me dijo que ya no quería continuar en la escuela a la que iba. Faltaban menos de cinco meses para terminar, pero él dijo que estaba cansado de la distancia y quería cambiarse a una escuela cercana. Muchos habrían considerado que era necesario que terminara donde empezó, pues cambiarse podría desequilibrar sus resultados. Pero no lo pensé así y respeté sus deseos. Él hizo lo que tenía que hacer y se emparejó a sus compañeros. Salió con excelentes calificaciones de la nueva escuela y sintiéndose respetado por sus decisiones.

Hace poco Ernesto vio una fotografía que le tomé disfrazado de patito azul, cuando estaba en preescolar. Yo hice ese disfraz la tarde anterior, quería ver a mi hijo hermoso. Sin embargo, él se sentía humillado con el traje y a pesar de mi esfuerzo, no lo obligué a usarlo. Pronto olvidé la historia, pero él vio la foto y después de 15 años aún recuerda que su madre no lo forzó a usar algo que lo hacía sentir a disgusto. Seguramente yo quería lucir a mi hijo, pero quería más que fuera feliz.

✓ Acciones de amor

- No obligues a tus hijos, aunque pienses que sus decisiones son injustas "contigo". Tú no tienes que ver, es entre ellos y su vida.
- Déjalos vivir. No interfieras. Solo admírate de lo hermoso que es vivir, alégrate de haber participado en este milagro. Ya sé que deseas hijos exitosos, quizá pienses que si no los obligas no tomarán buenas decisiones, pero ocurre lo contrario.

- Respeta a tus hijos. Es lo mejor que puedes hacer por ellos. Sé el observador amoroso que encamina pero no obliga, no quieras triunfar a través de ellos.
- Triunfa como padre, aunque sea lo único que hagas para sentir que tu vida valió la pena.
- Entrégate, no te impongas, no los obligues a ser tú.

MEDITACIÓN

- ¿Cuál será la razón de la falta de conciencia de nuestros problemas?
- ¿Será que hemos olvidado enseñar a respetar la vida?
- Nuestro hermoso planeta muere de forma lenta por la falta de respeto y amor.
- Nos destruimos y matamos unos a otros por no saber apreciar la vida.
- Igual procedemos con nuestros hermanos de los reinos vegetal y animal, quienes sufren nuestra crueldad.
- Respeto: la clave es enseñar y vivir con respeto. Hacer del respeto bandera de vida.
- Que nada perturbe tu necesidad de enseñar a tus hijos a respetar y amar.

CAPÍTULO 8. AMOR

Recuerdo el día que nació mi hijo mayor. Era mi primer día como madre y estaba impactada, ansiosa de darle lo mejor de mí misma a ese nuevo ser que tenía en mis brazos. Lo miraba y me sentía impresionada de lo mucho que lo desconocía. Era un capullo de vida, que dependía por completo de mí y viviría cada día con las bases de amor que yo le diera. Pero en ese primer día todo era desconocido y nuevo. ¿De dónde iba a surgir ese gran amor de madre del que tanto se habla? ¿Sería capaz de sentirlo y entregárselo?

> Amar a una persona es algo más que un sentimiento fuerte: es una decisión, es un juicio, es una promesa.
>
> Erich Fromm

La importancia del amor

La primera demostración de amor que damos a nuestros hijos surge cuando comprendemos la responsabilidad de educarlos, cuidarlos y ayudarlos a crecer lo mejor posible. Aunque aún no sabemos cómo haremos para educarlos ni para darles cuanto necesiten, nos esforzaremos. La responsabilidad es uno de los pilares del amor. Los días junto a nuestro hijo pasan y poco a poco lo conocemos, sabemos qué lo hace feliz, identificamos su manera de llorar y su temperamento. El amor fluye mientras lo conocemos y colmamos sus necesidades de protección y ternura.

El amor y los cuidados maternos son esenciales en la vida de todos los seres humanos. Hace años escuché del caso de un orfanato que, debido a la posguerra, tenía niños recién nacidos internados. Al paso del tiempo, estos niños empezaron a mostrar enfermedades y problemas físicos, incluso algunos murieron. En los estudios que se hicieron se encontró que, aunque los bebés eran atendidos y alimentados, nadie los acariciaba. Debido a la gran cantidad de niños, las enfermeras se limitaban a mantenerlos en óptimas condiciones, pues no había tiempo para cargarlos, besarlos y mimarlos. Esto demostró lo esencial que es para los seres humanos el contacto físico y cómo un niño puede morir por falta de amor. Comúnmente se ha denominado a esta enfermedad marasmo afectivo y se presenta en los niños que carecen de una relación de cariño con su madre o una figura de apego que la sustituya. Cuando es detectada a tiempo, se puede ayudar al niño dándole ese apoyo afectivo que requiere para su supervivencia; de no ser así, morirá después de un periodo progresivo de deterioro tanto físico como emocional.

❖ Marasmo afectivo

> Se conoce así a la depresión infantil que surge a raíz del sufrimiento causado por la ausencia de su madre o de algún lazo afectivo que provea al niño de amor. Sus síntomas se manifiestan a través de retrasos en el desarrollo corporal, el lenguaje, la adaptación al medio ambiente, la maduración intelectual y la poca resistencia a las enfermedades. El niño presenta tristeza, llanto, agitación y desaliento. Posteriormente habrá interrupción del llanto, escasa exploración del medio, mirada inexpresiva, extrema pasividad, indiferencia a los estímulos, sueño constante y adelgazamiento hasta la muerte. Los síntomas aumentan en tanto se mantiene la deprivación materna. El pequeño percibe su inmadurez y dependencia afectiva como un elemento vital para su supervivencia y busca ser amado y protegido. Cuando se resuelve esa falta, puede recuperarse; de no ser así, buscará adaptarse pero si no lo logra, se abandonará y se dejará morir.

Los seres humanos vivimos de amor. En él se basa nuestra autoestima y felicidad. Nuestros hijos, como las demás personas, necesitan sentirse amados. Somos sus padres quienes debemos ofrecerles amor. Un niño que es amado crece con objetivos claros, con seguridad y confianza en la vida. Puede ser capaz de soñar, tener ideales, luchar por su felicidad. Piensa antes de actuar, toma buenas decisiones y no hace lo que no le conviene. Pero, para que un niño se desarrolle como un ser que vive el amor a plenitud, antes tiene que recibirlo de sus padres de forma incondicional.

Meditación

El amor no es una excusa para dominar al hijo. No se mueve en la avaricia, ni en el poder, no es posesivo. No manipula, comprende. El amor se regocija con la presencia de nuestros hijos, es la dicha porque existan.

El amor es el camino más corto y natural para ser un buen padre, no hace falta prepararse para ello. Solo es necesario dejarlo fluir y expresarse.

El padre que ama a sus hijos les enseña a amar, porque dando es como recibimos. El hijo retribuye con amor al padre. Al recibir amor incondicional, el niño aprende a distinguir amor de dolor, no los confunde, tampoco deja que el sufrimiento anide en su interior.

El padre que enseña a amar a los hijos no exige, da. Un padre amoroso no es capaz de pretender triunfos, pues valora todos los momentos en la vida de sus hijos. Este padre se rehúsa a buscar reconocimiento a través de ellos, los deja ser.

Mantiene bajo control sus expectativas, limitándose a desear que sus hijos disfruten y sean felices en cuanto hagan. Sabe agradecer su presencia, en vez de causarles conflictos por no vivir como a él le hubiera gustado. No los manipula ni controla, los deja ser libres, explorar, sentir la vida. No espera que los hijos lo compensen por sus desvelos ni por cuanto les ofreció, solo se afana en entregarles lo mejor de sí. Sabe que sus hijos le brindan la experiencia del amor de padre, por eso, no los obliga a avanzar por un camino impuesto, confía en la vida y les ayuda a descubrir su propio camino.

Cuando el padre no desea para sí, entrega su amor a través de principios como respeto, confianza, libertad. Al ofrecer esto, su hijo crecerá sano, dueño de sí, amándose y dando amor a quienes le rodean.

MEDITACIÓN

Los niños amados:

- Son vitales.
- Se sienten aceptados y útiles.
- Son emocionalmente sanos.
- Mantienen relaciones sanas.
- Cuidan de sí mismos.
- Se sienten cómodos de ser quienes son.
- Viven el momento presente, saben disfrutar.
- Tienen un nivel más elevado de conciencia.
- Enfrentan de forma más positiva los problemas de la vida.
- Tienen confianza en ellos mismos.
- Hacen de su vida una experiencia maravillosa.

❖ Amando enseñas a amar

Enséñalo a amar y respetar a tu cónyuge

El amor solo vive donde hay amor; si en tu hogar lo hay, enseñarás a amar a tus hijos. En cambio, si los padres no lo viven ¿cómo podrán enseñarlo? Si no sabemos amar, será muy difícil transmitirlo a nuestros hijos. Eso es lo que ocurre cuando afirmamos tener un gran amor por ellos pero intentamos destruir la imagen que tienen de nuestro cónyuge. Un niño sufre cuando escucha a sus padres hablar mal uno del otro, demostrando que su prioridad no es educarlo con principios, sino competir entre ellos para obtener su amor y aprobación, el título del mejor papá. El padre dice al niño que no puede hacer algo y la madre dice que sí puede. Uno niega un permiso para salir y el otro lo concede. El padre no autoriza un videojuego y la madre lo permite a escondidas. Ambos se sienten resentidos y agotados. Y el hijo, en vez de ser obediente y educado, es un niño manipulado e inseguro a causa de sus padres.

> Amar a la madre de sus hijos es lo mejor que un padre puede hacer por sus hijos.
>
> Theodore de Banville

Esto sucede cuando los cónyuges compiten por ser el padre más amado, pero en vez de educar basándose en principios, su fortaleza y seguridad se basan en desacreditar al otro. A final de cuentas, si el otro es un irresponsable, habrá a quién culpar de que los hijos "hayan salido como salieron". Hablan mal del otro con los profesores, psicólogos, amigos y familiares; como no están seguros de ser buenos padres, necesitan desprestigiarlo para no sentirse responsables. Lo grave es que los hijos escuchan y se sienten decepcionados de ambos, perciben los conflictos paternos y les duele estar en medio.

Rodrigo cree que sus padres lo aman, confía en ellos. Para él, sus padres son lo máximo, sabios y buenos, son sus héroes. Pero cuando ellos compiten como jugando al ping-pong con su educación, Rodrigo comprende que algo no funciona y no es tan amado como creía. Percibe que entre este va y viene de palabras y órdenes existen circunstancias por las que deja de ser valioso para su familia. Se convence de ser culpable y sufre.

Como consecuencia, en su conducta aparecen problemas de ansiedad, falta de atención y concentración, rebeldía, agresividad, de aprendizaje y muchos más.

Meditación

Cuando nos decepcionamos de alguna persona, por ejemplo, nuestro cónyuge, lo rechazamos y le negamos amor. Consideramos que no se lo merece e instalamos en la relación sentimientos como enojo y desaprobación. Esto es una trampa porque quien tiene el sentimiento dentro es uno mismo, y es uno quien primero se enferma con él.

No se trata solo de que no nos escuchen pelear, hay ocasiones en que las actitudes en apariencia "normales" –como fingir que no hay conflicto donde sí lo hay o tratar de manipular los sentimientos del niño– hacen muchísimo daño. Denigrar al padre o la madre nunca dará buenos resultados. Cuando la situación se descontrola, los padres, cada vez más inseguros, redoblan sus esfuerzos de ganarse a los hijos, a veces mimándolos, actuando sin congruencia, sin tomar una dirección hacia un crecimiento sano. Como si manchar la imagen del otro hiciera que un hijo nos imite y nos ame. Pero, al destruir la imagen del otro padre, se educa sin principios y sin una base sólida de amor y confianza. "¿Cómo creer en papá y mamá si se contradicen mutuamente y nunca están de acuerdo?" Quizá no sepan pactar para educar con congruencia o no les interese hacerlo. Si los padres ignoran cómo educar a sus hijos, estos crecerán inseguros ante la vida. Un hijo ignora que papá y mamá traen al matrimonio problemas de sus respectivas vidas. Lo único que necesita es ser educado con responsabilidad y cariño. No tiene capacidad para comprender por qué entre sus padres hay dificultades, aunque percibe que ninguno le ofrece estabilidad y amor.

✓ Acciones de amor

- No compitas con tu cónyuge por el amor de tus hijos.
- Tampoco pretendas ser el padre más amado de tu matrimonio.
- Observa el ambiente en que vive tu familia, evita las actitudes que destruyen el amor.
- Tu objetivo principal es enseñar a tus hijos a amar y respetar a ambos padres.
- Comprenderlo es de valor fundamental. El niño que aprende a amar, al crecer podrá mantener relaciones sanas.
- No tienes que hacer algo especial para demostrar amor. Cuando amas, de cuanto haces se desprende amor.
- Permite que tus acciones hablen de amor.
- No te preocupes si no eres perfecto. No tengas un ideal sobre ti. Mantén vivos tus principios y vive siguiéndolos.

MEDITACIÓN

Un padre responsable sabe que para su hijo es ejemplo a seguir, pilar de educación y proveedor irreemplazable de amor y autoestima, aunque tenga mala relación con su cónyuge. Quien impide una sana relación con el padre del sexo contrario, daña a su hijo de forma irremisible. La relación con los padres debe respetarse por encima de todo.

✓ Acciones de amor

- No se vale criticar o desprestigiar al otro, ni aprobar o desaprobar su conducta, mucho menos frente a nuestro hijo o buscando que nos escuche para hacernos las víctimas y conseguir que se ponga de nuestro lado. No cometas este terrible error, que indica falta de criterio y madurez.
- Para tu hijo su padre siempre será su padre y su madre siempre será su madre y ambos son sus proveedores indispensables de amor.
- Por la salud emocional de tu familia, fortalece la relación de tus hijos con su madre o su padre.
- Un ser humano feliz es aquel que se encuentra en paz con ambos padres. Este es el mejor regalo que puedes hacer a tus hijos, amarlos y enseñarlos a amar a sus padres.

Antes de censurar recuerda, nadie es perfecto ni sabe todas las respuestas. Todos nos equivocamos y tenemos razón en algún momento, incluso respecto a quién elegiste para padre o madre de tus hijos. De la comunicación entre ambos surgirá lo mejor, aprende a confiar en lo que cada uno va a ofrecer. Cuando en nuestra inseguridad criticamos al otro, perjudicamos a toda la familia. A un niño le hace más daño la desacreditación que se traen sus padres que dormir media hora más tarde o comer un poco más de postre.

Competir con el cónyuge daña las relaciones familiares. A veces es preferible guardar silencio a criticar a nuestro cónyuge. Evita sembrar en tu hijo dudas y confusión:

> "¿Por qué, si mamá dice que es malo comer mucho postre, papá me sirve más? ¿Será acaso que no me ama? Tal vez mamá es mala, porque papá es bueno y me quiere, pero mamá también es buena... entonces ¿qué pasa con ellos? Quizás el malo sea yo, por eso pelean; mejor no pido postre, ni nada, porque soy malo y por mi culpa pelean."

Cuando se le habla mal a un niño de uno de sus padres, siempre se pondrá contra esta persona y de parte del padre difamado. No es fácil convencerlo de que su padre o su madre son malos. Quien intenta hacerlo no genera agradecimiento. Si es el otro padre quien lo intenta, el niño se resentirá con ambos por no saber resolver sus problemas y usarlo como arma. Cuando transmitimos resentimiento a nuestros hijos, uno mismo termina por ser degradado por ellos. Los niños sufren cuando son obligados a escoger entre alguno de sus padres, no les enseñemos a juzgar o a tomar partido.

Los problemas entre esposos no deberían tener como árbitros a los hijos. Por respeto e integridad, evita involucrarlos así.

Cuando tenemos problemas con nuestro cónyuge la "realidad" que vemos es parcial con nuestros sentimientos y deseos; no es objetiva. Respeta a tus hijos, cuida la imagen de su padre o su madre. Ya sea que puedas arreglar tus problemas y diferencias con tu cónyuge o no, respeta la relación que tienen ellos. El mundo es un lugar difícil cuando los padres tienen dificultades, no lo empeores.

✓ Acciones de amor

- Evita desacreditar los actos de tu cónyuge, no tienes derecho y esto se volverá en contra tuya, pues a ningún hijo le gusta que critiquen a sus padres.
- Los problemas con nuestro cónyuge afectan a nuestros hijos. Evita conflictos, consulta a un profesional, busca ayuda. Que tu prioridad sea crear una atmósfera de amor en casa.
- Al querer "demostrar" que eres mejor padre que el otro, en realidad manifiestas falta de criterio, inseguridad y desamor.
- Fomenta una relación sana entre tus hijos y tu pareja.
- Analiza las verdaderas razones de tu proceder; no consientas tus inseguridades.

- Elimina de ti los pensamientos, palabras y actos que impiden que fluya el amor.
- Disfruta dar amor a tu familia. Recuerda que tus hijos algún día se irán, que su mejor recuerdo sea tu amor.
- Un principio es y será siempre fomentar la paz y el amor entre padres e hijos. Hazlo tuyo, vívelo.
- Nunca será excesivo repetir que busques ayuda profesional, no tienes que estar hundido en el dolor para hacerlo. Después de hablar con un especialista tendrás una visión más clara de la situación.

Recuerdo a una pareja, padres de un niño de siete años con problemas de aprendizaje y conducta. Contaron que se llevaban mal desde hacía varios años y no tenían interés por resucitar la relación. Con actitud ofensiva, trataban de desacreditarse con cuanta persona tuvieran enfrente, incluyendo a Paco, su hijo. Los comentarios denigrantes y agresivos eran frecuentes. Vivían en una constante guerra de palabras y mostraban desaprobación por todo lo que el otro hacía; aunque sus acciones fueran bien intencionadas, siempre había algo para criticar.

Wilfredo, el padre, diagnosticado con diabetes juvenil, temía que Paco la contrajera también. Debido a los problemas de la pareja, él no mencionó su enfermedad a la familia, así que con frecuencia regañaba a su hijo por comer lo que consideraba nocivo pero, ajeno a la confusión ocasionada, no le explicaba por qué lo hacía. El niño no comprendía por qué su padre prohibía algunos alimentos y su madre los permitía.

Cierto día Paco le pidió permiso para comer un pan dulce y él le contestó que no lo hiciera. El niño entonces pidió permiso a su madre, quien, aunque escuchó que Wilfredo lo negó, le dijo que podía comerlo. Paco volvió con su padre y dijo que su mamá sí lo había permitido, a lo que este contestó "haz lo que te dé la gana". Esta situación deja ver cómo los problemas entre padres impiden que demuestren interés hacia sus hijos. Paco podría pensar algo así:

"Mi papá me ama, por eso no me deja comer lo que me hace daño. ¿Qué dirá mamá?"

"Mi mamá sí me dejó comer algo que papá cree que me hace daño, ¿será que mamá no me ama? Le diré a papá."

"Ahora papá me deja comer algo que él cree que me hace daño, ¿hace daño o no? ¿Qué pasa? ¿Acaso no le importo a ninguno de los dos?"

MEDITACIÓN

Mientras un padre niegue su responsabilidad de los problemas que manifiesta su hijo, se necesitará más que un maravilloso médico, psicólogo o terapeuta para ayudar al niño.

✓ Acciones de amor

- La continua comunicación entre cónyuges al educar a sus hijos es muy importante. Cuídala como un preciado tesoro.
- Asimismo, la comunicación entre padres e hijos es esencial. Háblales con frecuencia y que entre tus palabras jamás falte un: ¡TE QUIERO, hijo mío!
- Cuando amas, eres consciente de cada instante, sabes que es único.
- Haz de su presencia un día de fiesta, celebra siempre que estén juntos.
- El padre que en verdad ama no espera el momento perfecto para demostrar su amor, todos lo son.

Enséñalo a amar a ambos padres, aunque estén divorciados

Los padres divorciados deben mostrar amor: manipulamos a los hijos de formas tan sutiles que a veces somos incapaces de reconocerlas. Una de ellas surge con el divorcio y los conflictos de los padres. Es común que al divorciarse, los cónyuges queden resentidos y enojados. Si no asumen su responsabilidad, es sencillo asignar culpas y acusar al cónyuge de ser el causante de la disolución del matrimonio. Necesitamos sentirnos seguros al enfrentar las críticas que harán sobre nuestra persona. Es por ello que de pronto censuramos al ex cónyuge y, aunque no queramos pasar por víctimas, todo es más fácil si acusamos al otro.

Una madre divorciada estaba enojada con su ex esposo. Mientras ella cuidaba a sus tres hijos, el padre solo los veía algunos fines de semana. Lo acusaba de ser un pésimo padre y de atender al mínimo las necesidades de los hijos. Por desgracia, comunicó esta animadversión a sus hijos. Su resentimiento era grande, vivía molesta, cualquier cosa la hacía enojar y pronto el niño mayor, de 11 años, empezó a manifestar serios problemas de conducta. Me comentó que se sentía frustrada porque el niño le pedía irse a vivir con el padre. No podía creer que prefiriera vivir con él pues era muy irresponsable. Su enojo le evitaba comprender la situación y ver que la causa de la actitud del niño era ella misma. La señora decidió dejar ir al hijo con el padre "para que comparara entre los dos".

En consulta le dije que no era posible pedirle a un hijo que eligiera entre sus padres, tampoco es justo ponerlo a comparar para decidir cuál era el mejor. Es preferible que el niño conozca por sí mismo a sus padres tal como son, sin que el otro pretenda hacerlo pasar por malo. Esto daña muchísimo al hijo, quien necesita comprender que cualquier cosa que haya distanciado a la pareja, es cuestión de ellos y no tiene que ver con él.

Los padres a veces buscamos convencer a los hijos de que el "otro padre" fue el causante del dolor familiar, queremos responsabilizarlo y hacernos las víctimas. Pretendemos que nos amen más que al "traidor". El alcance de esta acción en la vida de los hijos es grave porque destruye las relaciones sanas posteriores. Ellos necesitan amar libremente a ambos padres para crecer sanos y poder amar después.

El primer deber de cualquier padre responsable es enseñarlos a amarse a sí mismos y a los demás. Quien pretende educar a un niño sin este objetivo en mente, destruye su autoestima y la posibilidad de formar relaciones amorosas sanas. Si dañamos la imagen del cónyuge que se fue para que nos amen, manipulamos los sentimientos de nuestros hijos y basamos su educación en eventualidades y no en principios. Los niños se dan cuenta de esta situación y se decepcionan profundamente. Luego, sus problemas de conducta hablan del enojo que sienten contra nosotros, por no establecer prioridades en su educación.

Un divorcio no tiene por qué impedir que los padres se respeten y eduquen con principios.

✓ Acciones de amor

- Nunca discutas con tu cónyuge frente a tus hijos, pues de este modo los enseñas a pelear y a discutir.
- Procura no discutir cuando ellos estén en casa. Los hijos captan un ambiente tenso mejor de lo que crees.
- Recuerda, el padre no debe perseguir el amor de sus hijos. Debe perseguir cumplir como padre lo mejor posible.
- No negocies con el amor, no pagues ni premies con él.
- No le digas a tu hijo cuando esté molesto que tiene que amarte porque eres su padre o su madre. Si lo amaras no le dirías que ame porque sí, tampoco que está obligado.
- El amor debe fluir por sí mismo.
- Si te has divorciado, para tu tranquilidad emocional, ten siempre en mente que el matrimonio se acabó también por tu 50 por ciento de la relación.
- Cuando te descubras pensando que tu cónyuge no hizo lo que debía, recuerda que eso dañará a tus hijos. No juzgues; lo que acabó, acabó.

Enséñalo a amar a sus hermanos

Los problemas entre hermanos adultos a veces surgen de la pésima relación que mantienen desde niños. Al permitirles pelear, los padres no les enseñan a arreglar sus conflictos ni a defender el amor que debería imperar entre ellos. Además, al no asumir la responsabilidad de enseñarles a convivir, se quejan de la situación pero no le ponen remedio. Al contrario, pareciera que el padre es mero espectador y no celador de la paz entre sus hijos. Los hermanos que no aprenden desde niños a arreglar sus conflictos, rara vez pondrán de su parte para solucionar los conflictos de la vida adulta.

Hace muchos años, una de mis hermanas visitó por algunas semanas la casa de unos familiares, donde dos hermanas adolescentes peleaban casi todo el día. Mi hermana decía que los pleitos comenzaban por cualquier tontería, desde la ropa o las tareas, hasta por conversaciones sin sentido. Peleaban de la mañana a la noche, nadie les ponía un alto. Las agresiones eran despiadadas y las chicas se atrevían a hacer cualquier cosa con tal de ganarle a su hermana. Destrozaban la ropa que tomaban sin pedirla, se hostigaban frente a los muchachos y se acusaban una a la otra con los padres. Hacían travesuras para incriminárselas mutuamente, intrigaban contra ellas y el ambiente familiar era una guerra sin cuartel.

Mi hermana volvió cansada de la situación y me contó cuánto se sorprendía porque los padres nunca intervenían para detenerlas, no tomaban medidas serias para evitar los pleitos, las regañaban pero actuaban como espectadores pasivos.

El tiempo ha pasado y esas hermanas no han establecido una relación cariñosa entre ellas. Sus hijas no se hablan, no conviven, las familias viven distanciadas y con la mínima comunicación. No se ayudan y ni siquiera en las fiestas se unen para celebrar. Ambas se critican ante las personas que las conocen y los padres, hoy ancianos, sufren por el desamor de sus hijas, no reconocen que ellos las enseñaron a vivir así.

Qué triste es que los hermanos peleen. Los niños sufren y la casa se llena de angustia, malhumor y cansancio. Salir en familia es una odisea porque en cualquier momento empezarán los problemas, será difícil tranquilizar a los hijos y quedar como si nada hubiera pasado. Los pleitos durante la comida amargan a la familia y a quienes comen junto a ellos. Papá y mamá pelearán también, reprochándose la poca cooperación en la educación de los hijos. Entonces, lo que prometía ser agradable, termina como un altercado.

Los hermanos que pelean reflejan lo que pasa en casa: padres que no saben ponerse de acuerdo y permiten el descontrol en su hogar, a costa de la salud emocional de la familia. Los padres sesienten culpables al corregir a los hijos y prefieren "rogarles que se comporten" a implementar estrategias que eviten pleitos y discusiones.

Para escapar, optan por callar y dejan que sus hijos decidan cómo actuar, evadiendo así su responsabilidad. Ignoran que los niños sufren con esta situación, pues requieren de hermanos cariñosos para convivir y fortalecer su autoestima y se preguntan por qué su hermano, en vez de amarlo, se dedica a lastimarlo y causarle dolor.

MEDITACIÓN

Consideramos "normal" que los hermanos peleen. ¿Cuándo vas a impedir que sigan haciéndolo? ¿Cuando surja el resentimiento entre ellos y les sea difícil llevarse bien?

Abundan los casos de violencia entre hermanos. Esta va desde palabras agresivas y golpes, hasta abuso sexual. Cientos de niños son violados diariamente por sus hermanos. La violencia psicológica tiene estadísticas peores y los números tienden a aumentar ante la mirada impasible de los padres, quienes ignoran la situación en vez de poner un alto. Los pleitos entre hermanos deben evitarse y esto corresponde a los padres. Los niños que pelean con sus hermanos crecen muy solitarios porque no saben tener amigos, ya que arreglan todo con gritos o golpes. Se sienten rechazados fuera y dentro de casa. No sienten confianza en sus padres, los consideran inútiles para velar por la seguridad del hogar. Al crecer, se vuelven contra ellos. ¿Cómo podría ser de otra manera, si no les enseñaron a amar y respetar a sus seres más cercanos?

Enseñar a amar empieza en tu casa

Uno de los más grandes regalos que me dio la vida ha sido tener hermanas. Mi infancia fue maravillosa gracias a ellas. Ahora soy adulta y me siento bendecida por tenerlas. Con ellas he compartido lo mejor y lo peor de mi vida. Juntas hemos reído y llorado. Solo necesito llamarlas y sé que estarán a mi lado, unidas en nuestros proyectos. Nuestros hijos se quieren y cuidan como hermanos. Ellas han sido amigas, consejeras y compañeras de alegrías y dolor. Las amo profundamente, son parte de las bendiciones que he tenido. Por lo mismo, me esforcé para que mis hijos aprendieran a convivir y a solucionar conflictos, a evitar pleitos entre ellos y a que prevaleciera el amor entre hermanos.

> Una casa será fuerte e indestructible cuando esté sostenida por estas cuatro columnas: padre valiente, madre prudente, hijo obediente, hermano complaciente.
>
> Confucio

Tener hermanos es una bendición. Nada, ni la mejor escuela, casa, ropa o juego se equipara a la importancia que tienen los hermanos en la vida.

Los hermanos ayudan a desarrollar la imaginación de los niños, consuelan cuando hay llanto y son compañía amena y cariñosa cuando alguno está enfermo. Comparten regaños, travesuras, lágrimas, pero también risas, vacaciones, colecciones, juegos, sueños y aventuras. Sienten el mismo dolor cuando una mascota ha muerto y la misma alegría por los juguetes nuevos en las navidades. Se guardan secretos para que sus padres no los regañen por la última fechoría. Al crecer, los hermanos se acompañan a fiestas y se protegen. La niña sabrá que, a última hora, tendrá a su hermano disponible para llevarla al baile y a su hermana mayor para que le preste "qué ponerse". El niño sabrá que su hermano lo apoyará con la tarea porque "sabe mucho y está en prepa".

El amor entre hermanos es un valor que los adultos no hemos sabido apreciar y enaltecer. Causan tristeza aquellos hermanos que dejan de hablarse al pelear por alguna propiedad heredada. El paso de los años sin buscarse provoca un dolor que nunca termina.

Un adulto no olvida a ese compañero de quien está distanciado por orgullo, mala comunicación y falta de comprensión. Por más que hayamos avanzado en la vida, por muchas riquezas que podamos poseer, nada será igual si no tenemos a nuestros hermanos.

El amor entre hermanos es como las verdaderas joyas, o el arte, imperecedero, sublime: permanece vivo a través de los años, latente y deseoso de ser expresado.

✓ Acciones de amor

- Los hermanos se ponen de acuerdo para el uso de los objetos comunes. En caso de controversia, si entre ellos no lo lograron, ustedes, los padres, tienen la última palabra, defendiendo siempre los principios con los que se guían y no la queja de algún hermano en particular.
- Como regla general, jamás prestes oídos a los "chismes" de hermanos.
- Si los sorprendes peleando, no los separes ni mandes a cada quien a su habitación. Haz lo contrario, diles que se sienten juntos y abrazados, hasta que platiquen y se perdonen.

- Si los envías castigados por separado a su habitación, algún día crecerán y se separarán durante un largo tiempo. Si se abrazan, aprenderán a estar juntos pese a las dificultades, a estar unidos, a conversar hasta resolver sus conflictos para mejorar su relación.
- No los separes, únelos. No permitas que peleen, enséñalos a amarse.
- Evita tener preferencia por algún hijo. ¿Cómo? Encuentra todos los días cosas lindas y positivas que admirar en cada uno de tus hijos y díselas.
- No te canses de resaltar las cualidades de cada uno, procurando siempre mencionarlos a todos. Háblale bien a tus hijos de sus hermanos.
- Nunca pongas a tus hijos unos contra otros. Esto es una regla que debes seguir. Jamás te quejes de un hijo con sus hermanos.
- Fomenta el respeto en la relación entre hermanos con mayor fuerza incluso que entre padres e hijos.
- Si estás distanciado de alguno de tus hermanos, intenta solucionar esto ya. Esto es pronto, de inmediato. No continúes un solo día manteniendo un disgusto entre ustedes.

MEDITACIÓN

La vida da muchas vueltas y los padres no somos eternos. Nuestros hijos crecerán, nosotros moriremos y, como nadie tiene la vida asegurada, algún día uno de nuestros hijos quizá sufra hambre. No le cierres esa puerta que pudiera abrirse para ayudarlo, esa cama que pudiera tener; tal vez su hermano sea al único a quien se acerque para pedir ayuda, o la única persona que lo va a escuchar, porque sabe que a él le importa lo que le pase.

Nuestros hermanos son ángeles enviados a cuidarnos y amarnos, nos aceptan tal como somos. Sufren nuestro dolor y sonríen con nuestras alegrías. Vendrán a casa, nos prestarán dinero, darán consejos y regalos a nuestros hijos en cumpleaños y navidades, estarán siempre cerca.

Nadie merece carecer de ese amor limpio, bondadoso, generoso y amable como es el de nuestros hermanos.

> El que no posee el don de maravillarse ni de entusiasmarse más le valdría estar muerto, porque sus ojos están cerrados.
>
> Albert Einstein

Enséñalo a amar cada etapa de su vida

El ingreso a la adolescencia permite a tus hijos decidir sobre su ropa, corte de pelo, amistades; se dejan crecer el pelo y usan camisetas a la moda, a veces con imágenes desagradables para los adultos. Escuchan música incomprensible y sus ídolos son los famosos considerados peores ejemplos. Impera el desorden causado por la ropa desgastada o rota, los zapatos más extravagantes, los zarcillos en los oídos, en la lengua u ombligo. Nuestro hermoso hijo se convirtió de pronto en un ser desconocido y estrafalario, adherido con los audífonos a cualquier aparato que reproduzca música estridente. Lo vemos pasar frente a nosotros y, si tenemos suerte, tal vez nos envíe algún saludo que emerge desde esa galaxia lejana que es su mundo, al cual no pertenecemos y que nos ha sido vedado para siempre.

Educar a un hijo con quejas no es educar con amor. Si desde pequeño se acostumbra a escuchar que hablas mal de sus amigos, al crecer no creerá que los jóvenes con quienes anda puedan ser mala influencia para él. Cada vez que le digas "me molesta que juegues con Juanito, no quiero que lo traigas a la casa", generarás frustración en él, sobre todo si Juanito es un niño excelente, cuyo único defecto podría ser una mala situación económica. Algunos padres no comprenden esta etapa y rechazan a los amigos de los hijos porque consideran que los indujeron a la rebeldía. Les critican hasta la forma en que están vestidos, que no es otra que la misma en que visten todos los jóvenes, lo que el padre impide en su propio hijo. Es lógico que un joven reprimido por sus padres vea en el amigo una libertad que él mismo no posee y quiera imitarlo.

La adolescencia puede provocar conflictos familiares si el padre se muestra controlador y obsesivo, ansioso de imponer su voluntad. También puede ser esa etapa donde forjamos fuertes lazos de unión con nuestros chicos. En esta edad van a necesitar nuestro amor más que nunca. ¿Por qué? Porque es una etapa de dudas, de incertidumbre, donde se abandona la seguridad de la inocencia y se hace frente a la realidad, misma que en ocasiones puede ser dolorosa y despiadada. Es entonces cuando el hijo más necesita amor, respeto y aprobación de sus padres y ¿qué solemos hacer ante esa situación nueva? Pelear con los hijos, exigirles que cambien, que usen otra ropa, tengan otros amigos, sean como éramos nosotros (como si hubiéramos sido unos angelitos). No respetamos ni su edad ni la curiosidad propia de la adolescencia. Nos interesa más lo que pensarán los demás al ver a nuestro hijo vestido en semejantes ropajes. No importa si él es feliz, ni su independencia, si se está buscando a sí mismo o definiendo su personalidad. Sucede que si el joven tiene el pelo largo, la gente lo criticará a menudo y sus padres se sentirán avergonzados y presionados por ello. No respetamos la etapa por la que atraviesan, tampoco deseamos comprenderla, solo nos interesa lo que dirán los demás.

> Cuando mis dos hijos varones llegaron a los 18 años, decidieron dejarse largo el cabello. Por supuesto, respetar su decisión no fue fácil. No traté de hacerlos cambiar de idea, aunque todos a su alrededor intentaron hacerlo. No desaprobé su cabello y cada vez que alguien me señalaba que debía pedirles que se lo cortaran, ignoraba sus comentarios. Sabía que esa etapa pasaría algún día y, mientras tanto, no deseaba pelear una guerra que no merecía ser peleada.

✓ Acciones de amor

- Para ser felices, los hijos necesitan, además del respeto íntegro de sus padres, su apoyo y comprensión en cada etapa que viven. Por lo mismo, no pelees. Ámalos, entiéndelos, respétalos.
- Déjalos buscar el camino que los lleve a descubrir el amor propio. No seas tú el creador de inseguridades y prejuicios en ellos.
- Pon atención a la forma en que educas a tu hijo, a lo que le dices y cómo se lo dices.
- No escuches a la gente que te dice cómo deberías imponer tu voluntad, ni creas que los hijos de otros, pulcramente vestidos y peinados, son mejores que los tuyos.

- Sé tú la fuente de cariño y aprobación que tus chicos necesitan; así el día que requieras imponer algún criterio, ellos sabrán que no lo haces por autoritarismo sino por verdadero amor y preocupación.
- Sé firme, aprecia y disfruta cada etapa de su vida, mientras te regocijas viéndolos crecer; llena su mundo de amor.
- No escuches cuando te digan que tus hijos están mal siendo como son y que deberían ser de otra manera. Ámalos y defiende su felicidad, siempre.

Enséñalos a amar su cuerpo

Hablar de sexo con los hijos es difícil, pero debemos hacerlo, aunque la mayoría de las veces ignoramos qué decirles, ni cómo ser sencillos sin cohibirnos. Les hablamos de enfermedades venéreas, del funcionamiento de su cuerpo y las causas y consecuencias del embarazo.

Quisiéramos pedirles que esperaran hasta el matrimonio para iniciar su vida sexual, pero nos consideraremos afortunados si al menos, no hay un embarazo antes de tiempo. Habrá quienes jamás toquen el tema, otros lo han tratado de acuerdo con la edad del hijo y lo mencionan con más naturalidad. No obstante, aunque palabras como pene, vagina, masturbación, eyacular, menstruación, penetrar, excitación, entre otras, pueden atorarse en la garganta, las diremos en beneficio de su educación. Los padres nunca habían tenido tanta apertura para tratar estos temas con los hijos. Como en ninguna otra época, la ciencia ofrece claridad y protección. Sin embargo, para sorpresa de todos, las cifras de madres adolescentes son alarmantes, sin agregar el incremento de las enfermedades de transmisión sexual.

Un ginecólogo me comentaba acerca del cambio sucedido en el motivo de consulta. Antes, la mayoría de las adolescentes se atendían por embarazos no deseados. Ahora, acuden al médico después de pasar la noche con dos, tres o más tipos, bebiendo alcohol, tal vez drogándose y consintiendo en tener relaciones sexuales con varios al mismo tiempo, una moda entre las adolescentes modernas. Las infecciones son frecuentes, dado que se les toma por objeto sexual, se les penetra sin consideración y los penes van de ano a vagina indis-

> criminadamente. La chica permite la situación e incluso la provoca. Sus amigas lo hacen ¿por qué ella no? El médico afirma que estos casos son cada vez más frecuentes. Antes solo sucedía como consecuencia de una violación y era ocasional; ahora atiende estos casos en jóvenes y niñas, varias veces al mes.

Mis alumnos afirmaron que la realidad era peor, pero se negaron a ahondar en el tema. Les pregunté a cuántos de ellos sus padres les habían pedido que esperaran hasta el matrimonio y todos levantaron la mano. No dijeron cuántos pensaban obedecer, pero sus risas fueron explícitas.

Los padres estamos confundidos. ¿Qué deseamos realmente respecto a la sexualidad de nuestros hijos? Pocos podrían contestar esto. Por lo mismo, nos cuesta trabajo educar a nuestros hijos para que sepan qué desean para ellos mismos. Los niños y adolescentes de estos tiempos, son totalmente distintos de los de hace 50 años. Las estadísticas no mienten. Los casos de embarazos en menores de 15 años son abundantes. La virginidad tan valorada en otros tiempos ahora es solo un estorbo que debe perderse pronto, cuanto antes mejor. Los padres pecamos de ingenuos si les pedimos a nuestros hijos que se mantengan alejados de las relaciones sexuales antes del matrimonio. Una gran mayoría tendrá sexo mucho antes de cumplir 20 años.

❖ ¿Cómo viven el sexo las mujeres adolescentes?

La gran mayoría de las adolescentes está anclada a un mundo que los medios han revelado para ellas. Conocen el alcohol de cerca, pues muchos de sus pares lo consumen. Guardan secretos terribles que sus amigas les han contado: desde abortos clandestinos, noviazgos con hombres casados, relaciones sexuales por dinero, hasta consumo y/o venta de drogas. El sexo es un tema del que se habla con frecuencia. Los juegos sexuales están de moda. Uno muy frecuente es rentar una habitación de hotel con jacuzzi, a la que acuden varios chicas y chicos que tienen relaciones unos con otros en esa habitación. Fiesta, le llaman ellos, nosotros las conocemos como orgías. Las jovencitas intercambian penes y todos están en algún momento dentro de ellas. Si son solo dos mujeres y varios hombres será mucho más "divertido" pues se formarán tríos, cuartetos, quintetos o el número necesario para complacerlos a todos. Ella sentirá que ya es una "mujer", se sentirá importante, ellos mismos se lo dirán. Su baja autoestima la ayudará a confundirse, y pensará que por fin ha hecho algo bueno por sí misma. Dentro de sí, sabe que esto que ha sucedido es muy grave, un camino directo al infierno, pero no se escucha porque nadie está ahí para decirle que es valiosa, que se cuide, que es amada. No hay alguien que tome su mano y la saque con amor de ahí. No tiene unos padres que le hayan dicho lo valiosa y querida que es para ellos y que cada acción que haga contra sí misma los llenará de dolor. No le han enseñado a amarse y cuidarse sola.

Hace unos años nos conmocionamos al enterarnos del juego de moda entre algunos adolescentes llamado "la ruleta sexual". Incitados por el alcohol, el juego inicia cuando las mujeres se colocan formando un círculo y los hombres las penetran lo más rápidamente posible. El que eyacula deja de jugar. No se utilizan condones ni ningún tipo de protección. Cada pene va de una vagina a otra. Cada vagina recibirá dentro el pene de cada uno de los jóvenes jugadores. El ganador es el último en eyacular. Las mujeres que participan en estos "juegos" por lo regular son menores de edad. Apenas están empezando a vivir y siguen la corriente que las incita a ir más rápido. Quieren sentirse deseadas, perseguidas y seductoras, por lo que siguen a las demás y no hay quien pueda detenerlas. Buscan ser amadas y piensan que de esta manera lo conseguirán.

Existen muchos juegos sexuales entre adolescentes. Cada ciudad tiene los suyos y, por desgracia, la gran mayoría son multitudinarios. En cada uno de ellos, la mujer pierde el respeto por sí misma. Está convencida de que se ha vuelto "valiosa e importante" para alguien, incluso para su "amiga" que la incita a hacerlo, cuando en realidad, está terriblemente sola. Sus padres ignoran que se siente miserable y confundida, solo la ven entrar y salir de casa, haciendo cuanto le da la gana. Su niña creció y se volvió una adolescente grosera, respondona, que no permite que le hablen ni la contradigan.

Siempre exige que "no se metan con ella" y reclama que "es su vida", pero eso no es verdad. Porque su actitud habla, grita que le ha hecho falta, y aún le hace falta, el amor de sus padres. Su corazón está vacío, no hay respeto por sí misma, ni deseos de salir adelante. No hay paz, tampoco ilusiones y ha perdido la fe en ella. Mientras se convierte en mujer, esta niña está sufriendo mucho y, como consecuencia, su vida siempre estará entintada con el dolor, no podrá escaparse de ello. ¿Qué le faltó? ¿Por qué hace esto? ¿Por qué juega en contra de su propio ser? Sin lugar a dudas, porque no tuvo unos padres que la enseñaran a amarse.

❖ ¿Cómo viven el sexo los hombres adolescentes?

Los niños llegan a la adolescencia desprevenidos ante la gran cantidad de información que se dan entre ellos. Aunque tu hijo sea un joven en apariencia falto de malicia, siempre habrá algún amigo que lo presionará para entrar al mundo de la sexualidad. Fotos de imágenes de mujeres desnudas abundan entre ellos. Conocen las páginas pornográficas de Internet y no dudan en mostrarlas a los demás como trofeos. No hay respeto entre jóvenes hacia un natural despertar sexual. Entre ellos se llevan unos a otros. Muchos presumen de haber empezado ya a tener relaciones, incluso desde antes de los 15 años. Algunos dirán la verdad, porque no falta quien se involucre con niños de esa edad, lo que es un abuso total. Aun el joven que quiera permanecer virgen o cuidarse de forma responsable, no obtiene respeto de parte de los demás pues todos son presionados para tener relaciones con quien caiga. No se dan cuenta de cómo son arrastrados para participar en juegos y actividades sexuales entre varias personas, situación cada vez más común.

Los chicos corren un gran riesgo de contraer enfermedades de transmisión sexual ya que, la mayoría de las veces, la regla es penetrar a las muchachas sin condón. Los chicos que quieran ir más lento, que no deseen involucrarse, son rechazados y motivo de burla. Además, se les induce a beber alcohol, drogarse y jugar con su vida de formas que los adultos ni siquiera imaginamos. Ellos conocen el riesgo, pero parte del gozo es precisamente ese, el peligro que conlleva.

MEDITACIÓN

Los padres somos ilusos en el tema del sexo. Deseamos que nuestros hijos se casen vírgenes, o al menos que su primera noche sea con alguien a quien amen de verdad. No sabemos cómo prepararlos para el sexo, decimos que es hermoso cuando se hace con "quien se ama" y tratamos de inculcarles que su primera vez sea un momento mágico, para que retrasen el momento; pero no parece funcionar. La violencia sexual entre jóvenes va en aumento y la realidad arrastra a los desprevenidos.

❖ Hacer el amor por primera vez

Qué sencillo es decirles "*hazlo con quien en verdad ames*". No comprendemos que nuestros hijos ignoran lo que es el amor porque no se los hemos enseñado. Tampoco saben reconocer los principios del amor: libertad y respeto por la vida del otro y por sus decisiones, y que, ante todo, el ser amado sea feliz. Carecen también de una relación basada en afecto y respeto que pudiera servirles de ejemplo; por tanto, no tienen una base sólida para reconocer lo que sienten ni para sondear a quien dice sentir amor sincero por ellos.

Cuando una joven sale con un chico que le habla bonito, este le da aprobación cuando lo obedece. Si él le llama con demasiada frecuencia, controla sus salidas, le ordena cómo vestir, vigila su teléfono celular, se muestra apasionado, efusivo y celoso hasta de las amigas, si él es así, ella podrá creer que la ama. Si no se le enseñó a reconocer el amor, puede confundirlo con estas señales de violencia. A fin de cuentas, el muchacho pasa tiempo con ella, le exige y la cuida mucho más de lo que hicieron sus padres; tal vez esto sea amor de verdad. Como consecuencia, tendrá relaciones con alguien que creyó amar, no porque ignore las palabras de sus padres que le dieron a conocer las reglas biológicas para evitar el embarazo.

Pero le dijeron que se trata de un acto hermoso si se hace "por amor" y ella, que no sabe amar, se convence de que lo que siente es real y entrega su cuerpo sin medir las consecuencias, sin pensar en el mañana. Solo quiere sentirse amada y agradecer a través del sexo, que la amen.

MEDITACIÓN

Al brindar educación sexual tendemos a repetir patrones. No nos preparamos para ello. Se trata de enseñar al niño a amar y respetar su cuerpo, no de darle un curso rápido de anatomía y fisiología.

Tu hijo puede confundir violencia y amor si no le has enseñado a distinguirlos. Pero eso no se enseña en una tarde de lluvia, alrededor de la mesa. Enseñamos a nuestro hijo a amarse a sí mismo y amar a su cuerpo, cuando le brindamos respeto, atención y dignidad.

Aunque sea un niño pequeño, incluso de meses, porque también a ellos se les respeta. A todos nos gustan las palabras de amor, nos hacen falta. Sin embargo, le decimos palabras agresivas acerca de su cuerpo: "gordo; no comes, por eso estás flaco; feo; no te jorobes; ¿quién te va a querer con esos pelos?; apestas, sucio; esa ropa se te ve fatal", y más. Esta agresividad verbal, según nosotros, tiene la intención de enmendarlo, pero en realidad le dice que para ser amado por nosotros, debe ser hermoso. Hace lo mismo quien se burla; dice palabras crueles para regañarlo, miente, chantajea y niega aprobación.

MEDITACIÓN

Quien no abraza y dice "te amo" a su hijo varias veces al día, propicia que crea que otro lo dice con sinceridad, aunque sea un muchachito tan desesperado por sentirse amado como puede estar nuestro hijo.

❖ La maravillosa herramienta de vida

Los padres olvidamos enseñar la responsabilidad que entraña cuidar nuestro cuerpo. Educar para vivir, cuidando la salud, física, mental y emocional, procurando comida sana, ejercicio, baño y aseo, equilibrio y paz mental. El cuerpo es la vida misma, enseñemos a los hijos a verlo así.

No esperemos a que las modelos o los deportistas de moda les digan que su cuerpo debería ser perfecto para ser hermoso, porque no es verdad; un cuerpo pleno de vida es bello de por sí.

✓ Acciones de amor

- Es conveniente involucrarte con ellos en cada paso de su desarrollo, háblales de las etapas por las que atravesará su cuerpo antes de ser adulto.

- Explica con claridad la siguiente etapa que van a vivir y goza viéndolos corroborar los cambios.
- Háblales de la transformación de su cuerpo, del crecimiento de los senos y los vellos púbicos como algo natural y hermoso.
- Desde pequeñitos, mídelos cada mes contra alguna pared de la casa y celebra con ellos cada centímetro alcanzado.
- Disfruta viéndolos crecer, explícales los cambios que enfrentarán en la adolescencia, no solo los físicos, también los emocionales.
- Aprovecha para explicar lo fácil que es caer en las adicciones en esta etapa, esto fortalecerá su voluntad ante la presión de los amigos.
- No olvides demostrar amor abrazándolo.
- Ama poder abrazar a tu hijo y sentir sus brazos en torno tuyo.
- Entonces, un día descubrirás que este hijo cuidará la salud, belleza y sexualidad de su cuerpo, aprovechando que le has enseñado a amarlo y valorarlo para vivir feliz.

Cuando un adolescente crece conociendo su cuerpo, cuidándolo, valorándolo y amándolo será difícil que se entregue a cualquiera que no lo respete en la misma forma en que él lo hace.

Si mi hijo vio cada proceso de su desarrollo como algo hermoso y natural; si lo enseñé a conocer y amar cada etapa de su vida; si le hablé acerca del deseo y el despertar de la libido, no para exacerbar su morbo, ni para que los entendiera como un proceso biológico, sino para que se alegrara de la belleza del cuerpo humano en cada etapa de la vida, entonces, solo entonces, no temeré, porque él sabrá que su sexualidad es fundamental para su plenitud como ser humano y no un simple acto de gozo y reproducción.

> Si mi hijo no es mi prioridad, no debería sorprenderme si se muestra rebelde, grosero y reacio a aceptar mis abrazos y palabras cariñosas.

❖ Enséñale a demostrar amor

A mi consultorio llegan muchas familias. Algunas son felices, otras tienen fuertes problemas de comunicación. Muchas viven en un mundo cargado de problemas, como alcoholismo y violencia intrafamiliar (ambos con más frecuencia de lo que se cree). Hay mujeres que viven recibiendo golpes de toda índole, ataques verbales y hasta amenazas con cuchillos, navajas y pistolas, pero se consideran merecedoras de tal castigo. En este maravilloso espacio en el que vivimos existe también un mundo difícil, donde no impera el amor entre personas, cónyuges, y mucho menos, hacia los hijos. Niños de cinco años asesinados porque se pararon frente al padre para evitar que su madre sea golpeada. Criaturas utilizadas como objetos sexuales, arrancándoles la posibilidad de una vida sana y buena. Violencia, gritos, silencios que rompen la oscuridad, indiferencia que lastima el alma.

No existe peor hambre que el hambre de amor. Ningún dolor es peor que saberse no amado por sus padres. Esos pequeños rostros que muestran dolor y decepción ante la vida rindiendo poco en cualquier actividad. Si es en la escuela, el niño no avanza, no aprende. En casa no atiende a lo que se le dice, no hay control en su conducta y tal pareciera que solo busca que se le regañe, lo que podemos traducir como ser tomado en cuenta, llamar la atención. Y cómo no va a hacerlo, si a nadie preocupa lo que siente o lo que vive.

¡Tan fácil que es dar un abrazo y tantos padres y madres se rehúsan a hacerlo! En ocasiones los padres expresan que es el mismo hijo quien no desea ser abrazado, pero están equivocados. Necesitamos del amor que se demuestra con el frecuente abrazo cariñoso, y de aprobación. Para amar, un niño requiere que se le enseñe a hacerlo y la única manera es amándolo.

Si los padres supieran cuántos problemas evitarían si demostraran amor a sus hijos con un abrazo fuerte y prolongado, tal vez empezarían a hacerlo. Sin embargo, a veces, el temor al rechazo nos impide tocarlos. No nos detenemos si vamos a dar una nalgada, pero un abrazo nos cuesta darlo aunque nuestros hijos están hambrientos de ellos y de oír que los amamos.

> Cualquier momento es bueno para hacerlos parte de nuestra vida y ser parte de la de ellos.

A veces no sabemos expresar a nuestros hijos lo mucho que los amamos. En una reunión de amigos, unos padres de familia amigos míos me comentaban su preocupación por no demostrar adecuadamente su amor a sus dos hijos. Decían que los niños peleaban mucho, al igual que ellos. Aunque estaban decididos a mejorar su relación y salvar su matrimonio, percibían que habían dañado mucho a sus hijos y deseaban remediarlo. Veían que manifestaban problemas, como el hijo mayor, quien había reprobado año, y eran conscientes de su responsabilidad por la situación. Llamé al niño y cuando se acercó lo abracé fuerte. No le hablé, solo lo abracé y él respondió al abrazo. Cuando lo solté le pregunté "¿quién te quiere mucho?" y respondió "usted". "¿Cómo lo sabes?" le dije. Él contestó "porque me abrazó". Los padres quedaron estupefactos por la reacción de su hijo y comprendieron el poder de un abrazo de amor.

Estoy convencida de que muchos suicidios se evitarían si cada día les dijéramos a nuestros hijos lo mucho que nos importan, la falta que nos hacen. Cuando un niño comprende que sus padres se preocupan por él, no por controlarlo, sino porque lo aman, procura no angustiarlos. En cambio, el chico conflictivo es un alma solitaria que con su conducta clama a gritos por el amor paterno. Cuando un padre empieza a abrazar a su hijo, de forma inmediata se aprecian cambios favorables en el niño. Su conducta cambia, se hace más sosegado, deja de requerir atención constante, mejora sus calificaciones y tiene menos problemas y pleitos con otros niños.

MEDITACIÓN

El poder del abrazo: todos los seres humanos necesitamos ser abrazados con frecuencia y amor. Los expertos dicen que con por lo menos siete abrazos al día mejoraríamos nuestra salud mental, física y emocional y prevendríamos muchas enfermedades. El problema es que a los padres de familia les cuesta mucho abrazar a sus hijos. Con frecuencia llegan al consultorio niños tan ansiosos de ser abrazados que muestran muchos problemas psicológicos, cuya solución se encontraría en que papá o mamá los abrazaran y les dijeran constantemente "¡te amo!", en vez de suponer que ya lo saben.

✓ Acciones de amor

- A partir de hoy, abraza con fuerza a tus hijos, bésalos y diles lo mucho que los amas.
- No guardes dentro de ti esa inmensa felicidad que sientes al mirar sus rostros alegres, llenos de vida.
- Vive a plenitud esos momentos que te llenan de amor, esas situaciones que aprecias mucho.
- Haz de su vida un constante momento de cariño, permite a tu boca decir palabras dulces y dar besos.
- Deja que tus manos sirvan para abrazar con ternura.
- Si te cuesta abrazarlos, pídeles que te enseñen, estoy segura de que tus hijos siempre han sabido abrazar muy bien.

❖ Abrázalos y diles lo mucho que los amas

Demostramos amor con un abrazo. Así transmitimos afecto a nuestros amigos y familiares, cuando no los hemos visto en mucho tiempo o en alguna celebración. Sin embargo, es difícil abrazar a nuestros hijos. Muchos dicen que los hijos no quieren ser abrazados, que se avergüenzan. Pero no es verdad, a los hijos les gusta que sus padres los abracen. Tal vez al crecer manifiesten algún rechazo, pero los padres no debemos ofendernos, sino tomarlo como una situación momentánea y continuar abrazándolos todos los días. Las siguientes son algunas demostraciones de amor efectivas.

Tu hijo sabe que lo amas cuando:	
• Lo abrazas.	• Le cuentas su historia de bebé.
• Le das la mano.	• Le untas crema en la cara con amor.
• Eres empático con él.	• Le hablas con respeto y educación.
• No lo juzgas.	• Lo escuchas y le prestas atención.

• No te burlas de él, ni haces comentarios impropios sobre su persona.	• No lo tratas como si por ser pequeño fuera tonto.
• Respetas sus gustos.	• Le enseñas a cuidarse.
• No críticas a sus amigos.	• Le das protección y seguridad.
• Platicas con él.	• Sabes los nombres de sus amigos.
• Le cuentas alguna historia o cuento.	• Lo peinas con amor.
• Le das los cuidados que requiere según su edad.	• Le ayudas, pero sin resolverle sus problemas.
• Lo aseas o lo ayudas a asearse.	• Lo dejas estar junto a ti.

❖ Enseña a tu hijo a amarse

En cada una de estas páginas hemos hablado de amor. De las trabas que nos impiden vivir amando a nuestros hijos. De los retos que debemos afrontar al ser padres, de lo maravilloso que es amar y ser amado por nuestra familia. Sin embargo, el tema principal es siempre el amor. ¿Tu cometido? Enseñar a tu hijo a amar y a amarse.

El amor es todo. Nos rodea por dondequiera. Nuestro Universo vive gracias al amor. Nada hay más grande ni más poderoso. El amor nos lleva a buscar nuevos caminos, a vencer retos, a crear soluciones, a mirar dentro de nosotros y comprender cuánto podemos dar y lo mucho que podemos crecer. Un ser humano que aprende a amarse a sí mismo, vivirá feliz toda su vida, sin importar los sucesos dolorosos a los que se enfrente.

No hay regalo más grande que podamos dar a nuestro hijo que enseñarle a amarse a sí mismo. Porque todo lo que hagas por él tiene como principio y fin el amor. Tu más noble anhelo es que tus equivocaciones no impidan que él sea feliz. Esa es tu meta, tu razón de ser padre o madre. Lo más hermoso que harás en tu vida.

Tu hijo aprenderá a amarse si tú:

- Tienes fe en él, no en lo que pueda lograr. Crees en él.
- Te deleitas en su compañía.
- Disfrutas al verlo crecer y se lo dices.
- Le hablas de lo maravilloso que es vivir.
- Le dices que se atreva, que confíe en él.
- No le impones tu criterio, le enseñas a encontrar el suyo.
- Le muestras lo afortunado que es por estar vivo.
- Abres el mundo a sus ojos, lo acercas al conocimiento que nos rodea.
- Tratas con respeto cuanto te rodea.
- No quieres ser grande, sino íntegro.
- Le amas tal y como es, sin exigirle ser el hijo que soñaste que sería.
- Te muestras como eres, sin poses de superioridad.
- Vives tus sueños y le enseñas a tener y seguir los suyos.
- Creces, te levantas, confías en ti y le enseñas a tu hijo a hacer lo mismo.
- Le enseñas a pensar.
- Le dices que disfrute la vida y a sí mismo.
- Eres agradecido y le enseñas a serlo.
- Agradeces su presencia en tu vida.

MEDITACIÓN

Un ser humano que es amado y respetado, siempre busca lo mejor para sí y sabe lo que quiere. No se humilla ante los demás, no pide aprobación, no ruega que se le dé amor, camina firme. Es un ser de amor que puede compartir, crear y cambiar cosas en el mundo, para perfeccionarlo.

Un hijo que es amado y apreciado, no entra en vicios, pues le hemos enseñado a respetar la vida y su cuerpo como lo mejor que

tiene. No hace daño a los demás y si se relaciona con una persona conflictiva, da solo lo que puede sin comprometer su tranquilidad.

Frases para aumentar el amor propio Hijo:	
Te quiero mucho.	Tú sí que sabes ser empeñoso.
Cada día eres más maravilloso.	Eres bueno para ayudar.
Me agrada que pienses así.	Siempre has sabido abrazar muy bien.
Dime qué te gustaría que hiciéramos.	¡Eres tan guapo!
Quería llegar a casa para estar contigo.	Me encanta que seas como eres.
Ven a platicar conmigo.	He visto cómo te esfuerzas.
Hazme compañía.	Qué bien lo has hecho.
Tu presencia me hace feliz.	Me gusta mucho tu carácter.
Cada día creces más.	Amo tu presencia en mi vida.
Eres bello por dentro y por fuera.	Eres la alegría de mi vida.
Eres un gran apoyo.	Me importa mucho tu felicidad.
Vamos a intentarlo otra vez.	Eres a quien más amo.
Estoy contigo.	Me gusta escucharte.
Siempre quiero estar contigo.	Disfruta la vida.

EPÍLOGO

> ¿Quieres contribuir a hacer un mundo feliz? Ayuda a tu prójimo a encontrar dentro de sí mismo lo que estima que ha perdido: el Amor.
>
> Goethe

¿Cuál es la fórmula para que nuestros hijos sean felices?

La fórmula mágica es: la felicidad de un hijo depende del amor de sus padres y de su conciencia para educarlo. El ser humano feliz sabe valorar el instante. Un padre consciente enseña a su hijo a disfrutar y agradecer cada segundo de vida. Para que tu hijo pueda aprenderlo, mantente enfocado en el aquí y ahora. Todos los eventos de la vida requieren que nos centremos en el instante, lo disfrutemos y aprovechemos. Esto no significa dejar de soñar; por el contrario, los sueños también necesitan del ahora. Planear el futuro requiere vivir intensamente el presente que nos pertenece. Enseña a tu hijo a enfocarse en lo que quiere de ese momento y cómo aprovecharlo para sentirse satisfecho consigo mismo. Con esto le enseñarás a tomar decisiones que lo lleven a ser feliz.

✓ Acciones de amor

- Cuando estés con tu hijo, toma su mano y dile "ahora estamos juntos, mi amor". En cada actividad que realicen, señálale lo bello del momento. "Ahora jugamos, paseamos, comemos, reímos, estamos juntos, mi amor."
- También puedes decirle "ahora te enseño a bañarte solo, ¿te das cuenta? En este momento aprendes a ser independiente".
- No importa si aún no comprende el significado de palabras como "independiente". Poco a poco lo acostumbrarás a reconocer los instantes de su vida como únicos y lo enseñarás a disfrutarlos.

MEDITACIÓN

No sabemos vivir. Transitamos siguiendo las reglas impuestas por los demás, quienes también ignoran de dónde surgen. Solo andamos todos por el mismo camino, sin desviarnos. Hacemos de cada segundo del día un poco más de "lo mismo". Y eso le enseñarás a tu hijo si no comprendes que la vida es mucho más hermosa y profunda para quienes se atreven a lanzarse a fondo.

No esperes a vivir situaciones distintas de lo ordinario, como viajes o paseos. La vida no se compone solo de esos momentos. Disfruta cada segundo con tus hijos y enséñalos a disfrutar también, sin importar qué hagan. Esto es importante porque aprenderán:

- Que el momento de ir a la escuela es para aprovechar lo que ahí enseñan.
- Que el momento de hacer la tarea es para enfocarse en ella sin distracciones.
- Cuando vamos al parque no llevamos la tarea para hacerla ahí.
- Cuando comemos no lo hacemos mientras nos bañamos.

Por eso, cada actividad que hacemos requiere de nuestra conciencia, de poner amor a cada segundo de vida.

❖ Para darle todo a los hijos

Los padres tenemos la ilusión de dar a nuestros hijos aquello que nos fue negado. Nuestro esfuerzo diario tiene la intención de darles lo mejor, no queremos que algo les falte. Nos partimos en pedazos para cumplir con nuestras obligaciones. Corremos de un lado al otro con tal de conseguir el mejor juego de video, la ropa más bella o de marca y hasta el vehículo que les facilitará el traslado a la escuela. Que no les falte, que no carezcan de nada. Porque si algo les falta y no son felices, sufrimos junto con ellos, nos sentimos "malos padres".

Pese a este esfuerzo, llega el momento en que sentimos que algo no está saliendo como debería. Nos desvivimos por nuestros hijos, haciéndolos cada día más exigentes. Aprenden a no valorar el esfuerzo que hacemos ni las cosas que tienen, a no ser agradecidos y nos sentimos frustrados porque no sabemos qué hicimos para generar en ellos tal actitud.

MEDITACIÓN

A los padres nos cuesta entender que no son los objetos materiales, ni las mejores escuelas lo que hará felices a nuestros hijos. Darles todo va más allá de lo que se puede comprar. Cuando quieras darles "todo" a tus hijos, reflexiona acerca de lo que en verdad necesitan.

Un niño necesita un padre y/o una madre que:

- Tenga principios.
- Sea amoroso y firme todo el tiempo.
- Sea responsable.
- Lo ame siempre.
- Lo enseñe a ser responsable de sí mismo.
- Lo impulse a pensar y tomar sus propias decisiones.
- Comprenda sus errores, no lo juzgue y lo ayude a salir adelante.
- Le enseñe a comprender a los demás.
- No se burle de su inocencia de niño, lo respete más que a nada en la vida.
- Se preocupe por su salud, lo cuide, pero también le enseñe a cuidarse.
- No lo vuelva miedoso ni dependiente.
- Lo enseñe a enfrentar sin temores y con buen humor los retos de cada día.
- Le enseñe a amar y disfrutar la vida.
- Le enseñe a respetar y cuidar el mundo que nos rodea.
- Le muestre que en la vida hay cosas que solo el amor puede otorgar.
- Le abra los ojos a la belleza de la vida.
- Le enseñe a disfrutar los momentos y las cosas sencillas pero valiosas que quizá no se repitan.
- No quiera cambiar su tiempo y presencia por objetos materiales.

- Sepa tener autoridad y seguridad en sus principios.
- Sea responsable y valiente, sepa decir "No" cuando haya que decirlo, pero que también sea abierto a escuchar razones.
- Escuche con atención, pronuncie palabras sabias y brinde comprensión sincera.
- Sea un amigo cuando haya necesidad de serlo, pero sin perder su autoridad de padre.
- Decida cómo reaccionar y lo haga con justicia, sin atribuirle a los demás sus actos y reacciones.
- Sea un ser humano como él y le enseñe, por sobre todas las cosas, a amarse a sí mismo.

Darle todo a los hijos es darles todo tu amor, todo tu esfuerzo. No los compres, no quieras hacerlos felices con regalos. Tu ausencia es tu mayor error; tu presencia, el más grande regalo. Es cierto que tienes ocupaciones, pero tu presencia debe sentirse.

Ellos necesitan saber que cuentan contigo, que aunque no te vean, estás presente.

✓ Acciones de amor

- El respeto no está peleado con la autoridad. Van de la mano. Un padre firme es respetuoso, eso da credibilidad.
- Cuando tu hijo tenga problemas, reflexiona, ¿cuánta falta le hacen tu presencia y tu cariño? No te enojes por las quejas de la escuela, ni por los problemas que ocasiona.
- La solución puede estar más cerca de lo que piensas, la tienes en tus manos. Corre a abrazar a tus hijos, hazles compañía, llénalos de tu amor. Ellos necesitan saber que te hacen falta, que los necesitas.
- Un hijo necesita, más que nada, el amor y atención de sus padres. Saber que es valioso para ellos. Tener la seguridad de que, dondequiera que se encuentre, van a buscarlo, a estar con él.

> Tu hijo confía en que sus padres se comprometieron con la vida desde el instante en que nació y han puesto todo de su parte para ayudarlo a ser un hombre o una mujer feliz.

Hace tiempo un médico amigo mío me contó del caso de una paciente que se embarazó por tercera vez. Ya era madre de dos hijos adolescentes y anhelaba con ilusión tener este hijo. Al quinto mes de embarazo se detectó una anomalía en el corazón del bebé. Los médicos le dijeron que no viviría, que moriría a las pocas horas de haber nacido. También le explicaron a la madre que su embarazo era de alto riesgo para ambos. Que había serias posibilidades de que la situación se complicara y algo saliera mal, y, para prevenir esto, lo mejor sería interrumpir el embarazo.

Ella se negó terminantemente a hacerlo, no hubo manera de convencerla. Continuó su embarazo, a pesar del riesgo que significaba y la advertencia de los médicos. Su hijito nació y, tal como previeron los médicos, murió unas horas después, en los brazos de su madre quien lo sostuvo amorosa el poco tiempo que vivió.

Unos días después mi amigo le preguntó a la madre por qué arriesgó su salud y su vida para dar a luz a un niño que iba a morir. Ella, llena de paz, le contestó:

—Porque quería ver a mi hijo. Aunque fuera un solo instante, quería verlo.

> Hay instantes por los que vale la pena arriesgar la vida.
>
> Uno es cuando podemos abrazar a nuestro hijo.
>
> Tú puedes hacerlo, levántate y abrázalo ¡ya!

No necesitas hacer sacrificio alguno, pues tu hijo está en la habitación de al lado, quizá jugando solitario con sus aparatos electrónicos. No tienes que arriesgar tu vida. Solo tienes que demostrarle lo mucho que lo amas y lo importante que es para ti. Tal vez ni tú mismo sepas lo que eres capaz de hacer por amor; empieza hoy a ser esa mujer, ese hombre que sueñas ser.

Hoy inicia una nueva manera de vivir, de hacer las cosas. Tienes la oportunidad de ser el mejor padre o la mejor madre posible. No la desaproveches, dales TODO a tus hijos. Dales lo mejor de ti. Es todo lo que necesitan, lo que más desean. Lo demás son solo distracciones para llenar los vacíos que deja tu ausencia. No permitas que duden del inmenso amor que sientes.

Dar todo a los hijos significa darles todo lo mejor de ti.

LECTURAS SUGERIDAS

Ardila, R., *Psicobiología del lenguaje*, Editorial Trillas, México, 1983.

Azcoaga, J. *et al.*, *Los retardos del lenguaje en el niño,* Ediciones Paidós, España, 1987.

Berger, K. y R. Thompson, *Psicología del desarrollo. Infancia y adolescencia,* Editorial Médica Panamericana, Madrid, 1995.

Bowlby, J., *El vínculo afectivo*, Editorial Paidós, Barcelona, 1993.

Bowlby, J., *Una base segura. Aplicaciones clínicas de una teoría de apego*, Editorial Paidós, Barcelona, 1989.

Brueckner, L. y G. Bond, *Diagnóstico y tratamiento de las dificultades en el aprendizaje,* Editorial Rialp, España.

Calderón, R., *El niño con disfunción cerebral. Trastornos del lenguaje, aprendizaje y atención en el niño,* Noriega Editores, México, 1999.

Cohen, D. y S. Mackeith, *El desarrollo de la imaginación. Los mundos privados de la infancia,* Editorial Paidós, Barcelona, 1991.

Dallal y Castillo, E., *Caminos del desarrollo psicológico. De lo prenatal al primer año de vida,* Editorial Plaza y Valdés, México, 1997.

Delval, J., *El desarrollo humano*, sexta edición, Siglo xxi Editores, Madrid, 1988.

Fejerman, N., *Autismo infantil y otros trastornos del desarrollo*, Editorial Paidós, Argentina, 1990.

Freud, S., *El esclarecimiento sexual del niño,* Amorrortu Editores, Buenos Aires, 1985.

Garton, A., *Interacción social y desarrollo del lenguaje y la cognición*, Ediciones Paidós, España, 1994.

Gesell, A., *El niño de 5 a 10 años,* Editorial Paidós, España, 1985.

Gratitot, H. y R. Zazzo, *Tratado de psicología del niño,* Ediciones Morata, Madrid, 1974.

Katz, D., *et al., Psicología de las edades del nacer al morir,* Ediciones Morata, España.

Klein, Melanie, *Relato del Psicoanálisis de un niño,* Ediciones Paidós, Barcelona, 1990.

Klein, Melanie, *Psicoanálisis del desarrollo temprano,* Ediciones Paidós, Barcelona, 1984.

Luria, A. R., *Lenguaje y pensamiento*, Editorial Fontanella, Barcelona, 1980.

Martínez, G., *El juego y el desarrollo infantil,* Editorial Octaedro, Barcelona, 1998.

Mussen, P., *Desarrollo psicológico del niño,* Editorial Trillas, México, 1983.

Mussen, P., J. Conger y J. Kagan, *Desarrollo de la personalidad del niño,* Editorial Trillas, México, 1977.

Piaget, J., *La representación del mundo en el niño,* Ediciones Morata, Madrid, 2007.

Piaget, J. y B. Inhelder, *Psicología del niño,* Ediciones Morata, Madrid, 1984.

Portellano, J., *Introducción a la neuropsicología*, Editorial McGraw Hill, Madrid, 2005.

Portellano, J., *Fracaso escolar,* Editorial Cepe, Madrid, 1989.

Portellano, J., *Neuropsicología infantil,* Editorial Síntesis, Madrid, 2009.

Puyuelo, M. *et al., Evaluación del lenguaje,* Ediciones Masón, México, 2000.

Rice, F. P., *Adolescencia. Desarrollo, relaciones y cultura*, Editorial Prentice Hall, Madrid, 2000.

Rutter, M., *La deprivación materna,* Ediciones Morata, Madrid, 1990.

Schaffer, R., *La vida mental y social del bebé,* Editorial Visor, Madrid, 1986.

Stern, D., *La primera relación madre-hijo,* Ediciones Morata, Madrid, 1978.

Tomás, J., *Actitudes educativas, trastornos del lenguaje y otras alteraciones en la infancia y en la adolescencia,* Editorial Alertes, Barcelona, 1999.

Vigostky, L., *El desarrollo de los procesos psicológicos superiores*, Editorial Grijalbo, España, 1979.

Winnicott, D.W., *El niño y el mundo externo,* Editorial Horme-Paidós, Buenos Aires, 2009.

Winnicott, D.W., *Acerca de los niños,* Editorial Paidós, Barcelona, 1998.

Esta obra se terminó de imprimir
en abril de 2016, en los Talleres de

IREMA, S.A. de C.V.
Oculistas No. 43, Col. Sifón
09400, Iztapalapa, D.F.